Una diagnosi per l'eternità…

Visitate il sito Web del dottor Viehman per ulteriori informazioni, una guida per lo studio, aggiornamenti sul suo prossimo libro, appuntamenti con l'autore e sue partecipazioni, ordini di copie autografate personalizzate e informazioni di contatto:
www.goddiagnosis.com

Dicono i lettori:

"Dio, il mio dottore" getta un interessantissimo sguardo su un viaggio personale alla scoperta del significato della vita. Viehman condivide il racconto di una vita piena di tutto quello che il Sogno americano poteva offrire: istruzione, denaro, posizione sociale, successo, affetto di moglie e famiglia, ma come questa vita lo avesse lasciato vuoto e pieno di rabbia. Spinto da una profonda avversione per la "religione" vuota e i suoi ipocriti fautori, condivide ciò che si rivelerà essere la sua scoperta medica più importante. L'analisi è approfondita, gli esami complessi ma la diagnosi è inconfutabile: Viehman era morto. Leggendo queste pagine non solo troverete la prova concreta della sua diagnosi, ma ne scoprirete anche la cura. Questo libro rappresenta una lettura obbligatoria per chiunque voglia davvero trovare il senso della vita.
Alan T. E. Benson, teologo, ministro di culto

Questa è la testimonianza più intensa e avvincente di un uomo in cerca di risposte sull'eternità che io abbia mai letto. Viehman racconta in modo brillante il processo che lo ha portato ad affrontare ogni aspetto del viaggio con una chiarezza e un realismo tali da farlo rivivere anche al lettore. Il mix narrativo di riflessioni personali e racconto, l'analisi dei pro e dei contro delle Scritture nonché i dati storici ribadiscono se non addirittura convincono con efficacia della veridicità della sua diagnosi finale. Questa è l'eccezionale avventura di un medico che a trentacinque anni fa una scoperta che cambierà per sempre la sua vita e l'eternità. La diagnosi del dottor Viehman potrebbe cambiare anche la vostra.
Mike Hockett, colonnello in pensione dell'Aeronautica degli Stati Uniti

Dovete leggerlo! Allacciate le cinture e partite per un viaggio verso l'invisibile. Guardate con gli occhi di un appassionato osservatore e la mente di un medico qualificato e seguite le tracce ovunque esse portino. Metteteci sia la testa che il cuore e guardatelo mentre mette insieme gli indizi come se fosse un investigatore sulla scena di un crimine. Ma quella su cui svolgeremo le nostre indagini non è la scena di un crimine...
Bill Dunn, ingegnere aerospaziale

Alla ricerca di *verità* e *prove*, il meticoloso approccio scientifico del dott. Viehman per trovare risposte alle domande del cuore verrà apprezzato da uomini e donne... "Dio, il mio dottore" guiderà i suoi lettori nell'analisi delle prove e a una conclusione che vedrà coinvolti il cuore e l'anima per l'eternità.
Lynne Fortunis, amministratore

Il viaggio affascinante di un chirurgo di successo, dedito alla famiglia, che sembrava avere tutto il necessario per essere felice, ma che ben presto scopre che fama e fortuna gli avevano creato un vuoto interiore, ma non gli avevano dato né pace né il senso della vita. In "Dio, il mio dottore", il dott. Viehman utilizza la sua formazione di ricercatore e medico per fare la diagnosi più importante della sua vita.
S. Duane Tester, farmacista, MBA

Diagnosi? Dio? Sul serio? Una diagnosi richiede prove reali e analizzabili. La fede non è forse credere in qualcosa che non può essere dimostrato? Il medico in questione è Greg Viehman e la sua diagnosi metterà in discussione quello in cui credete, vi farà riflettere sul perché credete in quello in cui credete e vi incoraggerà a vivere quello in cui credete.
Rick E. Graves, dottore in giurisprudenza

Il dott. Viehman è un medico di quelli col camice bianco, lo stetoscopio al collo e in mano i referti degli esami e la diagnosi sull'umanità. Il risultato? A livello spirituale non siamo sani. Non solo non siamo sani, non siamo nemmeno solo malati, non siamo nemmeno solo in fin di

vita. Siamo già completamente e assolutamente morti. L'analisi si conclude con l'affermazione che non possiamo guarire da soli, nemmeno se siamo brave persone o abbiamo tante risorse a disposizione. Ad offrirci la diagnosi e proporci la cura è un medico famoso che ha dovuto accorgersi lui stesso della miseria e infelicità estrema che, paradossalmente, sono il risultato del successo. Una lettura obbligata per tutti coloro che sono alla ricerca di risposte!
Thomas C. Womble Jr, Dottore in teologia

Questa è la storia di un uomo alla ricerca della verità in un mondo pieno di ipocrisia. Sono il pastore di una chiesa e ricevo molti libri da varie fonti affinché li legga e li recensisca. Onestamente, nella maggior parte dei casi, mi basta leggerne un paio di capitoli per poi metterli via su uno scaffale. Il libro di Greg è diverso. È sincero, diretto, spiritoso, piacevole e ben scritto. Sono rimasto affascinato dalla storia, dalle esperienze e dalle emozioni provate da Greg e dal suo sincero giudizio sulla propria vita. Consiglio a tutti la lettura di questo libro.
Clay Ritter, Pastore senior, Calvary Chapel Wilmington (USA)

Turbato dal mistero della vita e del destino, il dott. Viehman accompagna il lettore in un viaggio emotivo e toccante, in un'esperienza di trasformazione che passa dal cinismo, allo scetticismo, alla scoperta. "Dio, il mio dottore" è la dettagliata e affascinante testimonianza di un chirurgo di successo che si sottopone personalmente a un "trapianto di cuore". Un libro provocatorio e spesso difficile, una lettura obbligata per chiunque abbia dubbi sull'esistenza di Dio.
William J. Vanarthos, medico

Il libro del Dott. Viehman è un viaggio sorprendentemente sincero che descrive nel dettaglio un'esplorazione logica e sistematica delle fondamenta del Cristianesimo per poterlo confutare e rigettare. Attraverso le sue ricerche, però, s'imbatte nell'alito di vita divino e scopre ciò che il suo cuore reclama a gran voce: amore vero e vivente. Quest'opera è una risorsa incredibile per coloro che sono alla ricerca di vita in abbondanza.
Kerri Andrews, infermiere diplomato

Si può vivere una vita più intensa? La domanda ha afflitto molte persone nel corso della storia. Il dott. Greg Viehman parte per un viaggio affascinante alla ricerca della vera risposta a questa domanda e, dopo un'approfondita analisi dei fatti, fornisce la sua diagnosi. "Dio, il mio dottore" è una lettura obbligatoria per chiunque abbia mai cercato le risposte alle questioni più importanti della vita.
Johnny Rivera, Pastore, Calvary Chapel Cary (USA)

... Se avete domande o siete alla ricerca di risposte, oppure forse sentite che manca qualcosa nella vostra vita, questo libro è per voi.
Rodney Finch, Pastore senior, Calvary Chapel Cary, North Carolina (USA)

Il dott. Viehman ha compiuto un viaggio straordinario. In "Dio, il mio dottore" fonde uno stile narrativo chiaro con le sue conoscenze e competenze mediche per fornire un resoconto sincero della sua ricerca personale dell'eternità. Il libro è piacevole, informativo, incoraggiante e onesto; ha un ritmo incalzante, è profondo e preciso.
Fornisce tantissimi insegnamenti basati su ricerche ed esperienze personali e accurate. Questo libro è una lettura eccellente per tutti coloro che hanno dubbi sulla veridicità delle Scritture e sul ritorno dell'uomo alla vita per cui era stata originariamente intesa la specie umana.
Ing. David S. Braden, laureato in teologia

... "Dio, il mio dottore" rivela la nostra condizione e ci fornisce la risposta...
Carol Casale

RINGRAZIAMENTI

Sono profondamente grato alle molte persone che mi hanno aiutato a portare a termine questo libro. Il loro contributo, il tempo che mi hanno dedicato e le loro riflessioni sono stati inestimabili. Negli ultimi sette anni mia moglie Ruth mi ha offerto il tempo, l'incoraggiamento e la forza per trascorrere le innumerevoli ore necessarie a portare a termine quest'opera. Bill Dunn è stato mio mentore, amico e revisore, contribuendo a dare una direzione e una prospettiva al progetto. Il dott. Bill Vanarthos mi ha assistito nella revisione e nell'ideazione concettuale. Greg McElveen, nel suo ruolo di revisore e insegnante di scrittura creativa, ha valorizzato enormemente questo progetto e aggiunto verve al mio racconto. Leslie e DeeAnn Williamson si sono impegnate in maniera straordinaria nella revisione dei contenuti, della punteggiatura e della grammatica.

Oltre a loro, molte altre persone hanno offerto commenti e idee prima della stesura della versione finale: le ringrazio tutte per il tempo, l'interesse e i contributi che mi hanno voluto dare. Infine, ringrazio il Signore che è il vero autore della mia vita nonché la fonte di ispirazione di questo libro. È Dio che mi ha messo in condizione di fare qualcosa che non sarebbe stato possibile senza di Lui.

Dott. Greg E. Viehman

DIO,
IL MIO DOTTORE
Lo scioccante viaggio di un medico verso la vita dopo la morte

Dott. Greg E. Viehman

The God Diagnosis

A Physician's Shocking Journey to Life After Death

Greg E. Viehman, M.D.

Translated by Sara Negro

Big Mac Publishers
Kingston, TN 37763

Copyright © 2010 del dottor Greg E. Viehman. Tutti i diritti riservati. L'utilizzo o riproduzione di qualsiasi parte di questo libro potrà essere consentita solo ed esclusivamente dopo previa autorizzazione scritta da parte dell'Editore o del dott. Greg E. Viehman, salvo brevi citazioni all'interno di recensioni o archivi. È vietato conservare qualsiasi parte di questo libro con metodo di reperimento ovvero trasmettere sotto qualsiasi forma o con qualunque mezzo elettronico, meccanico, attraverso fotocopie, registrazione o altri metodi senza previa autorizzazione scritta. Dott. Greg Viehman può essere contattato tramite il suo sito Web: www.goddiagnosis.com

Autore:	Greg E. Viehman, M.D.
Redattore:	Greg McElveen
Revisori:	DeeAnn Williamson / Leslie Williamson
Grafica di copertina, design © 2010	Marketing Ministries
Foto di copertina © 2010	Chris Davis
Immagini interne © 2010	Greg Viehman
Traduzione in italiano:	Sara Negro
Revisione:	Lorenzo Martinelli, Magda Falcone

Le citazioni del testo biblico sono tratte, tranne indicazione contraria, da *La Sacra Bibbia, Nuova Riveduta* (NVR), 1994, © Società Biblica di Ginevra – CH – 1032, Romanel-sur-Lausanne.
Estratti presi da *Il caso Gesù* di Lee Strobel. Copyright © 1998 di Lee Strobel. Traduzione di Raphael David Guitto, Copyright © 2008 per la traduzione italiana Edizioni Centro Biblico. Utilizzo concesso su autorizzazione di Zondervan, www.zondervan.com.
Estratti presi da *Nuove evidenze che richiedono un verdetto* di Josh McDowell. Copyright © 1999 di Josh McDowell. Traduzione in italiano di Ester Montefalcone, Copyright © 2004 per la traduzione italiana Edizioni Centro Biblico. Ristampa concessa su autorizzazione di Thomas Nelson.

Library of Congress Control Number: 2010933798

1. REL006080 RELIGION / Biblical Criticism & Interpretation / General
2. SEL032000 SELF-HELP / Spiritual
3. PHI008000 PHILOSOPHY / Good & Evil
4. REL067030 RELIGION / Christian Theology / Apologetics

BISAC / BASIC Classification Suggestions:

1. Bible -- Evidences, authority, etc.
2. Jesus Christ -- Historicity
3. Jesus Christ -- Divinity.
4. Apologetics
5. Christianity -- Controversial literature

ISBN-13: Italian Version: 978-1-937355-35-7
ISBN-13: English Version: 978-0-9823554-7-3 ISBN-10: 0-9823554-7-5 V 1.0
Le opere della casa editrice Big Mac Publishers sono disponibili a prezzi scontati, soggetti a quantità minime di acquisto, per rivenditori, scuole o aziende, oppure per iniziative commerciali o religiose, oppure per raccolte di fondi per opere di utilità sociale o religiosa. Per informazioni, consultare il sito Web www.bigmacpublishers.com.

Pubblicato da Big Mac Publishers
www.bigmacpublishers.com / Kingston, TN 37763
Stampato e rilegato negli Stati Uniti d'America

Sommario

Sommario iii
Introduzione ix
Capitolo primo 1
Il Sogno (o l'Incubo) americano? 1
   LA "GRANDE VACANZA" 3
   ETERNITÀ DIGITALE 7
Capitolo secondo 9
Il Viaggio 9
   I PAZZOIDI DELLA GITA IN MONTAGNA 9
   L'INFANZIA 11
   LE SCUOLE SUPERIORI 12
   L'UNIVERSITÀ 13
      Biologia molecolare e cellulare 13
      Chiesa 15
      L'uomo con la croce 15
      Piccola città 15
      Vita universitaria 16
   LA FACOLTÀ DI MEDICINA 16
   MARCO ISLAND 19
   IN CHIESA 24
   IL NUOVO QUARTIERE 25
   IL PRIMO STUDIO BIBLICO DI RUTH 27
   RITORNO ALLA REALTÀ 28
   LA GOCCIA CHE FECE TRABOCCARE IL VASO 29
Capitolo terzo 31
L'Indagine - Parte I: 31
Il Nuovo Testamento 31
   I QUATTRO VANGELI 31
      Matteo e Marco 31
      Luca 33
      Giovanni 35
   LE TRE DOMANDE 37
   LA RISPOSTA ALLE TRE DOMANDE 42
   L'APOSTOLO PAOLO 44

- Il DILEMMA E LA LOTTA 48
- **Capitolo quarto** **49**
- **L'Indagine - Parte II:** **51**
- *La Risurrezione di Gesù* *51*
  - LA MORTE 52
  - LA SEPOLTURA 52
  - IL SEPOLCRO VUOTO 53
  - IL CORPO 54
  - LE APPARIZIONI 55
  - ASPETTATIVE SBAGLIATE 58
  - VITE CAMBIATE RADICALMENTE 58
  - DISPOSTI A MORIRE 59
  - RIEPILOGO 59
- **Capitolo quinto** **61**
- **L'Indagine - Parte III:** **61**
- *Le Scritture in ebraico antico "Antico Testamento"* *61*
  - IL MESSIA 62
  - LE PROFEZIE SUL MESSIA 65
  - LE IMMAGINI DEL MESSIA 70
    - I sacrifici mosaici 70
    - La Pasqua 71
    - Abraamo e Isacco 73
  - IL RIFIUTO DEL MESSIA 74
  - RIEPILOGO 75
- **Capitolo sesto** **77**
- **L'Indagine - Parte IV:** **77**
- *Le prove storiche a favore del Nuovo Testamento* *77*
  - I PROFESSORI UNIVERSITARI 77
  - UNA NUOVA EVIDENZA CHE RICHIEDE UN VERDETTO ... 80
    - L'esame bibliografico [34] 81
    - L'esame delle evidenze intrinseche [40] 82
    - L'esame delle evidenze estrinseche [51] 94
  - I PROFESSORI UNIVERSITARI – SECONDA PARTE ... 97
  - IL CASO GESÙ 101
- **Capitolo settimo** **105**
- *La Decisione* *105*
- **Capitolo ottavo** **113**
- *Il Risveglio* *113*
  - LO SPIRITO SANTO? 113

    IL PAZIENTE 114
    IL VICINO DI CASA 117
    IN CHIESA 118
    LA CRISI 121

Capitolo nono 125
La Trasformazione **125**
    I PRIMISSIMI MOMENTI 125
    IL PRIMO GIORNO DI LAVORO 127
    LA PRIMA SERA A CASA 128
    I TRE GIORNI SUCCESSIVI 131
    UN NUOVO LINGUAGGIO 132
    LA PROVA 134
        La televisione 135
        Il vicino antipatico 135
        Lo shopping su Internet 136
        Al centro commerciale 136

Capitolo decimo 139
La Diagnosi Differenziale **139**
    L'ANAMNESI 140
    L'ESAME OBIETTIVO 142
    GLI ESAMI DI LABORATORIO 143
    L'ANALISI DEI SINTOMI 144
    LA RIVELAZIONE DEI SINTOMI 147
    LA DIAGNOSI DIFFERENZIALE 150

Capitolo undicesimo 153
La Diagnosi Preliminare **153**
Capitolo dodicesimo 157
La Malattia del Peccato **157**
    LA NATURA DELLA MIA ESISTENZA 158
    LA MALATTIA DEL PECCATO 160

Capitolo tredicesimo 163
I Sintomi del Peccato **163**
Capitolo quattordicesimo 167
La Cura per guarire dal Peccato **167**
    LA CURA PER GUARIRE DAL PECCATO 167
    IL MECCANISMO DELLA CURA 168
    I RISULTATI DELLA CURA 170
        L'amore di Dio: donare con generosità 172
        Il vecchio uomo è morto 173

    Risultati graduali ma costanti 173
    Sensibilità spirituale 174
    La fine del vuoto... 175
RIASSUNTO... 175
LA SOMMINISTRAZIONE DELLA CURA................................... 175
LA REAZIONE ALLA CURA 177

Capitolo quindicesimo..**179**
La Diagnosi Finale..**179**
    LA DIAGNOSI FINALE 179

Capitolo sedicesimo **181**
La Confessione della Cura..**181**

Capitolo diciassettesimo **185**
Le Implicazioni della Cura..**185**
    DIO.. 185
    PARADISO 185
    INFERNO... 186
    MIRACOLI 187
    LA BIBBIA 187
    IL GRANDE INGANNO 188
    FAMIGLIA E AMICI 189

Capitolo diciottesimo..**191**
La Prova della Cura **191**
    DECORAZIONI E LUCI NATALIZIE.. 191
    AI GRANDI MAGAZZINI.. 192
    AL RISTORANTE... 193
    IN UFFICIO 193
    TELEVISIONE 195

Capitolo diciannovesimo **197**
La Signora della Bibbia..**197**

Capitolo ventesimo **203**
La Relazione **203**
    PREGHIERA.. 205
    LA PAROLA DI DIO 206
    LA LODE 208
    COME PADRE E FIGLIO... 209
    CONSACRAZIONE MATTUTINA.. 210
    UN CUORE IN FASE DI CAMBIAMENTO 211
    INCONTRI ORGANIZZATI DA DIO 212
    SEGUIRE LE PORTE E LA VOCE DI DIO............................... 212

SEGUIRE LA PACE 214
Capitolo ventunesimo **217**
I Bambini **217**
Capitolo ventiduesimo **223**
Alla Clinica **223**
   GLI INFERMIERI..223
   L'AUSILIARIO MEDICO..225
Capitolo ventitreesimo **229**
Il Paziente **229**
   IL FOGLIO DEGLI APPUNTAMENTI......................................229
   L'ARCHIVIO DEI RESOCONTI OPERATORI 230
   I DOCUMENTI DEL SISTEMA DI PIANIFICAZIONE............231
   LE CARTELLE MEDICHE...232
   IL MOTORE DI RICERCA DELL'ARCHIVIO DELLE
   CARTELLE MEDICHE 235
   I DOCUMENTI DEL LABORATORIO 236
Capitolo ventiquattresimo **239**
Il Vaccino contro la Cura..**239**
   IL MIO MIGLIORE AMICO...239
   LA GENTE DELLA CHIESA 241
   IL PASTORE NEL MIO UFFICIO 243
   IL PASTORE DELLA CHIESA 245
Note di chiusura **253**
L'autore **257**

Dio, il mio dottore

Introduzione

Mentre ero al college vidi un'opera di teatro che segnò profondamente la mia vita e la mia percezione della realtà quotidiana. Quest'opera era *Piccola città* di Thornton Wilder. L'opera racconta di Emily Gibbs, una giovane donna che muore di parto e a cui viene concessa la possibilità di tornare a osservare la sua vita per un giorno. Durante la sua osservazione da una prospettiva diversa, Emily scopre con orrore i ricordi sprecati e un mondo a cui manca il senso dell'eternità. Per la prima volta capisce che la gente, talmente presa a correre di qua e di là, a lavorare e con tante piccole faccende da fare, non ha più tempo di guardarsi in faccia e godersi la reciproca compagnia. La donna desidera disperatamente che i suoi famigliari si fermino anche per un solo istante ad abbracciarsi e a godersi le piccole cose della vita, ma questo non avverrà mai.

Emily osserva come, attimo dopo attimo, il senso e l'essenza della vita si perdano in un mare di distrazioni. I momenti preziosi non si apprezzano davvero, anzi si disprezzano e si perdono per sempre nel tempo senza che nessuno riesca nemmeno a rendersene conto. Emily raggiunge la conclusione che gli esseri umani non si accorgono di essere vivi fino a quando non muoiono. Considerano la vita come una cosa dovuta fino al momento in cui non viene loro tolta.

La dolorosa verità di quest'opera teatrale va diritta al cuore di chiunque la legga o la veda rappresentata. Avevo diciannove anni quando la vidi per la per la prima volta e capii che fino ad allora tutta la mia vita era stata una *Piccola città* e non me ne ero mai reso conto. Sentivo nel cuore che era la verità assoluta. Qualcosa toccò profondamente la mia anima dicendomi che c'era qualcosa che non andava nel mondo in cui vivevo.

Purtroppo dimenticai tutto prestissimo, preso com'ero a vivere la mia vita di studente e tornai, senza accorgermene, nella mia *Piccola città*, il luogo stesso in cui non volevo andare.

Il modo migliore per descrivere la mia vita allora è dire che ero semplicemente vivo. Non avevo mai riflettuto sulla mia esistenza o sul suo significato. Vita, salute e famiglia per me erano cose date quotidianamente per scontate, naturali, dovute. Ero caduto in un circolo in cui rincorrevo un obiettivo dietro l'altro. Vivevo giorno dopo giorno con gli occhi puntati solo sul futuro, insensibile al presente che spariva dietro di me.

Tutto questo s'intensificò e divenne ancora più straziante con il matrimonio e la nascita dei figli: le "Grandi Vacanze" in famiglia, i ricordi più belli finivano ancora prima di cominciare. Mi sembrava che la vita mi stesse sfuggendo addirittura più in fretta di quanto potessi comprenderlo. Nemmeno le più belle foto e i più bei filmati di famiglia erano in grado di ricreare o catturare la mia realtà. Servivano solo a rammentarmi della rapidità dello scorrere inesorabile del tempo e della mia sete di volerlo fermare e rivivere. I miei tentativi di fermare il tempo non sortivano altro che l'effetto contrario e, paradossalmente, servivano solo a mostrarmi che il tempo da trascorrere insieme alle persone che amiamo non è mai abbastanza. La mia vita mi sfuggiva come sabbia fra le dita ed io ero impotente a fermarla.

Non volevo che la mia famiglia, i miei amici, i miei rapporti con gli altri finissero. Il mio cuore anelava all'eternità, ma – in un mondo che crede nella relatività della verità e nella dottrina dell'evoluzione – ogni suo battito era sempre meno importante. La pressione, lo stress, la frustrazione venivano sotterrati nel profondo del mio cuore: un cuore che stava cercando disperatamente una risposta in un mondo che nega l'esistenza stessa di risposte. Ed è qui che, distrazione dopo distrazione, la mia *Piccola città* mi nascondeva dal dolore delle risposte non trovate. La mia famiglia ed io abbiamo passato parecchio tempo nella *Piccola città*, nascondendoci da una verità evidente: la verità che non saremmo mai riusciti ad afferrare quell'amore che volevamo non avesse mai fine. Era più facile vestire i panni di Emily Gibbs e proteggere il nostro cuore e la nostra mente con tutte le distrazioni della vita di ogni giorno. La vita nella *Piccola città* è comoda, basta non sapere di esserci. E io ho vissuto nel suo inganno per tutta la vita.

In qualche modo sapevo che il mio cuore chiedeva a gran voce l'eternità, un luogo in cui l'amore non muore né ha mai fine. È questo che mi ha condotto verso la Cura. Pensavo di sapere tutto, ma ora mi rendo conto che non sapevo niente. Il mondo mi diceva che avevo tutto, invece io non avevo niente.

Anche adesso mi è difficile comprendere che anche allora Dio era al mio fianco, intorno a me, a un solo sospiro di distanza, nonostante il fatto che tutto quello che avessi visto e udito nel mondo mi diceva che non avrei mai potuto conoscerlo. Com'era possibile che la vera realtà del mondo fosse talmente fuori sintonia con quello che la mia intera esistenza mi aveva mostrato? È stato necessario raggiungere una diagnosi, una diagnosi divina, per rivelare la falsità della mia visione della vita e del suo significato.

Dott. Greg E. Viehman

Dio, il mio dottore

Capitolo primo

Il Sogno (o l'Incubo) americano?

All'età di trentasei anni possedevo tutto quello che avevo sempre desiderato dalla vita. Avevo raggiunto l'apice: ero un medico laureato coi massimi voti nel mio corso, avevo frequentato le scuole migliori, lavoravo con ottimi risultati, avevo sposato una bellissima moglie, avevo due figli, guidavo un'auto di lusso, indossavo abiti firmati, avevo un bel cane e vivevo in una casa stupenda in una città fantastica. Avevo toccato il cielo con un dito e stavo vivendo il Sogno americano. Ce l'avevo fatta: avevo risolto il rebus della vita.

Mattone dopo mattone, avevo costruito la mia personale torre d'avorio sui disegni che mi aveva offerto il mondo. Mi era stato insegnato a contare su me stesso, a farmi una reputazione, a costruire il mio impero per vivere una bella vita e dare una sicurezza alla mia famiglia. Ero un guerriero pieno di ambizione che combatteva per avere successo, per trovare realizzazione con autodisciplina e autodeterminazione. Il mondo continuava a complimentarsi con me per quello che facevo. La mia visione della vita si fondava saldamente sul successo mondano e sull'agiatezza. Senza saperlo, mi ero imprigionato nella torre che avevo costruito usando come malta l'orgoglio.

Ecco qui la mia famiglia nel 2002. Non è un'immagine espressiva e bellissima? Non rispecchia forse l'ideale americano? Cosa significa vivere il Sogno americano?

Mi sentivo solo, frustrato, insoddisfatto, vuoto, arrabbiato, disincantato e confuso. C'era ancora qualcosa che mancava nella mia vita. Nessuno dei miei successi, dei beni che possedevo o delle esperienze fatte mi aveva mai dato quello che immaginavo dovessero darmi. Avevo provato a riempire il mio cuore con tante cose, dagli *hobby* (la corsa, il triathlon, i vini pregiati, la mountain bike), ai *beni materiali* (le auto sportive, una grande casa, i gioielli, gli abiti, gli orologi, gli impianti Hi-Fi), ai *divertimenti* (i film, le vacanze e i ristoranti di lusso), alle *persone* (le feste, la cultura e tanti amici). Ognuno di essi mi dava una soddisfazione temporanea, ma il fascino e l'attrazione che esercitavano su di me si affievolivano dopo breve tempo, a volte nel giro di una giornata o anche durante l'esperienza stessa. Ho trascorso molti anni a correre da una cosa all'altra giocando a "flirtare" con il mio cuore.

La depressione iniziò a prendere piede quando il mio cuore capì che non era rimasto molto altro da provare. Ero affamato, ma non riuscivo a saziarmi; ero assetato, ma non riuscivo a dissetarmi, mai. Più il mio cuore mangiava e beveva, peggiore diventava la mia condizione. Arrivai al punto in cui avevo paura di cominciare una nuova cosa perché sapevo già che non mi avrebbe dato ciò che speravo di ottenere.

Finché un giorno mi resi conto che *avevo vissuto tutta la mia vita in questo modo e non me ne ero mai accorto.* Fin dai miei primi ricordi, fin dall'infanzia, i giochi e i regali che ricevevo diventavano subito vecchi. Me ne stufavo subito.

"Greg? Perché non giochi con il tuo nuovo flipper? Era da un anno che lo volevi", mi chiese mia madre quando avevo otto anni. "Ci hai giocato solo una settimana".

Non risposi. Stavo seduto sul pavimento vicino al flipper a mordermi le unghie per la frustrazione. Dentro di me ne ero semplicemente stufo. L'ansia dell'attesa era stata molto più eccitante del giocarci. Era diventato subito vecchio!

Per questo attendevo sempre il giocattolo *dopo*. Visto che la mia famiglia era benestante, il nuovo giocattolo era sempre dietro l'angolo, ed era questo che mi faceva andare avanti. Il vuoto e la noia che si manifestavano a intermittenza non duravano mai abbastanza a lungo da creare danni. Dalle macchinine Matchbox alla Mercedes vera, dai Lego alla villa vera, dall'orologio giocattolo al Rolex, dalle magliette coi supereroi ai vestiti di Armani. Stavo vivendo la versione adulta di qualcosa che aveva avuto inizio molto tempo prima.

Dentro mi sentivo come una sterile stanza dalle pareti imbiancate, fredda e umida, riempita solo dal vuoto e dall'eco del mio cuore che bramava pace e appagamento. Un vuoto che era un abisso senza fondo che ingoiava ogni cosa senza pietà o misericordia. Ogni volta, provavo la stessa sensazione che si prova quando si viene scaricati dalla propria ragazza. All'inizio ero entusiasta e innamorato del mio ultimo acquisto, hobby o esperienza, ma il minuto dopo ero a faccia in giù nella polvere, senza nemmeno un ciao o la minima attenzione. Potevo essere all'evento più fantastico del mondo e sentirmi completamente disilluso dentro di me. Quante volte, pur circondato da famigliari e amici, mi sentivo solo!

Continuai ad analizzare il mio passato per cercare delle risposte e mi ricordai di una cosa interessante avvenuta durante le vacanze con la mia famiglia. Ogni anno, nel periodo natalizio, ci recavamo ai Caraibi e visitavamo luoghi come Aruba, St. Thomas e le Bahamas. Da bambino quale ero, mi colpiva sempre il fatto che la maggior parte dei turisti erano sempre arrabbiati o depressi: erano in vacanza in un bellissimo posto, non avevano altro da fare che rilassarsi, mangiare, dormire e divertirsi, eppure quasi nessuno riusciva a divertirsi, per niente. Ho sempre pensato che la loro infelicità fosse una manifestazione esteriore di una frustrazione interiore. Adesso, mi domando se il loro cuore non si rendesse subito conto che *neanche lì avrebbero trovato soddisfazione*. Presto lo avrei scoperto personalmente.

LA "GRANDE VACANZA"

Nell'estate del 2000, quando i miei figli avevano rispettivamente due e tre anni, organizzammo la nostra prima "Grande Vacanza" in famiglia, alle famosissime spiagge della Carolina del Nord. I bambini erano abbastanza cresciuti per andare al mare e giocare senza darci troppe preoccupazioni. Avevo programmato questo viaggio nella mia mente per sei mesi e già pregustavo i bellissimi momenti che avremmo passato tutti insieme. Ogni volta che mi sentivo triste o vuoto, pensavo all'imminente vacanza e puntualmente la speranza e le aspettative mi risollevavano l'animo.

"Bene, ragazzi, finalmente ci siamo! Oggi partiamo per il mare. Sarà la nostra prima vacanza in famiglia!" esclamai con gioia, come un geyser in attesa di eruttare. Per un momento la fretta, la preparazione delle valigie e l'auto da caricare resero felice il mio cuore.

"Guarda cosa ho, papà" disse mio figlio di due anni. Con un grande sorriso sul viso teneva in mano il suo nuovo secchiello blu con la paletta e si dirigeva tutto traballante verso l'auto. Ci volevano sei ore di viaggio per giungere a destinazione, ma passarono in un baleno. Non vedevo l'ora!

Eccoci qui! pensai. Avevo una famiglia, un buon lavoro, una bella moglie e stavamo vivendo il Sogno americano. Questa vacanza sarebbe stata la risposta a quel vuoto e quella frustrazione che provavo nella mia vita. Non ci ero ancora arrivato del tutto, ma c'ero quasi!

Quando finalmente arrivammo, guidai fino alla fine del vialetto per raggiungere la casa di villeggiatura che avevamo preso in affitto, una bellissima casetta con vista sull'oceano e un tetto fatto con tegole di legno. Abbassando il finestrino potevo già udire il fragore e il rimbombo delle onde in sottofondo. Una fresca ventata di aria di mare riempì l'auto. *Sì, è proprio questo che voglio. Ci siamo riusciti!* pensai. Poi esclamai: "La casa è questa! Siamo arrivati!". I bambini erano impazienti di scendere e si agitavano sul sedile come anguille. Erano semplicemente euforici.

Ci fiondammo nella casa e disfacemmo le valigie. In un lampo, tutti si infilarono i costumi da bagno e corsero in spiaggia. Dovetti fare due viaggi per trasportare tutto il necessario: scavatrici giocattolo, secchielli, retini, ombrellone, bottiglie d'acqua, snack, asciugamani, sdraio e qualcosa da leggere. La spiaggia era di una bellezza che toglieva il fiato, molto appartata. Il primo giorno era un sogno diventato realtà: ci mettemmo a fare castelli di sabbia, camminate in spiaggia, body surfing e a cercare conchiglie. *Cosa potevo volere di più?*

Il secondo giorno andò ancora meglio! Dormimmo fino a tardi, facemmo colazione fuori e ripetemmo tutto quello che avevamo fatto il giorno prima. Dopo una lunga giornata passata in spiaggia, i bambini andarono a riposare, mentre io e mia moglie ci rilassammo in veranda a osservare le onde.

Il terzo giorno il mio cuore iniziò a cedere, ma non riuscivo a capirne il motivo. Ero diventato un po' irritabile e di cattivo umore. *Cosa mi sta succedendo?* mi chiesi. L'oceano non era più così allettante, la sabbia non era più così confortante e il relax non era più così tranquillo. L'irrequietezza stava crescendo. "Trovato! Stasera potremmo andare a giocare a mini golf e a prenderci un gelato!" proposi alla famiglia. Questa idea presto tranquillizzò il mio cuore angosciato. Non vedevo l'ora di fare una nuova esperienza e non capivo di essere caduto nella vecchia trappola delle distrazioni.

Il quarto giorno mi svegliai depresso. *La vacanza sta passando in fretta! È quasi finita. Il tempo scorre rapidamente!* pensai. I primi tre giorni, la settimana di vacanza sembrava dovesse durare un'eternità, ma ora la sua fine era vicina e tutto stava per concludersi. Avevo la mente piena di pensieri. Mentre guardavo i nostri figli che giocavano, vidi che stavano costruendo a modo loro un castello ricavandolo da un grande mucchio di sabbia. Le loro tenere vocine imitavano i suoni dei veri automezzi da lavoro. "Bruumm. Patapatapa…". Li fissai provando sia gioia che tristezza nel cuore. *Che bellissimo momento! E dove finiranno questi ricordi? Un giorno i miei figli e il loro ricordo cesseranno di esistere per sempre? Finiranno per disperdersi sottoterra come terriccio riciclato? E fra cent'anni qualcuno sposterà a badilate quel terriccio che una volta era la mia famiglia?*

Ora quel mucchio era scomparso e al suo posto si ergeva un castello dai lineamenti un po' grossolani e non tanto perfetto, con due o tre bastoncini di legno a fare da bandiere. I bambini lo guardarono per un momento, poi presero le scavatrici dalla borsa dei giochi e con un paio di "Bruumm, bruumm" e "Paah, patapaah!" lo buttarono giù. Nel giro di qualche minuto la loro creazione era stata completamente spianata: era sparita, riassimilata dalla spiaggia. Non potevo far altro che ammettere quanto fosse misteriosamente simile la vita sulla terra. *Perché questa vacanza non è come avevo pensato che sarebbe stata, anche se rappresenta il momento più bello della mia vita con la mia famiglia? Com'era possibile?* mi domandai.

Ogni giorno che passava la situazione peggiorava. E continuò a peggiorare fino al momento di partire. Il sesto giorno era un supplizio: non volevo fare niente e non vedevo l'ora di andarmene da lì e di tornarmene a casa. Non solo la mia vita era insoddisfacente e non appagante, nonostante avessi tutto, ma in un mondo evolutosi per caso questa mia vita stava lentamente disfacendosi nel bidone del riciclaggio.

Non c'era molto altro che potessi sperare di ottenere o sperimentare e tutto quello che avevo – moglie e figli compresi – non aveva alcun senso senza un'eternità, senza una permanenza. Un giorno sarebbero scomparsi insieme a tutti i nostri ricordi. Feci il viaggio di ritorno immerso nei miei pensieri.

Dio, il mio dottore

Come e perché mi sento così mentre trascorro la più bella vacanza della mia vita?! Il paradosso era inevitabile. *Non posso nemmeno dirlo a nessuno perché è imbarazzante*, piangevo dentro di me.

Fino ad ora, erano sempre stati l'anticipazione e l'atto stesso di acquistare o sperimentare nuove cose ad alimentare un falso e momentaneo senso di appagamento. Ma una volta ottenuto ciò che cercavo, tutto tornava improvvisamente a essere vuoto e deprimente e l'unica soluzione era continuare a cercare cose sempre più nuove, più grandi, migliori. Fino ad ora.

La mia vita poteva riassumersi in un susseguirsi di "Se solo". Se solo riuscissi a finire la facoltà di medicina. Se solo riuscissi a passare l'internato. Se solo avessi uno studio medico tutto mio. Se solo andassi a vivere in una grande casa. Se solo andassi a fare una Grande Vacanza con la mia famiglia. Questa era la mia vita in sintesi.

Ma avevo finito i "Se solo..." e mi sentivo davvero "solo". Gli ultimi granelli di sabbia erano passati dal foro della clessidra del mio cuore... un'altra crepa inattesa. Il mio cuore vuoto aveva finito la sabbia e io non potevo più chiuderne le crepe. Mi sentivo ingannato dal mio stesso modello di vita; avevo atteso soddisfazione e appagamento per anni, per poi scoprire che non era per niente né soddisfacente né appagante, ma era orribile. Cosa c'era ancora da desiderare? Dove potevo trovare una risposta?

Il fatto che non potessi parlarne con nessuno per vergogna e imbarazzo accresceva un vuoto che non è facile descrivere a parole. I semi della disperazione stavano germogliando: cinismo, amarezza, impazienza, irritabilità e insensibilità stavano crescendo in un terreno reso fertile dalla solitudine, dal senso di vuoto, dal senso di ineluttabile caducità. Ero depresso, confuso, sprofondato persino in una disperazione silenziosa. I miei vini mi davano quel senso di pace e serenità che bramavo e ne traevo piacere, anche se mi rendevo conto che quello che mi davano era artificiale e non era quello che cercavo.

Mi sentivo anche in colpa, come un bambino viziato e maleducato, di non essere contento di vivere il Sogno americano. In teoria, la mia vita sembrava l'eponimo del successo, ma in pratica, nel mio cuore regnava un abisso spaventosamente vuoto. *Ho lavorato tutta una vita per arrivare fino a questo punto. Cosa mi succede? Cosa sto cercando? Cosa c'è che non va in me?* gridavo dentro di me.

ETERNITÀ DIGITALE

Tornato a casa dalla Grande Vacanza, provai a catturare e a fermare l'avanzata inesorabile del tempo girando filmati e scattando foto di tutti i momenti importanti della mia famiglia. Registravo tutto. Acquistai persino un computer e imparai a masterizzare i filmati su DVD. Mi sembrava che così facendo impedivo alla scavatrice di spianare il mio castello di sabbia, come sulla spiaggia. Ora avevo dei ricordi digitali della mia famiglia che potevano essere tramandati alle generazioni future per impedire che il nostro ricordo andasse perduto. Speravo di poter rivivere quei momenti ogni volta che l'avessi voluto. *Non erano passati per sempre! Li avevo "intrappolati" sul mio computer! Sì! È così! Ho sconfitto il tempo! Li ho catturati!*

La soddisfazione di aver catturato dei ricordi preziosi mi fece stare tranquillo per un paio di anni, fino a quando non decisi di rivederli.

"Tesoro, stasera guardiamo i filmati che abbiamo fatto", dissi con entusiasmo a mia moglie Ruth.

"Benissimo, fantastico. Vado a chiamare i bambini", mi rispose.

Ci radunammo tutti davanti al televisore. Inserii un DVD. Ero così ansioso di vederlo che mi sedetti sul pavimento davanti allo schermo, come quando ero bambino.

Ma non appena cominciò il filmato, il mio cuore iniziò a cedere. Com'erano cresciuti i bambini, pensai. Mi ero dimenticato di quanto fossero piccoli allora. Il tempo scorre davvero velocemente, ma dove va? Mi sembrava ieri, ma erano già passati due anni!

Dopo nemmeno cinque minuti non ne potevo più. Ero scioccato e inorridito davanti alla scoperta che tutto il mio progetto si era ritorto contro di me. Per qualche ragione le foto e i filmati riuscivano soltanto a ricordarmi con maggior forza la rapidità con cui passava il tempo. L'impossibilità di fermarlo o di catturarlo era più evidente e devastante di prima. Era ormai ovvio che il mio cuore desiderasse molto più di una semplice "rivisitazione" digitale dei nostri ricordi. Desiderava un'eternità che, purtroppo, non esisteva.

La depressione arrivò come un'onda di marea. Uscii dalla stanza e andai in cantina a versarmi un bicchiere di vino e lenire il dolore. Da quel giorno in poi non feci più nessun filmato né foto. Era più facile se il passato non lo guardavo.

Mi sedetti tutto solo sul divano in salotto a sorseggiare il vino. Sulle pareti c'erano ritratti di famiglia che avevano ormai diversi anni. Li fissai intensamente. Capii che non potevo nascondermi davanti alla verità. La vita stava fuggendo via da me e non c'era niente che potessi fare per evitarlo. Poteva anche essere già mezza finita. Le lacrime sgorgarono a fiotti mentre fissavo le foto sulla parete. *Cosa ne sarà di noi? Dove finiranno i nostri ricordi? C'è qualcosa che proprio non va,* pensavo. *Non mi sarei mai aspettato che le cose andassero a finire in questo modo. Non è così che deve andare! Come sono finito in questa situazione? Cosa c'è in me che non va?* piangevo dentro di me.

L'euforia del primo bicchiere iniziò a farsi sentire: cominciai a rievocare i ricordi del passato alla ricerca di risposte. La diagnosi di Dio stava per iniziare. Mi trovai a ricordare uno strano avvenimento delle superiori a cui non avevo più pensato da quando era accaduto. Da lì tornai indietro fino ai miei primissimi ricordi.

Capitolo secondo

Il Viaggio

I PAZZOIDI DELLA GITA IN MONTAGNA

Nell'ultimo anno delle superiori andai in gita in montagna con un amico. Era una gita con un gruppo cristiano, ma io non lo sapevo; pensavo semplicemente di andare a sciare. Tutto sembrò normale fino a quando, la prima sera, dopo una lunga giornata passata sui pendii, giungemmo allo chalet di montagna. Soggiornavamo in un'accogliente baita di legno immersa fra le montagne. Terreni e alberi erano ricoperti da un manto di neve.

Ero esausto e non vedevo l'ora di rilassarmi. Il fuoco di un grande camino in pietra mi invitava ad avvicinarmi. Mi diressi verso di esso e mi misi stravaccato su una comoda poltrona. Tolsi guanti e scarponi. Le mani fredde mi pizzicavano come punzecchiate da tanti spilli. Iniziai a riscaldarle insieme ai piedi davanti al calore del fuoco crepitante. All'improvviso cinque persone, ognuna con in mano dei libri in pelle nera, si avvicinarono a me, circondandomi. Non appena li vidi venire verso di me capii che c'era qualcosa che non andava. Caddi in preda alla paura e al terrore, ma perché? Poi mi resi conto: era la stessa sensazione che provavo ogni volta che facevo qualcosa di sbagliato e stavo per essere scoperto e messo davanti alle mie azioni. Con la mente tornai all'immagine di mio padre che gridava: "Greg! Greg Edwin Viehman, vieni giù subito!"

"Che c'è, papà? Ho da fare," rispondevo con esitazione cercando di evitare l'inevitabile.

"Vieni giù subito!" ribatteva con severità, facendomi sentire un gran peso addosso e un enorme rossore alle guance. *L'ha scoperto*, pensavo nauseato.

Quei cinque secondi di flashback terminarono bruscamente quando vidi che il gruppo mi stava addosso. Il cuore mi batteva all'impazzata pompando adrenalina. Provai la stessa pressione di quando mio padre mi sgridava. *Perché mi sento come se stessi per essere preso a pugni?* pensai. *Non ho fatto nulla di male e non conosco queste persone.*

"Che succede?" chiesi mentre mi muovevo nervosamente sulla poltrona, cercando di nascondere i miei sentimenti. "Credi in Dio?"

chiese uno dei tizi mentre gli altri mi fissavano. Prima di poter rispondere, la ragazza vicino a lui mi chiese: "Ci credi in Gesù Cristo?"

Fui completamente colto alla sprovvista dall'argomento e dal loro approccio. Mi tirai subito su a sedere, mi misi sulla difensiva e mi irrigidii. Improvvisamente provai un'incontrollabile mix di rabbia e paura. Anche questo sentimento mi era familiare, ma in un modo un po' strano. Mi sembrava di essere a un incontro di boxe! Mi balzò alla mente un flashback della mia infanzia. "Dai, femminuccia, perché non mi colpisci?"

"Perché me lo chiedete?" risposi con una smorfia sarcastica, distogliendo lo sguardo dai loro occhi. Notai che avevano tutti uno sguardo stranissimo che mi metteva a disagio. Il mio cuore batteva forte e non volevo guardarli in faccia. Avrei voluto andarmene da lì e fuggire, ma ero in trappola.

"Niente, vogliamo spiegarti come peccarono le prime persone create da Dio, Adamo ed Eva. Il loro peccato li separò da Dio e questo permise alla morte di entrare nel mondo. Questo peccato si è ripercosso su tutti i loro discendenti, io e te compresi. Gesù Cristo, però, è venuto a pagare per i tuoi peccati e a mettere fine a questa separazione".

Prima che potesse aggiungere un'altra parola, lo interruppi: "Ma che idiozie state blaterando? L'uomo si è evoluto nel corso di miliardi di anni! State scherzando?!" Parlavo con una forte tensione nella voce. Non avevo mai sentito parlare di Adamo ed Eva e questi cristiani "nati di nuovo" credevano che fosse tutto accaduto realmente!

"Gesù ti ama," commentò uno di loro, di punto in bianco. Per una qualche ragione questa frase mi fece esplodere. Mi alzai pieno di rabbia. Le vene mi si gonfiarono, sentivo che la pelle era diventata bollente e che stavo sudando. "Vi aspettate davvero che creda che l'uomo è stato creato da Dio?! Ho diciotto anni e non ho mai sentito una cosa del genere da nessuna parte e da nessuna persona! Io ho scritto una tesina sull'evoluzione: «Lucy, il tassello mancante tra l'uomo e la scimmia»," gridai agitando in aria le mani.

Diedi un calcio alla sedia più vicina, facendola sbattere contro altre sedie vuote e provocando un fracasso tremendo. Me ne andai via infuriato. "Greg, che ti succede?" mi chiese un compagno di scuola che stava seduto dall'altra parte della stanza, vicino all'uscio verso cui ero diretto. Mi fermai a guardarlo. "Sta' zitto! Sta' zitto e basta!" urlai aprendo la porta con un calcio per uscire da quella stanza e allontanarmi da quei pazzoidi.

Più tardi quella sera mi si avvicinarono timidamente e provarono a dimostrare come quei "fatti" fossero scritti nella Bibbia, ma io non guardai. Li ignorai per il resto della gita, ma in cuor mio rimasi turbato per molti giorni. Non riuscivo ad ammettere nemmeno a me stesso che la mia visione della vita potesse essere falsa. Continuavo a ripetermi che erano dei pazzi fanatici religiosi. *Se l'uomo fosse stato davvero creato da qualcuno e non era il prodotto dell'evoluzione, allora a scuola me l'avrebbero sicuramente insegnato. Quando studiavamo l'evoluzione in classe, nessuno ha mai accennato a nessuna creazione. Non sono io quello che ha idee pazzoidi,* mi rassicuravo. Continuavo a trovare conforto nel fatto che in tutta la mia vita non avevo mai sentito parlare di queste cose.

Qualcosa che non andava, però, c'era. *Perché ne ero rimasto così turbato? Perché avevo la sensazione di aver fatto qualcosa di sbagliato?* mi chiedevo costantemente sul pullman mentre tornavo a casa. Fissavo lo sguardo fuori dal finestrino e volevo semplicemente non esserci con quelle persone. La mia gita era stata completamente rovinata.

Quando rientrai a casa dai miei genitori, ero ancora sconvolto e mi sentivo molto turbato. Le mani mi tremavano ed erano sudaticce mentre raccontavo loro cos'era successo. Mi dissero di non farci caso: "Noi siamo brave persone, figliolo. Ci sono dei cristiani che possono essere fanatici. Lasciali perdere. Tu vai bene così, non ti preoccupare". Il giorno dopo era tutto finito e mi dimenticai di Dio per un bel po' di tempo. Non mi fu difficile perché in vita mia ne avevo sentito parlare molto raramente.

Ero ancora sul divano a sognare ad occhi aperti. Qui i miei ricordi riandarono direttamente all'inizio. Mi ritrovai a riconsiderare tutta la mia vita e a concentrarmi sulle poche volte in cui c'era stato qualcosa che aveva riguardato Dio.

L'INFANZIA

Sono nato nel 1967 a Wilmington, nel Delaware, negli Stati Uniti, figlio unico di una bella famiglia della cui vita, però, Dio non faceva parte in alcun modo. Le loro famiglie erano religiose, ma i miei genitori scelsero di lasciarmi decidere autonomamente cosa credere quando sarei stato adulto. Erano totalmente disgustati dall'ipocrisia della religione. Per tutta la mia infanzia non avevo mai pensato né sentito parlare di Dio o dell'esistenza di un dio. Non frequentavamo la chiesa, non discutevamo della Bibbia né parlavamo di Dio in famiglia. Dio era qualcosa di astratto, distante, non conoscibile e irrilevante nella nostra vita quotidiana. E il mondo intorno me lo confermava in ogni modo possibile.

La mia nonna materna rappresentava l'unica e occasionale esperienza che avessi avuto con Dio, ma per me era un'esperienza estranea e di poca importanza. Durante le vacanze, prima dei pasti mia nonna pregava rivolgendosi a un certo "Padre nostro", chiunque esso fosse. In casa sua c'era una Bibbia e qualche volta l'avevo anche sfogliata, ma non sapevo di cosa parlasse. Ogni tanto mi parlava del "Signore", ma io non capivo; quando mi comportavo male mi diceva "Ci penserà il buon Dio a castigarti". Non ricordo nemmeno di essere mai andato in chiesa. In realtà consideravo una cosa normale non andarci perché questo era tutto ciò che sapevo. Mia nonna ci andava sempre, la domenica mattina, mentre noi restavamo a casa.

All'età di undici anni il mondo aveva già lasciato un'impronta indelebile nel mio cuore. Ecco cosa scrissi a scuola in un tema autobiografico a quell'età:

Spero di vivere in una bella casa circondata da tanti alberi. Voglio sposarmi e avere una moglie e dei figli e fare tanti soldi. Se avrò un sacco di soldi, ne donerò un po' in beneficenza, ai poveri. Voglio avere una vita di successo, che le cose mi vadano bene. Quando sarò in pensione, me ne andrò in Florida e ci abiterò fino a quando muoio. Voglio viaggiare un po' in giro per il mondo per vedere come vivono le altre persone e come si guadagnano da vivere. Spero di morire di vecchiaia e non per una qualche malattia, perché non voglio soffrire. Penso che la mia vita sarà in qualche modo come me l'aspetto. Sarà bella e piacevole, una vita felice insomma.

La mia infanzia è stata stupenda, ho avuto tanti amici, una bella casa, ottimi genitori e ho vissuto il Sogno americano. A parte mia nonna e alcuni sporadici episodi, dal mio punto di vista Dio non era visibile nelle cose che sentivo, vedevo o imparavo nel mondo. Il Natale era fatto soltanto di Babbo Natale e di regali. La Pasqua era un momento per mangiare coniglietti di cioccolato e andare a caccia di uova.

LE SCUOLE SUPERIORI

Mi sono diplomato nel 1985 all'età di diciotto anni. I miei migliori amici erano ebrei e non parlavamo di religione. Non credo che la religione o Dio fossero mai saltati fuori durante gli anni di scuola, a parte durante la gita in montagna. Eravamo tutti troppo occupati a studiare, divertirci e vivere spensieratamente. A scuola, Dio era chiaramente considerato privo di importanza poiché non faceva mai parte né delle lezioni né delle nostre conversazioni.

Conoscevo persone che andavano in chiesa, ma queste persone non parlavano mai di Gesù Cristo o della Bibbia. A scuola non ho mai visto nessuno leggere o anche solo tenere in mano una Bibbia e, anche se Gesù faceva parte della loro vita, non ne parlavano mai in pubblico. Ciò che contava era "andare" in chiesa e questo valeva anche per i ragazzi che andavano nelle scuole cristiane. Per quanto potevo vedere, non c'era nessuna differenza tra la loro vita e la nostra. La connessione tra la chiesa e la vita quotidiana non era mai evidente. Le cose che facevano e dicevano in privato evidentemente non includevano il dimostrare a me quel tipo di comportamento che persino io mi sarei aspettato da chi diceva di credere in un Dio che prendeva sul serio l'onestà e la correttezza.

Durante le vacanze estive, andavo spesso in un campeggio teoricamente "cristiano", ma nemmeno là c'era traccia di religione né si parlava di Dio: la Bibbia e Gesù Cristo non rientravano tra gli argomenti delle conversazioni e alla domenica si svolgeva una generica funzione religiosa che i campeggiatori dovevano sorbirsi. Discorsi scurrili, ubriacature, sigarette e sesso abbondavano, di nascosto.

L'UNIVERSITÀ

Mi ero iscritto alla Penn State University, ma dopo un semestre mi trasferii alla University of Delaware per essere più vicino ai miei genitori dopo quello che per me era stato una sorta di "attacco cardiaco". Per certe ragioni che non compresi all'epoca, ma soltanto da qualche anno a questa parte, soffrii in modo grave di "ansia da separazione" che si manifestò non appena arrivai all'università: di punto in bianco fui preso da ansia, paura e dalla sensazione improvvisa di morte incombente. Cuore e nervi erano a pezzi e non sapevo perché.

Biologia molecolare e cellulare

La situazione migliorò avvicinandomi a casa. Studiavo in un corso di laurea in biologia per entrare alla facoltà di medicina. Dio non era ancora entrato nei miei pensieri, nemmeno durante questo difficilissimo periodo della mia vita.

Al terzo anno di università accadde un evento particolare che mi fece pensare a Dio. Uno degli argomenti del corso di biologia molecolare e cellulare era la forma primitiva di regolazione genica del DNA nei batteri.

Osservando il professore mentre spiegava l'argomento, fui preso da un pensiero che mi mise a disagio: *la complessità della loro struttura e le leggi che le regolano sembrano essere state progettate con intelligenza!* Analizzai meglio quello che stavo vedendo e trasalii quando mi resi conto che *le molteplici parti interdipendenti non funzionano le une senza le altre. Se anche una sola viene a mancare, l'intero sistema crolla. Com'è possibile tutto questo se la vita è il risultato di un processo evolutivo casuale?* La teoria dell'evoluzione insegna che lentamente, nel corso di milioni di anni, le mutazioni causano nuovi cambiamenti che vengono selezionati dalla natura perché utili. Qui c'era un intero sistema integrato che però non poteva essersi evoluto sequenzialmente.

Mi resi conto anche di un altro fatto: il DNA contiene informazioni. Ma queste informazioni, come possono essere state codificate nei nostri geni nel corso del tempo da un processo puramente casuale? *Se prendo in mano un libro, so che deve per forza averlo scritto qualcuno. Se prendo in mano un orologio, so che deve per forza averlo costruito qualcuno*, ragionai. Questi pensieri continuavano a tormentarmi. Il cuore mi suggeriva un "disegno intelligente", ma a questo punto ogni cosa che avevo imparato era sbagliata! La mente reagì asserendo che *ciò non è possibile!*

Riflettei ancora e giunsi alla conclusione che forse Dio esisteva da qualche parte in senso astratto, che aveva magari persino dato inizio alla vita ma che poi aveva lasciato che l'evoluzione prendesse il controllo sotto la sua guida. Mi vennero in mente i pazzoidi della gita in montagna, ma ero arrivato alla conclusione che, nel mondo moderno, Dio non poteva essere conoscibile, personale o attivo, oppure diverso da come lo avrebbero descritto i fanatici religiosi. Altrimenti ne avrebbero parlato i miei insegnanti, i miei genitori, i giornali o qualcun altro. Ero in preda all'incertezza e intimamente frustrato, ma riuscii a sotterrare tutte queste idee contrastanti per paura di quello che avrebbero sottinteso.

Chiesa

Più tardi, sempre all'università, andai in chiesa una volta con la mia ragazza di allora e la sua famiglia. Mi sentii come un pesce fuor d'acqua. Volevo andarmene, come durante la gita in montagna. Non capivo come facessero a sapere già cosa dovevano cantare o dire nello stesso momento. Io c'ero andato soltanto per stare con la mia ragazza e mi sorbii tutta la funzione: era un atto dovuto e provavo grande rispetto per suo padre e la sua famiglia. Notai che molti altri ragazzi erano distratti: fissavano il soffitto, si agitavano, sonnecchiavano, masticavano gomma di nascosto, con totale disinteresse per quello che diceva il pastore. Mi sentii meglio.

L'uomo con la croce

Un giorno, in mezzo al viale principale del campus, un uomo dall'aspetto trasandato occupava il passaggio pedonale per entrare in un'aula. Aveva la barba lunga, incolta e brizzolata, sul castano, un po' sporca. Portava una grande croce di legno sulle spalle, dondolava la testa avanti e indietro e fissava la massa di studenti che si affrettava ad andare a lezione. Gridava con passione e implorava ardentemente gli studenti: "Pentitevi! Lasciate che Gesù vi salvi dai vostri peccati e dall'inferno! Andare all'università non vi serve a niente senza Gesù Cristo. State ingannando voi stessi! Non è questo mondo che potrà salvarvi! Pentitevi!" Nessuno lo ascoltava. Anche lui era un pazzoide. Credo che poi l'avessero portato via le guardie del campus.

Piccola città

Nel mio ultimo anno di università frequentai un corso di teatro. Lo scelsi come materia complementare e mi divertii tantissimo. Per una lezione dovevo vedere un'opera di teatro e ci andai da solo: *Piccola città* di Thornton Wilder, che vede tra i suoi personaggi Emily Gibbs, una giovane donna che muore durante il parto e a cui viene però concesso di tornare a osservare la sua vita per un giorno. Guardandola da una nuova prospettiva, Emily scopre con orrore i ricordi sprecati e un mondo in cui manca il senso di eternità e per la prima volta capisce che sono tutti talmente presi a correre di qua e di là, a lavorare e a occuparsi di piccole faccende da non guardarsi più in faccia né godersi la reciproca compagnia. Desidera disperatamente che la sua famiglia si fermi anche solo per un secondo ad abbracciarsi e godersi le piccole cose della vita, ma questo non avverrà mai.

Dio, il mio dottore

Emily osserva come, attimo dopo attimo, il senso e l'essenza della vita si perdano in un mare di distrazioni. Capisce che i momenti preziosi non si apprezzano davvero e arriva alla conclusione che le persone non sanno nemmeno di vivere la vita finché non muoiono; ogni cosa è data per scontata finché la vita stessa non viene loro tolta.

Fui molto colpito da quest'opera. Avevo il cuore tormentato perché capii che fino ad allora tutta la mia vita era stata una *Piccola città*, senza mai accorgermene. Iniziai a piangere senza ritegno. *Lacrime?! Stiamo scherzando? Che rammollito che sono! Devo smetterla!* Cercai di ricompormi. *La vita è tutta qui? E se Emily Gibbs avesse ragione?* Qualcosa mi toccò nel profondo dell'anima dicendomi che c'era qualcosa che non andava nel mondo in cui vivevo, ma presto dimenticai tutto, preso com'ero dalla vita universitaria.

Vita universitaria

Due dei miei compagni di stanza all'università andavano in chiesa regolarmente, ma non parlavamo molto della loro fede. Erano onesti e rispettosi, ma io li ignoravo e basta. Per loro Dio era importante, io però non lo capivo. Apprezzavo il fatto che non cercavano mai di farmi nessuna pressione e quasi non mi accorgevo che andassero in chiesa, perché di solito io passavo la domenica a riprendermi dai postumi della sbornia del sabato sera. Ero tutto preso a vivere la mia vita, a divertirmi e a prepararmi per l'esame di ammissione a medicina.

Per un semestre frequentai Filosofie della religione, dove studiammo molti filosofi famosi e i loro scritti sulla religione, ma non Gesù né la Bibbia. Il concetto alla base del corso era che gli esseri umani avevano inventato le varie teorie sulla divinità per dare una spiegazione alle dolorose realtà del mondo. Il concetto di "Dio" era una risposta umana per nascondere al cuore il dolore della morte, della malattia e delle tragedie. Mi insegnarono che riguardo a Dio non c'era solo una risposta corretta e che la cosa da fare era rispettare tutte le religioni per quello che erano.

Durante il college trascorrevo le mie estati al mare, facendo il bagnino e il DJ. Andavo alle feste, bevevo, andavo dietro alle ragazze e lavoravo. Questa era la mia vita. Gli studi andarono bene e mi laureai con lode. Entrai alla facoltà di medicina nel 1989.

LA FACOLTÀ DI MEDICINA

I primi tre anni della facoltà di medicina non mi lasciarono molto tempo per lo sfrenato stile di vita a cui ero abituato; stavo sui libri ventiquattr'ore su ventiquattro, sette giorni su sette. Riuscivo ad ottenere ottimi risultati perché avevo una buona memoria ed ero in grado di leggere velocemente. Ottenni il punteggio massimo nel mio corso.

Imparai il corpo umano e le sue funzioni; era strabiliante e assolutamente meraviglioso, ma non mi faceva pensare a Dio perché credevo nella teoria dell'evoluzione. Gli studi di medicina sono completamente incentrati sul corpo umano e non si fa nessun cenno a Dio o alla creazione in nessun insegnamento o libro. Anche se uno accettasse l'ipotesi che abbia avuto un qualche ruolo in merito al corpo umano, Dio è completamente escluso. Gli anni di silenzio su una possibile influenza divina nella vita umana stavano incidendo nel mio cuore solchi grandi e profondi, di un'importanza che non riuscivo a immaginare.

Ricordo il momento in cui sezionai un cervello umano. Lo presi in mano per la prima volta con soggezione e meraviglia; non riuscivo a non pensare che stavo tenendo in mano un cervello che aveva avuto una vita, una famiglia e molti ricordi. E dove erano finiti? Erano andati persi per sempre? Come può questa massa grigiastra e gelatinosa provare amore, sentimenti ed emozioni? Mi rendevo conto che lo stesso tipo di materia era anche dentro di me: anche il mio cervello era fatto così! Pensai alla mia vita. Dove finiranno i miei ricordi? Sono soltanto sinapsi nervose e sostanze chimiche? Ero inorridito. Tutti questi pensieri mi sfrecciavano nella mente, ma non c'erano risposte. Quando un giorno morirò, l'amore che provo per mia moglie e i miei figli andrà perso insieme alla materia in decomposizione? È davvero questa la mia destinazione ultima? C'era qualcosa che non quadrava. Ogni volta che andavo a lezione il mio cuore veniva meno e avevo un groppo allo stomaco. La fine del corso fu un sollievo.

Le lezioni occupavano tutto il mio tempo. Mi sentivo solo ma almeno ero distratto dall'infinita mole di lavoro da fare. Mi lasciai con la mia ragazza e mi sentii ancora più solo. Nonostante tutto questo, Dio era l'ultima cosa a cui avrei pensato. Nulla di quanto avevo visto o sperimentato nei miei ventiquattro anni di vita mi faceva pensare a Dio come a qualcosa di essenziale o desiderabile.

Bevvi un altro sorso di vino e continuai il mio viaggio tra i ricordi. Non avevo mai visto la mia vita da questa prospettiva prima d'ora.

MATRIMONIO

Incontrai Ruth, la mia futura moglie, durante il mio terzo anno alla facoltà di medicina e ci sposammo dopo poco più di un anno, nel 1993. E, sì, ci sposammo in chiesa. Incontrammo il pastore un paio di volte per il "corso dei fidanzati". Il pastore era un uomo molto simpatico. Per me la chiesa non era nient'altro che un luogo in cui imparare delle lezioni sulla vita.

Non lo dissi a Ruth, ma mi aspettavo che da un momento all'altro in questi incontri il pastore cominciasse a farci la predica su Gesù. Ma non lo fece! Fantastico! Al pastore non interessava se avessi o meno un rapporto con Dio, e questo rafforzò in me l'idea di un Dio che non aveva importanza per le questioni pratiche della vita. Se Gesù era vivente, conoscibile e di importanza fondamentale come avevano affermato quei pazzoidi della gita in montagna, allora perché il pastore non me l'aveva detto, quando era evidente dalle risposte che davo durante il corso che non ci credevo? Questa esperienza non fece altro che rafforzare la mia concezione del mondo.

Iniziai il primo anno di tirocinio in medicina interna presso l'ospedale della University of Pennsylvania. Per un anno intero non feci praticamente altro che lavorare, lavorare, lavorare. Ci occupavamo costantemente di persone in fin di vita, ma mai, fra il personale medico, si è parlato di Dio o di una vita dopo la morte. In ospedale una persona morta era morta, punto e basta.

Fino a quel momento la maggior parte delle mie esperienze legate a Dio erano state negative. Non mi aveva parlato di Dio nemmeno il pastore che ci aveva sposati. Io stavo bene, la mia carriera era indirizzata verso il successo, avevo una moglie e una famiglia fantastiche, i miei genitori erano orgogliosi di me e la mia vita era meravigliosa! Dal punto di vista del mondo in cui vivevo, Dio non era una componente fondamentale della società. Niente ci diceva che fosse un'entità reale e vivente. Non solo, all'università avevo imparato che non esisteva una verità assoluta: la verità dipende da ciò in cui si crede.

Nel 1994 cominciai a lavorare come interno presso il reparto di dermatologia del Duke University Medical Center. Lavorai sodo per tre anni, completamente assorbito dallo studio della dermatologia e dal matrimonio. Mia moglie lavorava nel settore farmaceutico. Tutto andava come avevo pianificato. Il modello di vita di oggi è quello di avere successo e fare il possibile per vivere bene. E questa era la direzione che avevamo preso.

Durante il mio internato in ospedale, nel 1995, ci trasferimmo ad Apex, nella Carolina del Nord, e comprammo una casa. Ruth aveva ricevuto un'educazione "cristiana", ma non era più andata in chiesa da quando ci eravamo incontrati. Qualche volta provò a spingermi ad andare a Natale e a Pasqua, ma mi rifiutai. Non sembrava interessata a Dio in sé, bensì ad andare in chiesa nelle occasioni speciali. Per me era evidente che chi andava in chiesa regolarmente lo faceva per una questione di religione che, per quanto mi riguardava, non mi era necessaria. Alla domenica potevo fare qualcosa di più utile, come dormire fino a tardi, riprendermi dai postumi della sbornia del sabato sera, andare a correre o farmi un giro in bicicletta.

Un giorno una nuova conoscente invitò Ruth in chiesa e lei ci andò, mentre io rimasi a casa. La settimana seguente ricevette una telefonata da una donna che aveva incontrato in chiesa. La donna voleva venire a trovarla. Andarono a fare una passeggiata nel bosco e la donna la mise alle strette riguardo al fatto se credesse o meno in Gesù Cristo. Ruth si sentì molto a disagio e la sbarazzò il più in fretta possibile. "Te l'avevo detto io che sono solo una massa di pazzoidi," le dissi. Questo episodio fece perdere ogni interesse anche in lei.

Dopo la specializzazione in chirurgia dermatologica e oncologia cutanea nel 1997, entrai a far parte dello staff medico per il perfezionamento. L'anno seguente aprii uno studio privato insieme alla mia guida accademica a Cary, nella Carolina del Nord. Questo progetto richiese una notevole quantità di lavoro che mi tenne felicemente distratto. Ora ero anch'io un abitante della *Piccola città* a tutti gli effetti. In quello stesso anno nacque il nostro primo figlio.

MARCO ISLAND
L'anno seguente, intorno al primo compleanno di mio figlio, andammo a fare visita ai genitori di Ruth che vivevano a Marco Island, in Florida. Erano cristiani e volevano far battezzare il bambino.

"Ruth, a cosa serve il battesimo per un bambino?" le chiesi.

"Non saprei. Credo che se un bambino non viene battezzato e muore da piccolo, potrebbe non andare in paradiso," rispose con voce un po' incerta.

Scoppiai. "Che assurdità! Voglio proprio discutere di queste sciocchezze con il pastore dei tuoi genitori!" Strinsi i denti sapendo che stavo per arrabbiarmi. "Nessuno può venire a dirmi cosa fare con nostro figlio!" urlai.

Avrei voluto incontrarlo immediatamente. Ero nervoso e già prevedevo che ne sarebbe uscita una bella discussione. Mi era già antipatico; mi irritava ancora prima di averlo conosciuto. Ero sorpreso di provare le stesse sensazioni che avevo provato durante la gita in montagna: rabbia, paura, incertezza e impotenza mi stringevano il cuore. Mi domandai: *Perché vado in ansia e perdo la calma ogni volta che ho a che fare con il cristianesimo?*

Giungemmo in Florida e il giorno seguente andammo a parlare con il ministro della chiesa frequentata dai miei suoceri. Ero di umor nero per tutta la mattinata che precedette l'incontro. Quando lo incontrammo, il pastore stava seduto a un tavolino in un angolo appartato di una piccola caffetteria, sorseggiando tranquillamente una tazza di caffè bollente. Rimasi colpito dal fatto che sembrava molto affabile, aveva un sorriso molto caldo e trasmetteva un'aria di tranquillità.

"Vogliamo saperne di più su questa storia del battesimo di nostro figlio," chiesi seccamente. Rimasi sorpreso quando ci spiegò che il battesimo non era necessario e che non era quello a "salvare" in alcun modo il bambino. Disse che questa idea della salvezza attraverso il battesimo non è assolutamente fondata sulle scritture bibliche, ma è molto diffusa, pur essendo incorretta. Ci spiegò che poteva rappresentare il segno esteriore di un impegno a crescere il bambino con insegnamenti cristiani. Non solo, ci consigliò di non farlo battezzare se non eravamo credenti praticanti. A quel punto mi sentii sollevato e molto più tranquillo; non mi aspettavo assolutamente una risposta del genere da un pastore.

Volevo fargli alcune domande che mi assillavano non poco. Lui continuava a sorseggiare tranquillamente il suo caffè dall'altra parte del tavolino.

"Cosa ne sarà dei milioni di persone nel mondo che non credono in Gesù Cristo?" chiesi con tono lievemente sarcastico. Continuai: "Crede che siano nell'errore e lei nel giusto? Andranno tutti all'inferno?" Feci una pausa ad effetto, poi aggiunsi fiducioso, "Sono convinto che nessun 'Dio amorevole' condannerebbe quelle persone. Secondo me, tutti sono nel giusto, ma in modi diversi. È questo che mi ha insegnato la società.

Non viviamo forse nell'epoca della tolleranza?" Mi appoggiai allo schienale della sedia: ero sicuro che non avrebbe avuto argomenti con cui ribattere.

Mi guardò con uno sguardo pieno di calore e simpatia, si strusciò la folta barba bianca e disse: "Gesù è l'unica via che porta al cielo perché è Dio e solo Dio può morire ed espiare i peccati dell'uomo. Le altre religioni non hanno un salvatore né una risposta al peccato. Ciò che lei non capisce o di cui forse non ha sentito parlare sono le migliaia di missionari presenti in ogni paese. Dio salva ogni giorno moltitudini di persone in tutto il mondo per mezzo di Gesù". Mi mise completamente alle strette quando aggiunse: "Perché la sconvolge tanto il fatto che esista una sola via invece di essere contento che almeno una via per andare in cielo c'è, e che il paradiso esiste davvero?"

Ero senza parole e confuso, non avevo mai considerato la cosa da quella prospettiva. Come la maggior parte della gente, avevo paura di morire e sulla morte la teoria dell'evoluzione non dava alcun conforto.

"Va bene. Grazie per il tempo che mi ha dedicato" dissi frettolosamente per concludere la conversazione e andarmene da lì. Volevo allontanarmi da lui ma non ne sapevo il motivo; provavo inspiegabilmente ansia, irritazione e panico, ma tutto questo mi era stranamente familiare. "Greg Edwin Viehman, vieni giù subito!" riecheggiò di nuovo la voce di mio padre. Sapevo solo che se me ne fossi andato, la sensazione sarebbe sparita, e infatti, ce ne andammo e sparì! Non sapevo però che il padre di mia moglie stava segretamente progettando il secondo round.

Più tardi quella sera mio suocero mi disse che due membri della sua chiesa sarebbero venuti a casa per parlare con noi. *Oh-oh,* pensai. Un'oretta dopo sentii bussare alla porta. Sbirciai dietro l'angolo e vidi la porta aperta. Entrarono un uomo e sua moglie, entrambi sulla sessantina. All'improvviso, in modo incontrollabile, sentii l'importanza di questo incontro. Avvertii una presenza. Era come se una persona invisibile fosse entrata insieme a loro. *Perché mi sento così? Cosa sta succedendo?* mi domandai. *Perché sento che è entrata una pace nella stanza?! Dovrei essere arrabbiato o irritato.*

Non avevo mai provato pace, se non quando bevevo alcolici. Ero confuso e incuriosito allo stesso tempo. Tutto questo accadde nel giro di pochi secondi e nessuno al mondo avrebbe potuto accorgersi dei miei pensieri e delle mie sensazioni. Ci sedemmo tutti insieme in sala, sul divano. "Vorremmo parlarvi di Gesù Cristo," dissero con gentilezza.

"Prego," rispose Ruth. Avrei voluto darle una gomitata nel fianco, ma mi avrebbero visto.

Spiegarono quello che chiamano "l'Evangelo", il racconto del piano divino per salvare l'umanità dai propri peccati. Ci misero circa quindici minuti e io li ascoltai con molta attenzione. In poche parole, Gesù era morto per i miei peccati; dissero che aveva preso il mio posto e aveva subìto il mio castigo sulla croce. Se avessi riposto la mia fiducia in Gesù e avessi abbandonato i miei peccati, Dio mi avrebbe perdonato e mi avrebbe dato vita eterna. Sembrava troppo facile. Ero sciocсato dal fatto che tutto questo non solo aveva effettivamente senso, ma era addirittura affascinante. Però sembrava molto improbabile e troppo bello per essere vero. Accennarono al fatto che senza Gesù ero nei guai, ma non parlarono specificamente dell'inferno. Mentre parlavano mi domandai: *Perché, in trent'anni che sono al mondo, non ho mai sentito parlare di queste cose prima d'ora, a parte quella volta durante la gita in montagna? Se fosse vero, la gente non ne parlerebbe forse? In fin dei conti, la mia vita è a posto. Cosa c'è in me che non va bene?*

La mia mente correva da un pensiero all'altro, mentre il cuore mi batteva così forte che potevo praticamente sentirlo e quella sensazione di disagio e irritazione stava di nuovo prendendo piede dentro di me. Stavolta era simile alla salita all'inizio di un'enorme montagna russa, mentre si attende il momento in cui il vagoncino di testa raggiunga la cima prima di scendere a capofitto giù per la discesa. Ascoltai e non dissi nient'altro. Li ringraziammo e se ne andarono. Credo che avessero capito che non volevo fare domande. Ero terrorizzato al solo pensiero di precipitare da quelle montagne russe e sfracellarmi sul fondo. Non sapevo cosa ci fosse oltre la cima e non volevo saperlo.

Anche dopo che se ne erano andati continuai ad avvertire ancora quella presenza, uno stato di pace, e continuai a pensare a quello che mi avevano detto. Mi dava fastidio non sapere cosa fosse quella presenza e non poterla mandare via. *Non posso dirlo a Ruth se no penserà che sono matto*, pensai. Non riuscivo a togliermi il loro messaggio dalla mente. Da una parte mi venne un desiderio di studiare cosa dicesse la Bibbia, poi però pensai che non volevo affatto mettermici! Il mio cuore sembrava cambiare, calmarsi. *Cos'è tutto questo? Non posso cominciare a leggere la Bibbia, la gente mi prenderebbe in giro.* Non era assolutamente nelle mie corde.

Tre giorni dopo ce ne tornammo a casa. Non feci altro che pensarci per tutto il viaggio. *Se hanno ragione, allora tutto quello che so e che penso della vita è una bugia.* Continuai a pensare: *È tutto troppo strano.* Quando ci ritrovammo a letto quella sera, chiesi a Ruth: "Credi che dovremmo leggere la Bibbia?" Dentro di me pensai: *Non posso credere che abbia detto questo.*

Rimasi piacevolmente sorpreso quando rispose: "Sì, domani ne compro una. Possiamo leggerla insieme ogni sera prima di andare a letto".

Il giorno seguente Ruth tornò a casa con una Bibbia nuova. Per me era un sollievo perché non volevo comprarla io, sarebbe stato troppo imbarazzante per me.

Iniziammo a leggere con grande entusiasmo per tre sere di fila; ogni sera leggevamo un capitolo. Il terzo giorno leggemmo di Adamo ed Eva e della cosiddetta "caduta dell'uomo", cioè quando peccarono nei confronti di Dio. Per me era troppo e dissi: "Ruth, tutto questo è stupido. Sono un uomo di scienza io, sono un medico. Ho studiato biologia umana per undici anni. Non è possibile che due persone vengano create dal nulla. Forse si tratta di una semplice parabola che dà una lezione di vita, ma non è accaduto veramente". Concordò e interrompemmo la lettura. Ero arrabbiato, ma non sapevo perché. Ero arrabbiato di essere arrabbiato e questo mi faceva arrabbiare ancora di più!

La sera successiva, quando andai a letto, Ruth dormiva già. Mi rannicchiai sotto le coperte tenendo fuori appena appena la testa. La Bibbia era sul comodino. Sembrerà una cosa da pazzi, ma ebbi la sensazione che mi stesse fissando. Non riuscivo a togliermi dalla testa quelle stupide storie. D'improvviso me la ritrovai in mano a leggerla. *Perché mi sento attirato a leggere questo stupido libro religioso pieno di storie campate per aria?* pensai, ribollendo di rabbia. Fui ancora più irritato quando scoprii che Adamo ed Eva erano chiaramente descritti come delle persone vere: avevano avuto dei figli e c'era anche la loro genealogia. Qualche paragrafo dopo lessi che le persone vivevano centinaia di anni! Dentro di me ridacchiai dicendo: "Certo, come no... e magari mi dice anche che gli asini volano".

Questa scena si ripeté per tre notti di fila. Il racconto dell'arca di Noè fu la goccia che fece traboccare il vaso. "Basta. Ne ho piene le scatole di questa m..." borbottai sottovoce. Disgustato, gettai la Bibbia sul pavimento, con un tonfo.

Mia moglie stava dormendo, ma il rumore la svegliò di soprassalto. "Che succede?" sussurrò mettendosi a sedere.

"È quella c... di Bibbia. È piena di storie campate per aria, inventate da gente semplice migliaia di anni fa, gente ignorante che non sapeva!" inveii.

"Va bene, ma perché ti arrabbi tanto? Calmati e mettiti a dormire" disse giustamente.

"Non voglio dormire!" replicai pestando il pugno sul letto.

Ancora una volta il mio cuore si ritrovò subito a fare a pugni e scese al piano di sotto per guardare in faccia Papà per quello di cui ero colpevole! Guardai mia moglie e dissi con impeto: "Siamo nel 1998 e chi ha un po' di sale in zucca sa per certo che queste storie sono assurde. Io ne ho le prove, loro non hanno nulla. Nessuna prova, nel modo più assoluto. Stupidi! Io ho la scienza dalla mia parte, mentre loro non hanno nient'altro che fede cieca!"

Ovviamente Ruth non volle sfidarmi. Scosse la testa e disse con fare stanco: "Mettiti a dormire e dimenticatene. Io ho sonno." Detto questo, si girò e tornò subito a dormire. Io no! Dovevo ribollire per un'altra mezz'ora.

IN CHIESA

Il sabato seguente il nostro vicino di casa mi spinse ad andare in chiesa. "Andare in chiesa ti farà bene. Incontrerai tante persone e magari ti farai dei clienti," mi disse.

"Non penso proprio. Non fa per me," risposi. Più tardi quel giorno Ruth mi informò che avremmo provato ad andare in una chiesa consigliata da una sua amica. Era della stessa denominazione di quella in cui lei era cresciuta. Accettai di andarci. Per me una valeva l'altra.

Durante il tragitto ero assorto nei miei pensieri e non parlai molto. Quando entrai in chiesa, mi mostrai molto insensibile e altezzoso. Che massa di debolucci in cerca di aiuto, pensai. Guarda gli uomini: mi sembrano degli effeminati. E le loro mogli? Assomigliano tutte a delle bamboline di campagna. Ne ho davvero abbastanza dei loro stupidi sorrisi e del loro meccanico senso di gioia.

Quando entrammo nel locale, la funzione era già iniziata. All'interno, tre gruppi di quindici file di sedie imbottite erano rivolti verso un palco situato al centro della sala. Tutte le persone stavano in piedi a cantare. Io odiavo cantare, persino fuori dalla chiesa. Mi guardai intorno e molte persone tenevano le mani alzate e gli occhi chiusi.

"Altri pazzoidi," sussurrai a mia moglie. Ci sorbimmo tutta la funzione e poi ce ne andammo via di corsa. Lì terminò tutta la nostra vita religiosa. Basta lettura della Bibbia, basta chiese e basta pensare a quelle stupide favole. Decidemmo di chiudere per sempre con la religione e mi sentii sollevato.

Ero certo di aver preso la decisione giusta. Avevo trovato altri pazzoidi, stupide favole sui miracoli e persone che si comportavano come se conoscessero e sperimentassero Dio. Io ho chiuso! Sapevo di essere nel giusto! Ero un medico, il primo del mio corso, un uomo di scienza, uno studioso e ne sapevo molto di più di tutti quegli sciocchi. Non avrei mai frequentato una chiesa solo per sembrare una brava persona o per sentirmi "giusto" nella società. Mi rifiutavo di farlo solo per incontrare nuova gente e farmi dei clienti, sebbene *in molti* mi avessero incoraggiato a farlo proprio per questo. Non avevo bisogno di una chiesa per trarre vantaggi professionali, anche se onesti e ufficiosi. Sapevo già che questi tizi nel fine settimana si comportavano in tutto e per tutto come me.

Alla fine io e mia moglie stavamo bene e facevamo dei bei soldi, avevamo una bella casa, un figlio e due bellissimi lavori; non ci serviva una chiesa o una religione, soprattutto quando ogni nostra esperienza a riguardo era stata un po' strana. Avevamo messo alla prova la religione e ci aveva deluso; io mi ero sempre arrabbiato e rimanevo turbato. Non aveva senso continuare qualcosa che mi rendeva infelice.

Avevamo però degli amici che avevano trovato una chiesa più "normale", dalle predicazioni più pacate, ma a noi non interessava. Eravamo brave persone, vivevamo in un bel quartiere e io ero tutto preso ad avviare il mio nuovo studio privato e a crescere un altro maschietto. Era finita. *Che sollievo!* pensai. Ero entusiasta di aver finalmente chiuso con questa storia.

IL NUOVO QUARTIERE

Nel 1999 andammo a vivere in una casa molto più grande. Per noi i soldi non erano un problema e non avevamo alcun pensiero, a parte quello per i figli. Nacque il nostro secondogenito ed eravamo tutti affaccendati a gestire due bambini. L'obiettivo era lavorare sodo e risparmiare il più possibile per la pensione e per la nostra famiglia. Credevo che il denaro potesse farmi sentire al sicuro e avere un certo controllo sulla mia vita. Avevo raggiunto quello che la società insegnava come obiettivo primario dell'esistenza: il Sogno americano.

Il quartiere in cui ci trasferimmo, però, era diverso. Nel quartiere precedente tutti erano cordiali, c'era sempre qualcuno fuori casa a parlare, a socializzare, come in una grande famiglia. Qui non era così. Molti vicini ci ignoravano o salutavano a malapena.

Una volta stavo chiacchierando con una nuova vicina nel suo vialetto quando ci si è avvicinata una donna che non avevo mai visto. Ha iniziato a parlare alla donna con cui stavo parlando io, ignorandomi completamente. *Davvero questa tizia sta facendo finta che io non ci sia? Ma che razza di comportamento è questo?!* pensai. Attesi qualche minuto fino a quando la situazione divenne così imbarazzante che me ne andai. Mentre rientravo in casa ero furioso e questa cosa del comportamento dei vicini non mi passò per diverse settimane.

"Questo quartiere è assurdo! Cos'è che ha la gente? Perché sono tutti così strani?" urlai entrando in casa. Ruth era in cucina.

Le spiegai l'accaduto e mi disse: "Sai cos'ho sentito? Che questa strada è piena di cristiani che si dicono nati di nuovo."

"Sì, beh, non è che gli sia tanto utile. Almeno il nostro vecchio quartiere era normale," esclamai. Sogghignai e aggiunsi allegramente: "Mi avevano avvertito: più costoso è il quartiere, più gente bizzarra ci trovi. Se poi sono anche dei fanatici cristiani, diventa un vero circo!"

A lavoro, invece, le cose procedevano normalmente. Qui non si parlava mai di Gesù, però c'era un'interessante eccezione: una donna che lavorava nel laboratorio leggeva sempre la Bibbia e parlava del "Signore" e delle opere che aveva compiuto nella sua vita. Era evidente che Tammy, la "signora della Bibbia", non mostrava alcun rispetto per la libertà di religione del nostro paese.

"Ehi, ma quella, che ha?" chiesi al direttore del laboratorio.

"È soltanto molto religiosa," rispose.

"Perché sta sempre a leggere la Bibbia?" chiesi.

"Già, roba da sciocchi, eh?" rispose con tono scherzoso. Ridemmo entrambi sotto i baffi.

Tammy era una donna molto amabile e cordiale e con lei mi trovavo bene. I suoi modi da persona religiosa mi erano molto strani, ma lei ci credeva tantissimo e per me era una cosa nuova. *Perché dice che il Signore opera nella sua vita? E di quale Signore si tratta? Intende Dio in persona?* mi chiesi. *Come si può essere così religiosi da credere davvero che Dio le parli?* mi domandai. La osservai con attenzione per qualche settimana e giunsi alla conclusione che qualsiasi cosa avesse, con lei aveva funzionato.

Sul lavoro mi piace scherzare molto con i colleghi. Quando viene avvistato un uragano nella Carolina del Nord, mi viene da dire: "Ora mi costruisco un'arca!"

Tammy, però, rispondeva sempre: "No, Dio non farà costruire più alcuna arca. L'ha detto lui". La cosa buffa è che diceva solo questo! *Come faceva a esserne sicura? Credeva davvero all'arca di Noè? Povera sciocca!*

Una volta stava per arrivare un violento uragano. Fuori pioveva così forte che si poteva udire la pioggia scrosciare sul tetto del laboratorio. Decisi di stuzzicare Tammy un'altra volta. "Stasera vado a correre," esclamai con orgoglio.

"Non dovresti uscire con questo tempo," mi mise in guardia.

"Nemmeno Dio in persona riuscirà a dissuadermi!" risposi con tono canzonatorio.

Trasalì e io mi resi subito conto di averla messa a disagio con le mie parole. Sussultai quando mi lanciò un'occhiata di tangibile preoccupazione, con le sopracciglia leggermente alzate in segno di disapprovazione. A quel punto, alla spicciolata, tornarono a farsi sentire le sensazioni che avevo provato durante la gita in montagna. *Cos'ho detto? Perché mi guarda in quel modo? Crede forse che Dio mi fulminerà per la mia irriverenza?*

IL PRIMO STUDIO BIBLICO DI RUTH

Nella primavera del 2003 mi prese un colpo quando Ruth mi disse: "Voglio andare a uno studio biblico".

"Cosa?! E per quale motivo?!" le chiesi sprezzante.

"Sono stata invitata e ci andrò," affermò con franchezza.

"D'accordo. Va' pure al tuo studio biblico, se ci tieni tanto," risposi altezzoso. Ero irritato, ma me ne sbarazzai nauseato. "Basta che non fai la pazzoide religiosa con me," aggiunsi e il discorso finì lì.

Quello che non sapevo, ma che appresi in seguito, era che qualche settimana prima a Ruth era successa una cosa. Era in un negozio di tessuti quando le si avvicinò una donna che le consegnò un bigliettino e se ne andò. C'era scritto "Come fai a sapere che andrai in paradiso?" Una volta in auto, Ruth gettò il bigliettino sul sedile a fianco al suo e se ne tornò a casa. Vedere quel bigliettino, rimasto lì appallottolato, iniziò a infastidirla. La prima cosa che fece quando tornò a casa fu di controllare la posta. Caso vuole che nella buca delle lettere ci fosse un invito a uno studio biblico. La cosa la fece andare fuori di testa. Si chiese se Dio stesse cercando di attirare la sua attenzione. Decise di andarci, non si può mai sapere. Dopo tutto, aveva ricevuto un'educazione cristiana.

Frequentò lo studio biblico per qualche mese, poi un giorno, di punto in bianco, si lasciò sfuggire questa frase: "Gesù sta per tornare e tu finirai all'inferno". Ruth era sempre stata sincera e diretta, ma questa era follia pura.

Salendo le scale, nel superarla le dissi: "Sì, come no, cerrrto" in tono canzonatorio, soffocando una risatina nella voce. Pensavo che queste donne bevessero o si fumassero qualcosa mentre erano allo "studio biblico". In realtà per me la cosa era così ridicola da non farmi minimamente preoccupare né creare tensioni nel nostro matrimonio. Pensavo che Ruth stesse passando un periodo insignificante e innocuo della sua vita; a casa sembrava una persona normale e mi lasciava in pace.

Beh, non è che mi lasciò proprio in pace: mi comprò un libro, *Nuove evidenze che richiedono un verdetto* di Josh McDowell. Era un mattone. Mi guardò con fare tranquillo, ma mi disse con fermezza: "Voglio che tu legga questo libro. Questo tizio non credeva in Gesù. Si è messo a dimostrare che era tutta una bugia, ma si è convertito. Ti farà riflettere."

Lo presi scocciato e lo misi sul comodino. "Oh, basta!" mormorai sottovoce.

RITORNO ALLA REALTÀ

La mia lunga passeggiata sulla via dei ricordi terminò quando le urla di Ruth dal piano di sopra mi fecero tornare alla realtà: "Greg! Greg? Dove sei? Sei di sotto? Ma non dovevamo vedere i filmini tutti insieme, come una famiglia? Che stai facendo?"

Mi risvegliai con un sussulto e mi resi conto di aver perso la cognizione del tempo mentre sorseggiavo il mio vino e contemplavo la mia vita. Le risposi immediatamente, urlando: "Vengo su subito!". Tracannai il resto e appoggiai il bicchiere sul bancone. Arrancai su per le scale sapendo che Ruth era furibonda.

"Cosa stavi facendo di sotto? Ci hai abbandonati qui," disse acida.

"Avevo bisogno di stare da solo. È stata una lunga settimana a lavoro. Meno male che è arrivato il week-end."

"Sembri triste. Va tutto bene?"

"Sì, sto bene. Ti sei mai accorta che le vecchie fotografie e i filmini del passato ci fanno capire quanto sia breve la vita?"

"Sì, ma come mai stasera fai il sentimentale?"

"Non so. È da un po' che la cosa mi infastidisce. Va beh, lascia stare. Voglio soltanto andare a letto. Sono sfinito."

LA GOCCIA CHE FECE TRABOCCARE IL VASO

Il giorno successivo, la questione dei vicini peggiorò fino a toccare il fondo. "Papà, i bambini in fondo alla strada non vogliono giocare con noi. Ci evitano," singhiozzavano i nostri figli di cinque e sei anni rientrando a passi pesanti per la porta del garage.

"Cosa volete dire?" chiesi loro arrabbiato.

"Gli altri bambini del quartiere non vogliono giocare con noi," balbettò uno dei due tra i singhiozzi.

"Ogni volta che usciamo a giocare, fanno finta di non vederci. Non ci chiedono mai di giocare con loro," intervenne l'altro. "E, papi, sai che una bambina ha detto a un'altra bambina che non è una *vera cristiana*?" aggiunse.

Ero furibondo! Adesso questi vicini di casa cristiani insegnano ai propri figli queste stronzate! "Basta! Ne ho abbastanza di questa m...!" gridai davanti ai bambini. "Sono stufo di sentirmi escluso, isolato e sgradito!" Mi voltai verso mia moglie e dissi: "Vado a comprare una Bibbia. Voglio dimostrare che questi ipocriti cristiani sono una manica di falsi!" Sbattei la porta d'ingresso con una tale violenza da far tremare tutta la casa.

Il giorno seguente, al lavoro, raccontai ai colleghi cosa stava succedendo nel mio quartiere. In laboratorio Tammy, la "signora della Bibbia", inarcò le sopracciglia senza fare alcun commento. "Se io e i miei figli dobbiamo essere giudicati, allora voglio sapere su che base viene fatto questo giudizio. Andrò alla libreria cristiana a comprarmi una Bibbia". Tammy mi guardò dritto in faccia con occhi scintillanti; mi sembrò addirittura di averla vista soffocare un sorriso. Non disse niente. *Non ha paura che io smonti la sua fede? In realtà sembra essere quasi felice di tutta questa faccenda!*

Dopo il lavoro andai alla libreria cristiana e acquistai un'altra Bibbia. La nostra prima Bibbia non si trovava più in casa. Quando fermai l'auto davanti al negozio il cuore mi batteva all'impazzata e andai in ansia. Non volevo essere visto in una libreria cristiana, men che meno mentre acquistavo una Bibbia. Parcheggiai l'auto tre negozi più in là, così nessuno l'avrebbe notata davanti alla libreria. Mi misi un cappellino in testa e indossai gli occhiali da sole per nascondermi. Ispezionai la zona per un istante per assicurarmi di non vedere nessuno che conoscevo, poi entrai. Mi sentii un estraneo. Entrai e uscii il più in fretta possibile. Quando tornai a casa, mi resi subito conto di una cosa: una Bibbia ha pur sempre l'aspetto di una Bibbia! Ma non ci avevo pensato al momento di comprarla. *Non posso farmi vedere che leggo la Bibbia.* Mi toccava tornare indietro e rifare tutto d'accapo!

Usai lo stesso "travestimento" di prima alla libreria cristiana. Stavolta, però, acquistai una Bibbia da studio in versione PC da mettere sul mio portatile, perché mi imbarazzava farmi vedere in giro con una Bibbia stampata in mano. Usavo principalmente la Bibbia su computer, così nessuno sapeva cosa facessi. In studio i pazienti portavano sempre con loro qualcosa da leggere, ma quasi nessuno leggeva mai la Bibbia. Se loro stessi leggevano di tutto tranne la Bibbia, non mi pareva certo il caso di farmi vedere a leggerne una.

Decisi di iniziare con il Nuovo Testamento perché la mia esperienza con l'Antico Testamento era stata una delusione. Non avevo idea di cosa avrei letto a parte di Gesù, Maria e dei re magi; partivo da zero e senza preconcetti sul contenuto. Ero in missione per me stesso, in cerca di argomentazioni senza alcun interesse nel Cristianesimo in sé. Volevo leggere il documento legale per trovarvi quelle clausole a supporto della mia tesi. Iniziai la lettura e mai avrei immaginato ciò che mi sarebbe successo. La diagnosi da parte di Dio era iniziata.

Capitolo terzo

L'Indagine - Parte I:

Il Nuovo Testamento

I QUATTRO VANGELI
Matteo e Marco

Iniziai a leggere Matteo e Marco, i primi due libri del Nuovo Testamento, e li terminai in quattro giorni. Riattivai la mia mente di studente di medicina, che era rimasta ferma per un po' di tempo. Durante la specializzazione leggevo moltissimo; per fortuna, la mia capacità di assimilare tante nuove informazioni aveva ripreso a funzionare a pieno ritmo.

A livello narrativo Matteo e Marco erano piuttosto simili. Ma allora perché raccontare le stesse cose due volte? I primi quattro libri del Nuovo Testamento erano chiamati "Vangeli" e descrivevano la vita di Gesù. Quando feci qualche approfondimento nella Bibbia da studio, scoprii che la parola significa "buona novella".

Gesù era cresciuto in un piccolo villaggio chiamato Nazareth, nel nord di Israele. I suoi genitori erano persone semplici e normali. Visse una vita tranquilla e senza avvenimenti di grande rilievo fino all'età di trent'anni, quando iniziò a insegnare. Pochissimi sono gli accenni sulla sua infanzia e giovinezza, però tutti sapevano che faceva il falegname.

Gesù era diverso da tutti quelli di cui avevo letto biografie: era ritratto come una persona con autorità sulla natura, sulle malattie, sulla creazione, sul peccato, sulla vita e sulla morte. Mi resi conto che nessuno tranne un Dio poteva essere sovrano su ogni aspetto della vita. La Bibbia afferma che Gesù sapeva cosa pensava la gente, che perdonava i loro peccati e che aveva guarito il servo di un centurione romano senza nemmeno averlo incontrato: se le cose stavano così significava che Gesù aveva il controllo sul corpo e sulla malattia di quel servo, sebbene questi si trovasse lontano da lui. Potrebbe farlo qualcuno che non sia un vero Dio? Nonostante non ci credessi, da medico ero molto incuriosito dalle pretese guarigioni fatte da Gesù.

La guarigione del paralitico descritta nel capitolo 9 di Matteo aveva lasciato perplessa la mia mente scientifica. Era bastato che Gesù dicesse a quell'uomo di alzarsi e camminare che quello era riuscito a farlo! Essendo medico so che la paralisi è un problema fisico complesso, che riguarda sia i nervi che i muscoli; il mancato utilizzo dei muscoli delle gambe, terribilmente atrofizzatisi nel corso degli anni, di certo aveva reso quest'uomo debole, deperito e rigido. Per poter tornare a camminare così rapidamente, *sia* i suoi nervi *che* i suoi muscoli avrebbero dovuto guarire all'istante, in meno di un secondo. Nessuno a parte Dio, se davvero esisteva, poteva compiere una prodezza simile.

I Vangeli affermano che Gesù è Dio e Gesù stesso disse di esserlo. In realtà era questa la ragione principale per cui i religiosi della sua epoca volevano ucciderlo: a quel tempo chiunque affermasse di essere Dio bestemmiava e quello che segue è un brano che ne dà la spiegazione:

E il sommo sacerdote gli disse: «Ti scongiuro per il Dio vivente di dirci se tu sei il Cristo, il Figlio di Dio». Gesù gli rispose: «Tu l'hai detto; anzi vi dico che da ora in poi vedrete il Figlio dell'uomo seduto alla destra della Potenza, e venire sulle nuvole del cielo». Allora il sommo sacerdote si stracciò le vesti, dicendo: «Egli ha bestemmiato; che bisogno abbiamo ancora di testimoni? Ecco, ora avete udito la sua bestemmia; che ve ne pare?» Ed essi risposero: «È reo di morte». (Matteo 26:63-66)

Ero affascinato dalle affermazioni di Gesù sulla sua divinità. Dai resoconti dei Vangeli sembrava una persona qualunque, apparentemente normale. Come poteva essere uomo e Dio allo stesso tempo? Io non ci credevo, ma di sicuro ne ero incuriosito. La sua era un'affermazione affascinante; per quanto ne sapevo, nessun leader religioso di una certa importanza aveva mai fatto un'affermazione così bizzarra. Continuavo a chiedermi: *Ma sarà vero?*

Le tante parabole insegnate da Gesù stuzzicavano la mia curiosità. Si chiama "parabola" una breve storia o un esempio pratico che insegna una verità o dà una lezione morale. Per me erano così profonde che dovetti rallentare la lettura e fermarmi a riflettere sul significato di ognuna. La comprensione che Gesù aveva della natura umana era fuori dal comune. C'era qualcosa dentro di me che sembrava dirmi che gli insegnamenti di Gesù potevano davvero essere la verità, ma non sapevo il perché. Continuai a leggere di nascosto. Avevo detto a famigliari e colleghi cosa avevo in mente di fare, ma continuavo a non volere che alcuno lo sapesse che stavo leggendola davvero, la Bibbia.

Luca

Luca è il terzo libro del Nuovo Testamento. Lo stesso racconto, di nuovo! Stavolta, però, la mia attenzione fu catturata da diversi elementi: Luca, l'autore del libro, era medico come me e si dice che sia stato anche un ottimo storico, pertanto feci ulteriori ricerche su di lui.

Appresi che nei suoi scritti Luca era molto preciso con i nomi di città, paesi e governatori. Infatti, l'archeologia e la geografia moderne hanno confermato la precisione storica degli scritti di Luca.[1-6] Rimasi impressionato dalla quantità di materiale disponibile che ne dava conferma; gli scritti di Luca erano stati elogiati dagli storici moderni per la loro accuratezza e potevano tenere facilmente testa alle opere più famose di altri scrittori dell'antichità. Sir William M. Ramsay, famoso storico ed archeologo, scrisse:

> *Luca è uno storico di prim'ordine; non solo le sue affermazioni sui fatti sono affidabili, ma possiede anche un vero senso storico. [...] In breve, questo autore dovrebbe essere annoverato fra i più grandi storici.*[7]

Riflettiamo sulla convincente affermazione di Luca all'inizio del primo capitolo:

> *Poiché molti hanno intrapreso a ordinare una narrazione dei fatti che hanno avuto compimento in mezzo a noi, come ce li hanno tramandati quelli che da principio ne furono testimoni oculari e che divennero ministri della Parola, è parso bene anche a me, dopo essermi accuratamente informato di ogni cosa dall'origine, di scrivertene per ordine, illustre Teofilo, perché tu riconosca la certezza delle cose che ti sono state insegnate. (Luca 1:1-4)*

Luca asserì di aver esaminato i racconti su Gesù forniti dai testimoni oculari. Con i suoi insegnamenti e miracoli, Gesù attirò a sé enormi folle, mentre le autorità religiose del tempo lo tenevano d'occhio per poterlo screditare alla prima occasione. Luca intervistò accuratamente coloro che videro queste cose di persona oppure ne verificò i resoconti mentre era in visita in Israele. Anche a quel tempo i medici ricevevano una formazione specifica per imparare a redigere una buona anamnesi ed egli applicò quelle abilità nelle sue ricerche sulla storia di Gesù. Questa cosa stuzzicò molto la mia curiosità e il mio cuore dubitante iniziò a vacillare un pochino: sentivo di potermi fidare di una persona che era dottore come me, di un collega insomma.

Molti dei miracoli che Luca descrisse riguardavano la guarigione di persone affette da qualche malattia che, secondo me, nessuno poteva esaminare meglio di un medico. La cosa mi interessava molto perché di

Dio, il mio dottore

solito i dottori dubitano fortemente dei miracoli! Qualsiasi dottore avrebbe fatto domande precise ai testimoni oculari e sarebbe stato più che in grado di accertarsi della validità dei loro racconti. Luca doveva essere riuscito a intervistare, esaminare e controllare le persone guarite o che avevano visto i miracoli. Luca stava testimoniando di aver condotto personalmente delle ricerche su ognuno dei miracoli riportati nel suo Vangelo, confermandone l'autenticità. *Accipicchia!* pensai. Il resoconto risultava quindi più credibile per la mia mente di scienziato. Mi concentrai e proseguii nella lettura prestando maggiore attenzione.

Rimasi sbigottito quando lessi che Gesù aveva risuscitato una fanciulla dalla morte. Iairo, il padre, si era recato da Gesù in preda al panico perché la sua figlioletta stava morendo; Gesù, però, tardò a raggiungerla a causa di un altro avvenimento e la fanciulla morì. Ecco il resoconto di Luca:

> *Arrivato alla casa, non permise a nessuno di entrare con lui all'infuori di Pietro, Giovanni, Giacomo, il padre e la madre della bambina. Or tutti piangevano e facevano cordoglio per lei. Ma egli disse: «Non piangete, perché non è morta, ma dorme». E ridevano di lui, sapendo che era morta. Ma egli, prendendole la mano, disse ad alta voce: «Bambina, àlzati». Lo spirito di lei ritornò ed ella si alzò subito; Gesù comandò che le dessero da mangiare. E i genitori di lei rimasero sbalorditi; ma egli ordinò loro di non dire a nessuno quello che era avvenuto. (Luca 8:51-56)*

Questo episodio mi colpì profondamente, come non mi era mai successo prima. Mi immedesimai in quel padre perché anch'io avevo due bambini piccoli. *È successo veramente?* continuavo a chiedermi. Mi resi conto che forse Luca, al momento di scrivere il Vangelo, poteva aver intervistato la fanciulla. Sebbene non sapessi se era ancora viva al momento in cui fu scritto, per Luca poteva essere stato un bellissimo colloquio. Qualunque medico esaminerebbe da cima a fondo una dichiarazione del genere. Il miracolo della guarigione è una cosa, ma essere risuscitati dalla morte è ben altro. Non ci credevo ancora, però qualcosa dentro di me voleva crederci per davvero. *Forse perché ho dei figli e ho paura di morire io o che muoiano loro,* pensai. Mi resi conto che se questa resurrezione era vera, molte cose avrebbero trovato una spiegazione.

Avevo sempre paura che qualcosa potesse succedere alla mia famiglia visto che, secondo la teoria dell'evoluzione, altro non saremmo stati che una brodaglia organica altamente evoluta. In cuor mio non volevo credere a una cosa così angosciosa, in particolare ora che avevo una famiglia tutta mia. Volevo che ci fosse una risposta alla morte. Il racconto della figlia di Iairo mi ridiede speranza, anche se mi sembrava poco plausibile. Ma se era vero, allora il mio cuore iniziava ad accettare la possibilità di una vita eterna. Alla fine mi resi conto che era proprio la vita eterna quello che il mio cuore aveva sempre desiderato e invocato, ma la teoria dell'evoluzione, secondo cui è impossibile vivere per sempre, mi aveva confuso le idee. Io non riuscivo a comprendere quello che mi diceva il cuore perché la mia visione della vita mi impediva di capire il significato della parola "eternità". Se invece la vita eterna era una realtà, avevo trovato la risposta alla mia incertezza sul futuro della mia famiglia e dei miei ricordi; se questi avevano un significato, dovevano trovare radice nell'eternità, essere incancellabili e durare per sempre, perché non c'è mai abbastanza tempo per stare con le persone che amiamo. Questa cosa mi affascinava moltissimo.

Ormai mi ero dimenticato dei miei vicini cristiani. Ero talmente impegnato a fare ricerche su Gesù che non stavo più pensando a trovare una qualche prova che dimostrasse la loro ipocrisia. Se mi imbattevo in una citazione interessante, ne acquistavo il libro. Sfruttavo tutto il mio tempo libero per leggere e fare ricerche su qualsiasi cosa che riuscivo a scoprire.

Giovanni

Il quarto libro del Nuovo Testamento è quello di Giovanni, scritto da Giovanni stesso, l'apostolo che visse al fianco di Gesù per tre anni. Gli apostoli erano intimi seguaci di Gesù che avevano assistito ai suoi miracoli e che lo videro nel corpo dopo la sua risurrezione. Erano stati scelti e incaricati specificamente da Dio per predicare il messaggio della salvezza. Fui subito trascinato dalla profondità del testo e iniziai a concentrare tutta la mia attenzione sulle parole che Gesù aveva effettivamente pronunciato.

Trovavo bellissimo il concetto secondo cui Gesù era Dio con sembianze umane. Giovanni affermò con chiarezza che Gesù era Dio venuto sulla terra a fare visita alla sua creazione. Pensai: *Caspita! Se questo era accaduto realmente, sarebbe l'evento più straordinario della storia umana.* C'erano poi alcune affermazioni rivoluzionarie di Gesù che mi fecero riflettere per giorni e giorni. Di seguito ne riporto un esempio:

Filippo gli disse: «Signore, mostraci il Padre e ci basta». Gesù gli disse: «Da tanto tempo io sono con voi e tu non mi hai ancora conosciuto, Filippo? Chi ha visto me, ha visto il Padre; come mai dici: "Mostraci il Padre"? Non credi che io sono nel Padre e che il Padre è in me? Le parole che io vi dico, non le dico da me stesso. Il Padre che dimora in me è colui che fa le opere. Credetemi che io sono nel Padre e che il Padre è in me; se no, credetemi a motivo delle opere stesse. (Giovanni 14:8-11, Nuova Diodati)

Gesù stava dicendo ai discepoli che avevano davanti Dio in persona; stava asserendo di essere la rappresentazione di Dio manifestatasi nella carne. Questo concetto viene chiamato "Dio incarnato". Era una cosa sbalorditiva ma non pienamente convincente. Questi versetti mi portarono a riflettere:

Gesù le disse: «Io sono la risurrezione e la vita; chiunque crede in me, anche se dovesse morire, vivrà. E chiunque vive e crede in me, non morrà mai in eterno. Credi tu questo?» (Giovanni 11:25-26, Nuova Diodati)

Gesù stava dicendo chiaramente di possedere la vita eterna. Io non ero un esperto di religioni, però non ne conoscevo altre che avessero mai parlato di un Dio venuto di persona sulla terra che affermava di poter dare la vita eterna. La promessa di una vita dopo la morte inondò la mia mente e diede nuove speranze al mio cuore. Non avevo ancora intenzione di cedere, ma era un concetto straordinario su cui riflettere.

Man mano che proseguivo le mie indagini su Gesù cominciai a notare una differenza nel mio comportamento e nelle motivazioni che mi avevano spinto a informarmi: ero partito arrabbiato alla ricerca di prove contro l'ipocrisia dei cristiani, ma ormai era acqua passata; adesso ero in cerca di risposte alle domande del mio cuore, risposte di cui avevo ignorato l'esistenza fino al momento in cui mi misi a leggere la Bibbia. Quelle parole sembravano mettere a nudo alcuni dei miei più intimi desideri e interrogativi sulla vita; quei racconti mi avevano fatto riflettere su ciò che non avevo mai considerato prima.

Proseguendo nella lettura, le parole parevano prendere vita. Il cuore mi batteva all'impazzata e, oltre ai brividi, avevo la pelle d'oca. *Cosa mi sta succedendo?* mi domandai. *Questo libro mi fa commuovere, ma non so perché. Sembra che stia parlando proprio a me.* Pensai che fosse una follia avere pensieri del genere, ma d'istinto sapevo che il testo si stava rivolgendo proprio a me. Non riuscivo a smettere di leggere la Bibbia sul computer.

Il giorno dopo, mentre ero su un aereo diretto a New Orleans, continuai a leggere il libro di Giovanni. Questi nuovi concetti mi avevano talmente catturato che non mi importava di farmi vedere in pubblico a leggere la Bibbia. Tanto è vero che, leggendo Giovanni, iniziai inaspettatamente a commuovermi. Non potevo crederci: davanti a tutti mi ritrovai in lacrime senza riuscire a contenerle. *Perché diamine sto piangendo? Cosa c'è di sbagliato in me?* Cambiai posizione e mi girai verso il finestrino, temendo che l'uomo accanto a me mi vedesse. Scossi la testa e mi schiaffeggiai le guance come per "ripigliarmi". Il tizio al mio fianco stava fissando *proprio* me: era spaventato e aveva un'espressione sconcertata in viso.

Nel mio intimo le parole stavano operando in un modo che non riuscivo a capire. Mi avevano colpito e mi invitavano a riflettere. *In questi racconti c'è una comprensione enorme per il comportamento umano!* mi meravigliai. Continuavo a chiedermi: *Quale essere umano potrebbe uscirsene con parole, insegnamenti o rivelazioni di questo genere?* Dovetti fermarmi a riflettere molto bene su quello che veniva detto. Sentivo che qualcosa mi aveva toccato fin nel profondo.

LE TRE DOMANDE

Sebbene la crocifissione di Gesù venga descritta in tutti e quattro i Vangeli, diversi elementi mi colpirono durante la lettura di questo avvenimento nel libro di Giovanni. In particolare, volevo delle risposte alle seguenti domande:

1. Se Gesù è veramente Dio, perché non dà la vita eterna a tutti? Perché semplicemente non perdona tutti?

2. Se Gesù è veramente Dio, perché è stato crocifisso? Perché ha dovuto morire per darmi la vita eterna? La morte di Gesù era davvero necessaria?

3. Perché Dio non ha creato molti modi per andare in cielo invece di uno solo?

Rimuginai queste domande per bel po' di tempo. Per una qualche ragione non mi ero soffermato sull'importanza della crocifissione durante la lettura dei primi tre Vangeli. Prima di terminare la lettura del Nuovo Testamento dovevo trovare le risposte e, visto che la mia Bibbia da studio offriva lunghe spiegazioni che aiutavano a comprendere certi versetti e passaggi delle Scritture, fu proprio da queste che cominciai le mie ricerche.

La prima cosa che imparai era quella di essere considerato un peccatore. Ci riflettei per qualche secondo e dovetti ammettere che era vero: avevo mentito, rubato, ingannato e fatto tante altre cose brutte, ma come tutte le persone che avevo conosciuto. Va bene, ero un peccatore. E quindi?

Dalla Bibbia appresi anche che la punizione per il mio peccato era la morte, la morte eterna. E a quel punto compresi. Mi tornarono subito alla mente dei flashback sulla gita in montagna e quando eravamo stati a Marco Island. Se Dio era senza peccato, perfetto e puro, non poteva tollerare alcun peccato alla sua presenza, neppure uno. Potevo vivere per l'eternità insieme a Dio soltanto se non avessi peccato. Se la vita eterna la si trascorre con Dio, la morte eterna la si trascorre senza di lui. *È questo che significa andare all'inferno?* mi chiesi. Allora la morte non è la fine di ogni cosa, come mi aveva insegnato la teoria dell'evoluzione, bensì l'inizio dell'eternità.

Cominciai a mettere insieme i pezzi: i miei peccati mi avrebbero separato da Dio per sempre, a meno che ci fosse stato un modo per rimuoverli completamente. Però, io come potevo farlo? La Bibbia mi insegnava che non ci sarei riuscito, ma che Dio aveva provveduto per me suo figlio Gesù. Trovai un versetto biblico che riassumeva tutto in una sola frase:

Poiché egli ha fatto essere peccato per noi colui che non ha conosciuto peccato, affinché noi potessimo diventare giustizia di Dio in lui. (2 Corinzi 5:21)

Secondo questo versetto, grazie all'opera compiuta da Gesù sulla croce, Dio può mettere l'uomo peccatore nella condizione di non aver peccato ai suoi occhi. Gesù, che non ha peccato, è diventato in qualche modo peccato e ha portato su di sé il giudizio del peccato per pagarne il prezzo. *Cavolo! Che concetto straordinario*, pensai. C'è un però! La cosa non è automatica: io devo *credere* in Gesù come figlio di Dio, *accettare* il suo sacrificio e *abbandonare* i miei peccati.

Dovetti digerire la cosa per qualche tempo; iniziava ad avere una logica, ma per me era un concetto difficile da comprendere. Mi ero prefissato di capire la dottrina cristiana nel modo migliore possibile prima di decidere se rigettarla o meno.

Ero molto incuriosito da quanto avevo appena appreso sulla possibile relazione tra il peccato e la morte. Il concetto di morte fisica mi era molto familiare ma anche mi spaventava, come succede alla maggior parte delle persone. Mi era stato sempre insegnato che la morte è una fase naturale dell'esistenza umana nonché "il motore" dell'evoluzione, perché grazie ad essa vengono scartate naturalmente quelle forme di vita più deboli e con meno possibilità di sopravvivere in un mondo in continuo cambiamento: si chiama "sopravvivenza del più adatto", un concetto che assegna alla morte e alla casualità il ruolo di "creatori".

Devo ammettere, però, che il binomio evoluzione-morte non mi ha mai convinto. Perché evolverci per poi morire? Perché la vita umana dovrebbe evolversi al tal punto da provare amore, avere dei ricordi e farsi una famiglia per poi vederli distruggersi e deperire fino ad annientarsi? Come facciamo ad essere altamente evoluti se poi il nostro amore non è altro che un fugace momento di reazioni chimiche che a poco a poco si esaurisce verso la reazione finale, cioè la morte? Questa spiegazione non aveva mai convinto il mio cuore, anche se era frutto del ragionamento scientifico; ero molto incuriosito dal fatto che la morte potesse avere una spiegazione e un'origine. La Bibbia diceva che è il peccato l'origine e la causa della morte.

Mi riusciva difficile però accettare questo concetto per via del fatto che anche il Nuovo Testamento asseriva che la morte fosse entrata nel genere umano attraverso il peccato commesso all'inizio del mondo da Adamo. Mi sembrava di essere tornato coi pazzoidi della gita in montagna. Ciononostante, misi provvisoriamente da parte le mie riserve perché in effetti dava una spiegazione all'esistenza della morte nel mondo. Ero inoltre molto incuriosito dal fatto che il racconto di Adamo ed Eva, in ultima istanza, suggerisse che, originariamente, la creazione dell'uomo non aveva come scopo ultimo la morte. Secondo la Bibbia, l'uomo era stato creato per vivere una vita eterna. C'era quindi qualcosa che non andava nel mondo moderno e nella nostra condizione di esseri umani. La morte non è un fatto "naturale", una semplice "fase della vita" o, come mi era stato insegnato, uno strumento di sviluppo evolutivo. Era invece il risultato di una tragedia: il primo peccato commesso dall'uomo nei confronti di Dio.

Questo mi toccò profondamente perché il mio cuore era arso dal desiderio di eternità. Non volevo morire e lasciare la mia famiglia. L'idea della morte non mi era mai sembrata giusta o naturale. *Potrebbe essere questo il motivo?* mi chiesi. *Possibile che io consideri la morte sbagliata e dolorosa soltanto perché non sarebbe dovuta esserci?*

Tornai con la mente al giorno in cui morì mio nonno, quando avevo otto anni. Mia madre entrò nella stanza singhiozzando, con le mani si copriva gli occhi per nascondere le lacrime che le correvano giù per il viso. "Nonno Pop Pop è morto" disse piangendo.

"Cosa vuoi dire?" le chiesi.

"Nonno Pop Pop se n'è andato. È morto stanotte nel sonno."

Durante il lungo viaggio in auto fino a casa di mia nonna restammo tutti in silenzio e finché non vi arrivammo non compresi il significato della morte. Era il mio primo parente stretto che moriva. Man mano che ci avvicinavamo alla sua casa, però, cominciò a farsi sentire. La vecchia casa bianca circondata da una palizzata sembrava vuota. Il nonno era solito accoglierci al cancello, ma lì ora non c'era nessuno. Avvicinandoci sempre di più, notai che il suo maglione non era più sulla sedia in giardino e le sue ciabatte non erano più vicino alla porta. Tutto sembrava freddo, vuoto e sterile. In cuor mio non capivo dove e perché se ne fosse andato.

Quando entrammo, mia nonna era in cucina. Non appena ci vide, scoppiò a piangere. La sedia a rotelle di Nonno Pop Pop non era più vicino alla radio; non lo sentii trascinare i piedi come faceva di solito quando veniva a salutarmi. Andai in salotto e iniziai a singhiozzare. Per me era una sofferenza enorme. Una parte di me e dei miei ricordi mi era stata strappata ed era stata scaraventata in un luogo ignoto e lontano. Non c'erano risposte né spiegazioni. Non trovai conforto nei commenti delle persone: "Ha vissuto 'una vita piena', 'è morto in pace'" No! C'era qualcosa che proprio non andava. Non sapevo come esprimerlo, se non con lacrime e gemiti. Volevo che tornasse! Mi mancavano i suoi abbracci e volevo starlo ad ascoltare ancora una volta quando si appisolava.

Mi resi conto anche di non avergli detto addio. Non gli avevo mai detto di volergli bene; l'avevo dato per scontato ogni volta che ero con lui. L'avevo lasciato alle sue abitudini da persona anziana senza mai sedermi a giocare o parlare con lui e ora se ne era andato. Ero sicuro che ci sarebbe sempre stato. Mia nonna, Mom Mom la chiamavamo, mi abbracciò e mi disse che era andato "in un posto migliore", ma dov'era questo posto? Le sue erano tante belle frasi di circostanza dette soltanto per farmi stare meglio.

Il giorno seguente andammo in auto al luogo in cui si sarebbe celebrato il funerale. Avevo il cuore in gola. Tutti erano vestiti per l'occasione, soprattutto in nero. Entrammo e ci sedemmo in prima fila. La bara fu aperta e riuscivo a intravedere il naso di Pop Pop che vi spuntava fuori. Un uomo fece un discorso che non ascoltai perché avevo gli occhi fissi sulla bara. Quando alla fine ci avvicinammo alla bara per dargli l'ultimo saluto, fu terribile, spaventoso, strano, triste e straziante allo stesso tempo: aveva un aspetto scialbo, silenzioso e rigido. Continuavo ad aspettare che si svegliasse e si mettesse a sedere, ma non lo fece.

Come faceva a essere il mio Pop Pop? Come poteva essersene andato? Perché? Dov'era andato? Cosa significava tutto questo? La mia vita di rampollo di una famiglia americana perfetta era stata lacerata dalla morte.

Per un istante i miei pensieri si soffermarono qui; una volta tornato al presente, mi resi conto di aver pianto pensando a lui. Ero ancora più afflitto della prima volta perché ora avevo una famiglia. Un giorno anche i miei figli e i miei nipoti dovranno affrontare tutto questo per me? Vale davvero la pena vivere? Non riuscivo più a sopportare queste domande e mi risvegliai. Dov'ero? Tornai al mio flusso di pensieri per provare a dimenticare il dolore.

Pensando al peccato come possibile causa della morte, ecco che entravano in gioco Adamo ed Eva. La Bibbia afferma con chiarezza che erano stati creati e dentro di me sapevo che non si trattava di una semplice parabola o di un racconto perché nel Nuovo Testamento Gesù aveva parlato di Adamo ed Eva e del loro figlio come se fossero realmente esistiti. Allora pensai: *Anch'io sono stato creato?* A diciott'anni la creazione mi era sembrata sciocca e impossibile, ma ora un po' mi affascinava. Non c'era nulla di confortante, significativo o incoraggiante a essere un evento casuale nel tempo, che viveva solo per se stesso, senza alcun futuro se non la non-esistenza. Se sono stato creato, sono opera di Dio e questo voleva dire che ai suoi occhi ho un certo significato e valore. Di certo Dio non crea spazzatura! In cuor mio volevo trovare quel significato, ma un tale concetto veniva puntualmente respinto dalla mia mente, che mi ricordava le conseguenze: se davvero ero una sua creazione, avrei dovuto rendere conto a Dio e a me questa cosa non piaceva! Questi erano i pensieri che affollavano la mia mente, ma io volevo sapere se c'era anche la più remota possibilità che tutto ciò fosse vero.

LA RISPOSTA ALLE TRE DOMANDE

Ora ero in grado di rispondere a quelle tre domande. Pensavo di trovare spiegazioni religiose sciocche o illogiche basate su una fede superficiale e per gente pusillanime, invece mi sbagliavo. Le risposte avevano davvero un senso; riuscivo a comprendere la logica che stava dietro alla dottrina, ma non ero ancora disposto ad accettarla.

1. Se Gesù è veramente Dio, perché non dà la vita eterna a tutti? Perché semplicemente non perdona tutti?

Un'interessante analogia che avevo letto mi fornì la risposta: se in tribunale mi viene comminata una multa, io la devo pagare. Ovvero, il giudice non può archiviare il mio caso solo perché è una brava persona o perché mi vuole bene. Per questa ragione Dio, essendo un giusto giudice, deve punire il peccato. Non può limitarsi ad archiviare tutti i casi. Oppure se una persona che mi deve dei soldi mi chiedesse di perdonarle il debito, io lo potrei anche fare, ma quei soldi dovuti sarebbero stati comunque pagati, da me. Da qualunque lato si guardi la cosa, a pagarne le conseguenze sarei sempre io. Questo per me aveva senso e mi aiutò a rispondere alla seconda domanda.

2. Se Gesù era Dio, perché è stato crocifisso? Perché ha dovuto morire per darmi la vita eterna? La morte di Gesù era davvero necessaria?

Essendo un giusto giudice, Dio deve punire il peccato, ma essendo un Dio amorevole, vuole anche salvare i peccatori. Egli pretende che la sanzione venga pagata, ma poi la paga lui tramite Gesù e la sua morte sulla croce. Se la sanzione per il mio peccato è la morte e la separazione da Dio, a sostituirmi, a morire al posto mio, sarebbe dovuto essere un altro uomo. È per questo che Dio ha dovuto *sia* farsi uomo *sia* morire per prendere esattamente il mio posto sotto tutti gli aspetti.

Questo rendeva evidente che non poteva essere un altro uomo peccatore a prendere il mio, di posto, e certamente tanto meno quello di tutte le persone che erano mai vissute! Solo Dio, che è perfetto e senza peccato, avrebbe potuto morire una sola volta per i peccati del mondo intero – passati, presenti e futuri. E se la possibilità di morire per qualcuno per pagarne i peccati esisteva davvero, questa "missione di salvezza" l'avrebbe potuta portare a termine soltanto Dio.

Scoprii un altro motivo per cui Dio si era dovuto sacrificare: la necessità di andare in cielo. Se l'uomo peccatore ha bisogno della perfezione e della santità di Dio per stare con lui nel cielo, soltanto questo atto divino ha una sua logica. Non ero necessariamente

La Risurrezione di Gesù

completamente convinto di tutte queste cose, però le spiegazioni erano sensate e coerenti.

3. Perché Dio, invece di uno solo, non ha creato molti modi per andare in cielo?

Di solito questo argomento mi faceva arrabbiare; ero davvero irritato all'idea che ci fosse una "sola via per il cielo". Avevo capito il concetto che Dio aveva dovuto farsi uomo e morire perché nessuno tranne lui avrebbe potuto essere il sacrificio sostitutivo perfetto e senza peccato di tutto il genere umano per portare a compimento la punizione mortale per il peccato. Se aveva dovuto farlo Dio, la "via" era unica per definizione. Se Gesù era davvero Dio e la morte era la punizione per il peccato, l'unica via doveva essere lui. Dovevo ammetterlo. Sempre che Gesù fosse Dio e che la causa della morte fosse il peccato.

Il mio cuore stava cominciando a cedere perché con mia meraviglia mi rendevo conto che Dio, se davvero esisteva, aveva sacrificato il suo unico figlio! Ero sbigottito dal fatto che Dio si fosse sottoposto a incomprensibili sofferenze e limiti mandando Gesù sulla terra a morire sulla croce per il peccato. Se tutto questo era vero, allora Dio aveva fatto tutto ciò che si poteva immaginare per salvare l'umanità. "L'unica via" provveduta per noi, e che in precedenza mi aveva fatto infuriare, è stata in realtà una scelta divina incomprensibile. Se davvero Dio aveva fatto questo, sarebbe stata la missione di salvezza d'amore infinito più straordinaria e stupefacente mai realizzata.

Riflettendoci, questa storia così folle mi era sembrata più il frutto della fantasia di qualcuno. Chi avrebbe potuto mai immaginarsi una roba del genere? La storia del Dio-uomo venuto sulla terra a salvare l'umanità morendo al suo posto era così incredibile che, paradossalmente, un po' ci credevo. Forse non era un'invenzione umana. Ma era davvero opera di Dio?

Continuai a rimanere sbigottito davanti alla possibilità che Dio era morto per me, per salvarmi dai miei peccati e dall'eterna separazione tra me e lui. Gesù salvava dal peccato e dall'inferno. L'intero messaggio cristiano iniziò ad apparirmi più come una missione di salvezza decisa dal cielo che come un insieme di riti religiosi senza significato o una farsa domenicale come la vedevo io. Cominciai a comprendere quale vero significato e quale potenza ci fossero dietro alla figura di un "salvatore" e l'idea che Dio si era incarnato sulla terra mi entusiasmava, sebbene il suo ruolo di salvatore personale sfuggisse alla mia comprensione. Ero ancora un po' irritato e offeso dall'idea di aver bisogno di un salvatore, ma proseguii nella lettura. Ero molto incerto perché ogni cosa che scoprivo aveva senso ed era non solo una "buona notizia" bensì anche quello che il mio cuore desiderava davvero, sebbene la mia mente non riuscisse proprio ad accettare una cosa così distante dal mondo in cui ero cresciuto.

Continuai a leggere le ultime pagine del libro di Giovanni. Alla fine del libro trovai un commento molto acuto:

"Or Gesù fece in presenza dei discepoli molti altri segni miracolosi, che non sono scritti in questo libro; ma questi sono stati scritti, affinché crediate che Gesù è il Cristo, il Figlio di Dio, e, affinché, credendo, abbiate vita nel suo nome. [...] Questo è il discepolo che rende testimonianza di queste cose, e che ha scritto queste cose; e noi sappiamo che la sua testimonianza è vera" (Giovanni 20:30-31, 21:24)

Il mio cuore venne meno. Giovanni stava dicendo: "Io c'ero. Ho visto, toccato e camminato con Dio. La vita eterna esiste veramente a motivo delle opere di Gesù. Io l'ho visto risuscitato". Rimuginai continuamente queste dichiarazioni. *Se è vero, allora Giovanni camminò, mangiò, visse e parlò con Dio!* Dev'essere stata un'esperienza entusiasmante. Non immaginavo che i Vangeli contenessero informazioni del genere! *Perché diamine non lo sapevo?* Rimasi profondamente colpito dal fatto che fosse il resoconto di un vero testimone oculare.

Beh, quel che è certo è che i primi quattro libri del Nuovo Testamento mi avevano fatto riflettere: c'erano racconti che non mi sarei aspettato di trovare e spiegazioni che mi avevano sorpreso, oltre a contenere l'unico e vero messaggio di speranza che avessi mai udito. La Bibbia mi aveva colto di sorpresa; ebbi una strana sensazione, mi sentii molto "interessato". La leggevo tutte le volte che potevo. C'erano ancora tanti libri che non avevo letto del Nuovo Testamento e non avevo certo intenzione di prendere decisioni avventate. Proseguii nella lettura.

L'APOSTOLO PAOLO

Dopo il Vangelo di Giovanni viene il libro degli Atti, in cui vengono descritti gli eventi che si verificarono dopo la risurrezione di Gesù dalla morte descritta nei Vangeli. Il quinto libro del Nuovo Testamento racconta la storia della diffusione dell'Evangelo da parte dei primi convertiti al Cristianesimo, che dapprima si incontravano fra loro e poi viaggiarono e fondarono delle comunità religiose.

Negli Atti è riportata la storia di un uomo chiamato Saulo, capo religioso dei Giudei che perseguitava e uccideva i cristiani. Molti dei capi religiosi dei Giudei credevano che gli insegnamenti di Gesù fossero contrari alla legge mosaica che avevano ricevuto da Dio. La loro reazione era così violenta da uccidere e incarcerare i cristiani. Saulo era un uomo di successo: era istruito, ricopriva una posizione di prestigio e potere, era un leader religioso convinto e dedicato. Ma il suo incontro con Gesù risorto, come riportato negli Atti, cambiò ogni cosa.

Trovai totalmente stupefacente questo cambiamento completo di Saulo, che smise di odiare e uccidere i cristiani e divenne difensore ed evangelista della fede in Gesù. A quei tempi in Israele, per un leader religioso mettersi di punto in bianco a proclamare che Gesù fosse Dio significava rovinarsi la carriera. Non riuscivo a pensare ad alcuna ragione sensata dietro al comportamento di Saulo e ovviamente non volevo considerare quella che più facilmente avrebbe spiegato la sua trasformazione. Il libro degli Atti afferma che Gesù in persona si era rivelato direttamente a Saulo durante un viaggio in cui Saulo si stava recando a incatenare dei cristiani. Se era vero che Saulo aveva incontrato Dio, il "cambio di rotta" nel suo comportamento sarebbe stato giustificato; ma se non era vero, non avrei avuto nessuna spiegazione ragionevole. La cosa mi faceva venire un gran nervoso.

Continuai a leggere e scoprii che, poco dopo, Saulo cambiò nome in Paolo e che scrisse gran parte del Nuovo Testamento. Proseguendo nella lettura del Nuovo Testamento e degli altri scritti di Paolo, mi stupii del suo grande amore per Gesù. Con riluttanza, non riuscii a farmi venire in mente nessuna ragione logica per giustificare il comportamento di Paolo, se non il fatto che vide davvero Gesù risuscitato e ricevette davvero l'incarico di diffondere la buona notizia, proprio come affermava la Bibbia.

Più avanti nel Nuovo Testamento, Paolo aprì ancor di più il proprio cuore rivelando tutta la sua consacrazione nei confronti di Gesù. Alcune affermazioni erano molto profonde; ad esempio, scrisse una lettera indirizzata alla chiesa della città di Filippi dicendo quanto segue:

Per me infatti il vivere è Cristo, e il morire guadagno. Ma non so se il vivere nella carne sia per me un lavoro fruttuoso, né posso dire che cosa dovrei scegliere, perché sono stretto da due lati: avendo il desiderio di partire da questa tenda e di essere con

Cristo, il che mi sarebbe di gran lunga migliore, ma il rimanere nella carne è più necessario per voi. (Filippesi 1:21-24, Nuova Diodati)

Per quale motivo questo tizio avrebbe detto che vivere sulla terra significava vivere Cristo? Paolo era assolutamente certo che, se fosse morto in quell'istante, sarebbe andato in Cielo. Era, non solo convinto, ma sapeva che sarebbe andato a stare con Gesù Cristo. In cuor suo voleva addirittura morire perché sapeva che in cielo sarebbe andato a stare meglio. Non ho mai sentito nessuno parlare della morte con così tanta sicurezza. Rimasi colpito.

Paolo non aveva soltanto sentito parlare della religione alla quale si era convertito: era un vero testimone oculare, uno dei fondatori del Cristianesimo, ed affermava di aver incontrato di persona Gesù risorto e di aver ricevuto istruzioni direttamente da lui. Paolo affermava di aver ricevuto informazioni di prima mano direttamente da Dio e che Dio lo aveva scelto come primo messaggero della fede cristiana. Se Paolo non aveva visto davvero Gesù, allora avrebbe deliberatamente ed intenzionalmente edificato tutta la sua vita su una menzogna. Nessuna convinzione religiosa o teoria intellettuale potrà mai cambiare la vita di una persona per sempre se questa persona sa benissimo che queste teorie e convinzioni sono tutte inventate. È vero che molte persone religiose si sacrificano per quello in cui credono, ma lo fanno perché sono convinte che sia la verità, non che sia una menzogna. Credono profondamente in ciò che fanno.

Però, se Paolo aveva davvero visto Gesù, il suo comportamento era assolutamente sensato. Il suo mondo si era rovesciato, la sua visione della vita era stata sconvolta. Sì, dovetti ammetterlo: *anch'io mollerei tutto e seguirei Dio se mi capitasse una cosa del genere.*

Poco più avanti, sempre nella lettera ai Filippesi, Paolo scrisse questo:

Sono stato circonciso l'ottavo giorno, sono della nazione d'Israele, della tribù di Beniamino, Ebreo di Ebrei; quanto alla legge, fariseo, quanto allo zelo, persecutore della chiesa; quanto alla giustizia che è nella legge, irreprensibile. Ma le cose che mi erano guadagno, le ho ritenute una perdita per Cristo. Anzi, ritengo anche tutte queste cose essere una perdita di fronte all'eccellenza della conoscenza di Cristo Gesù, mio Signore, per il quale ho perso tutte queste cose e le ritengo come tanta spazzatura per guadagnare Cristo, e per essere trovato in lui, avendo non già la mia giustizia che deriva dalla legge, ma quella che deriva dalla

> *fede di Cristo: giustizia che proviene da Dio mediante la fede, per conoscere lui, Cristo, la potenza della sua risurrezione e la comunione delle sue sofferenze, essendo reso conforme alla sua morte. (Filippesi 3:5-10, Nuova Diodati)*

Rimasi sbalordito dalle sue considerazioni. Paolo aveva avuto tutto dalla vita e all'improvviso considerava ogni cosa come tanta spazzatura inutile?! Era passato dall'uccidere i cristiani a pensarla così?! Prima di quel viaggio decisivo, Paolo non stava cercando né Gesù né risposte sul senso della vita. Poi però Gesù intervenne e attirò l'attenzione di Paolo. Tutta la storia di Gesù era incentrata sull'opera che Dio aveva intrapreso per salvare l'uomo: il Cristianesimo sembrava essere Dio alla ricerca dell'uomo. Rimasi meravigliato. Tante domande affollavano la mia mente: se tutto era iniziato da Dio, avevo ignorato o rifiutato io le sue precedenti chiamate? Mia nonna, i pazzoidi della gita in montagna, quel tizio con la croce che vidi al campus del college, il corso di biologia molecolare delle cellule, gli incontri a Marco Island e la visione di *Piccola città* erano tutti tentativi divini per raggiungermi? Se Dio esisteva davvero, sarebbe all'opera anche oggi?

C'era qualcos'altro tra le affermazioni di Paolo che catturò la mia attenzione:

> *Poiché vi ho prima di tutto trasmesso, come l'ho ricevuto anch'io, che Cristo morì per i nostri peccati, secondo le Scritture; che fu sepolto; che è stato risuscitato il terzo giorno, secondo le Scritture; che apparve a Cefa, poi ai dodici. Poi apparve a più di cinquecento fratelli in una volta, dei quali la maggior parte rimane ancora in vita e alcuni sono morti. Poi apparve a Giacomo, poi a tutti gli apostoli; e, ultimo di tutti, apparve anche a me, come all'aborto. (1 Corinzi 15:3-8)*

Quando Paolo affermò che Gesù risorto era stato visto da oltre cinquecento persone in una sola volta, rimasi basito. Dopo aver letto i primi quattro libri del Nuovo Testamento che descrivono la vita di Gesù, pensavo che le sue presunte apparizioni dopo la risurrezione fossero avvenute soltanto alla presenza di poche persone ogni volta. Cinquecento persone in un'unica occasione era un'affermazione piuttosto ardita.

Per di più, fu scritta in un momento in cui, se fosse stata falsa, avrebbe potuto essere (o sarebbe stata quasi sicuramente) contestata o confutata, ma nessuno si mosse. Un'affermazione del genere, se fosse falsa, non avrebbe mai retto a indagini accurate e alla persecuzione dei tempi in cui visse Paolo. Non era possibile inventarsi questa storia e riuscire a farla credere a tutti. Perché affermare una cosa del genere se non era vera? Perché rischiare? Cosa ne avrebbe guadagnato Paolo a raccontare una palese falsità? La sua carriera e la sua stessa vita di capo religioso dei Giudei era già rovinata. Perché diventare anche lo zimbello e farsi dare del bugiardo? La cosa intrigante è che non diventò lo zimbello di nessuno e nessuno gli diede del bugiardo.

La sua audacia, la sua passione e le ragioni dietro a un cambiamento così radicale mi lasciavano perplesso. Era stato picchiato, imprigionato e perseguitato per il suo messaggio su Gesù Cristo, per la sua caparbietà nell'affermare che Gesù fosse la soluzione. Il Cristianesimo non era certamente una bella religione da seguire o da inventare, eppure Paolo lasciò tutto per essa e affrontò soltanto grandi difficoltà. Perché? Il suo messaggio impegnato e la sua coerenza nella vita mi lasciavano sempre più inquieto.

IL DILEMMA E LA LOTTA

Terminato tutto il Nuovo Testamento, mi trovai di fronte a un dilemma: Gesù era stato ritratto come il solo vero Dio che non soltanto mi ha creato ma è anche venuto sulla terra a morire per me, per salvarmi dal peccato, perché mi ama. Il pensiero di rifiutare apertamente Gesù senza rifletterci sopra o fare altre ricerche mi metteva a disagio. E se *fosse* vero? Mi chiesi: *C'era qualche aspetto negativo in questo messaggio?* Da quanto avevo scoperto finora, dovetti ammettere che la risposta era "No". Tutto era positivo, ma c'era sempre qualcosa che mi tratteneva; il mio cuore diceva "Sì", ma la mia mente diceva "Assolutamente no".

Non potevo nemmeno ripiegare su quell'opinione, molto diffusa, che Gesù non fosse nulla più che un grande insegnante di morale o un santone, un guru. Naturalmente, a sentire questa linea di pensiero, Gesù non aveva neanche fatto veri miracoli né era veramente il figlio di Dio, ma semplicemente un uomo eccezionale, magari un profeta. Io però, dopo aver letto e studiato in modo obiettivo tutto il Nuovo Testamento, ero certo che questi concetti erano totalmente campati per aria. Avevo ben chiaro che Gesù affermava di essere Dio diventato uomo. Che razza di insegnante di morale sarebbe stato se avesse mentito spudoratamente sulla propria identità? E i discepoli, che ragione avrebbero avuto di dedicare la loro vita a un bugiardo nato, dopo che era pure morto? Quei dottori che falsano le diagnosi per non ferire le sensibilità dei loro pazienti, che dottori sono?

La Risurrezione di Gesù

Ero molto confuso perché stavo scoprendo delle risposte che per me, intuitivamente avevano un senso, rispondevano a molti interrogativi inquietanti, davano una spiegazione alle mie esperienze presenti e passate della vita. Ma il mio conflitto era sempre più acceso perché queste risposte sembravano troppo radicali, troppo assurde e troppo belle per essere vere. E quando qualcosa è troppo bello per essere vero, di solito si rivela essere un'illusione. Mi rendevo conto che le cose che leggevo e imparavo non erano concetti tradizionali. La mia mente non riusciva a tollerare questi pensieri, anche se il mio cuore voleva delle risposte. Dovevo proseguire. Ormai mi stavo giocando il tutto per tutto.

Dio, il mio dottore

Capitolo quarto

L'Indagine - Parte II:

La Risurrezione di Gesù

Se esisteva per davvero, allora anch'io volevo la vita eterna. Ricordo di essermi detto: *Questa sarà la domanda più importante a cui abbia mai provato a rispondere.* Se Gesù era davvero risorto dalla morte, questo evento sarebbe stato la prova definitiva della sua divinità perché confermava che Gesù aveva portato a termine la propria missione, ovvero morire per i peccati del mondo, e dimostrava la realtà della vita eterna. Gesù sarebbe stato l'unica via perché sarebbe morto per i peccati dell'umanità come Dio. L'unica domanda che mi facevo era: è *davvero* possibile crederci? A questo punto tutto ruotava intorno alla risurrezione di Gesù. È avvenuta *per davvero*? Decisi di esaminarla nel dettaglio. Se tutto era incentrato sulla divinità di Gesù, allora la risurrezione ne era *la prova*.

Mi ricordai del libro che avevo ricevuto in dono da mia moglie. Corsi al piano di sopra ed eccolo là, ancora sul comodino dove l'avevo lasciato tempo addietro. Il suo titolo mi aveva silenziosamente infastidito a lungo: *Nuove evidenze che richiedono un verdetto* di Josh McDowell.[8] Inconsciamente la parola "richiedono" mi aveva irritato per mesi e mesi. *Oh, davvero? "Richiedono" un tubo!* gli avevo detto fra me e me, quando lo misi da parte senza neanche toccarlo. *Non puoi mica costringermi a leggerti!* ma ora, assurdamente, volevo davvero leggerlo di mia spontanea volontà.

Andai verso il comodino e rimasi in piedi lì vicino. Esitai un po', ma poi lo presi in mano e lessi di nuovo il titolo. *Di che tipo di evidenze parlerà*? mi chiesi. Ora che lo tenevo in mano per davvero, ero sorpreso dalle sue dimensioni; mi ricordava i libri di testo della facoltà di medicina. Mentre lo sfogliavo velocemente, mi accorsi che era proprio un libro di testo che aveva raccolto fatti e opinioni attingendo da una nutrita serie di fonti. C'era un'intera sezione sulla risurrezione di Gesù ed era piena di riferimenti bibliografici.

Cercai su Internet informazioni su questo Josh McDowell e scoprii che era un credente molto famoso che difendeva la fede cristiana.

Temevo per i pregiudizi, ma volevo comunque leggere questo libro. Acquistai anche altri libri e opere di consultazione che erano stati citati dall'autore.[9-11] Non ero preoccupato più di tanto perché avevo preso la mia decisione già leggendo i quattro Vangeli.

Iniziai ad analizzare in modo approfondito le prove della risurrezione di Gesù, concentrando la ricerca sui fatti storici. Quali fatti avrei potuto trovare sulla risurrezione di Gesù? Volevo cominciare da quelli semplici e indiscutibili ed essendo medico partii dagli aspetti medici della crocifissione.

LA MORTE

Gesù morì per davvero? Trovai una spiegazione detta "teoria dello svenimento"[12] che ipotizzava che Gesù non fosse morto realmente sulla croce, ma che fosse rimasto vivo per poi uscire dal sepolcro. Le sue apparizioni avrebbero trovato una giustificazione, ma fino a un certo punto. Mi sembrò subito una cosa inverosimile, ma volevo esaminare personalmente ogni possibilità.

Sono bastate poche ore di studio per capire che questa teoria non era plausibile. Gesù fu picchiato fino a essere irriconoscibile, venne crocifisso e il suo costato fu trafitto con una lancia: tra le possibili complicazioni, avrà avuto una grave emorragia interna, un polmone collassato, un elevato livello di disidratazione, il cuore probabilmente perforato e un collasso a causa della perdita di sangue, solo per citare alcune. Il centurione romano non gli spezzò le gambe perché Gesù era già morto, secondo quanto riporta il Vangelo di Giovanni (Giovanni 19:32-33). Era più che evidente che i soldati romani e gli onnipresenti capi religiosi dei Giudei lo volevano morto e avrebbero fatto di tutto perché lo fosse.

Fui sorpreso nel trovare un articolo moderno sulla crocifissione di Gesù nel *The Journal of the American Medical Association*.[13] Attraverso una moderna analisi medica dei fatti, i miei colleghi avevano confermato che Gesù non avrebbe potuto sopravvivere alla crocifissione. A quel punto, insieme a loro, mi ritenni soddisfatto di una cosa: Gesù era morto sulla croce. Era il mio primo dato di fatto.

LA SEPOLTURA

Tutti e quattro i Vangeli, ovvero le biografie di Gesù scritte da Matteo, Marco, Luca e Giovanni, affermavano che Gesù era stato seppellito in una tomba di proprietà di un certo Giuseppe d'Arimatea.

Le Scritture in ebraico antico
"Antico Testamento"

Questo Giuseppe era un capo religioso dei Giudei molto in vista nonché membro del Sinedrio. Il Sinedrio era il consiglio religioso in carica che aveva processato e condannato Gesù. Secondo Luca, Giuseppe era un discepolo segreto di Gesù, contrario alla decisione degli altri membri del Sinedrio. Giuseppe andò da Ponzio Pilato a chiedere il corpo di Gesù per poterlo seppellire. Ad aiutare Giuseppe ad avvolgere il corpo di Gesù nei vestimenti per la sepoltura e ad ungerlo fu un certo Nicodemo, un altro capo religioso dei Giudei. Perché sprecare tempo, sforzi e denaro per avvolgerne il corpo se poi non sarebbe stato seppellito? Questi dettagli mettono presso il sepolcro di Gesù due testimoni inaspettati e in grado di confermare che Gesù morì e fu sepolto davvero.

Mi sembrò evidente che i primi cristiani non si sarebbero inventati una storia del genere se non corrispondeva alla realtà dei fatti. Vedere due importanti capi religiosi dei Giudei che seppellivano Gesù avrebbe fatto scandalo in quei brevi momenti che si verificarono prima e dopo la sua morte. Se non fosse accaduto per davvero, nessuno avrebbe accettato la risurrezione e dimostrarne la falsità sarebbe stato alquanto facile.

La Bibbia riferisce anche che vennero messi a fare la guardia al sepolcro alcuni soldati romani e che il sepolcro fu chiuso con una grossa pietra. A quei tempi l'accesso a una tomba veniva bloccato facendovi rotolare davanti un masso che poteva pesare anche tre tonnellate. A suffragio della storicità della sepoltura dobbiamo quindi aggiungere almeno altri due testimoni. Con queste quattro persone, le due donne e i due discepoli che si recarono al sepolcro, il numero di testimoni sale ad almeno otto. Se Gesù non fosse stato seppellito, sarebbero stati in molti a poter confutare il racconto, ma così non avvenne. Questo mi ha convinto che Gesù fosse stato seppellito per davvero in un sepolcro, come afferma la Bibbia. Si trattava del mio secondo dato di fatto.[14]

IL SEPOLCRO VUOTO

Successivamente volevo stabilire se davvero la tomba di Gesù fosse stata trovata vuota la domenica dopo la sepoltura. Con mia sorpresa, dimostrarne la veridicità fu più facile di quanto mi aspettassi: era un fatto storico innegabile.[15] Se il sepolcro non fosse stato vuoto, il Cristianesimo sarebbe stato cancellato da lì a pochi giorni. Le autorità religiose non vedevano l'ora di esibire il corpo di Gesù e mettere fine una volta per tutte all'inganno. Per di più, i Vangeli affermano che i capi dei Giudei pagarono i soldati affinché dichiarassero che il cadavere era stato rubato. Perché mai avrebbero dovuto farlo se il corpo era ancora nel sepolcro? Questi ragionamenti non facevano nessuna piega.

I primi testimoni della risurrezione di Gesù furono delle donne, cosa che non mi sembrava tanto importante fino a quando non scoprii che nella società patriarcale giudaica, la testimonianza di una donna non era considerata attendibile né ammissibile in un processo.[16] Gli avvenimenti che si verificarono poco prima o poco dopo la risurrezione vedevano quindi un interessante colpo di scena che un autore non avrebbe motivo logico di inventarsi di sana pianta.

Se, per una qualche ragione, le donne e i discepoli erano andati al sepolcro sbagliato, allora il corpo di Gesù sarebbe stato ancora nel suo di sepolcro e non ci sarebbe voluto tanto per trovarlo ed esibirlo per le strade di Gerusalemme e demolire il messaggio cristiano. Di malavoglia fui obbligato ad accettare il fatto che il sepolcro era indubbiamente vuoto: e questo era il mio terzo dato di fatto.[17, 18]

IL CORPO

Se il sepolcro era vuoto significa che il corpo sarebbe dovuto andare a finire da qualche parte, ma il mancato ritrovamento del corpo di Gesù è un fatto appurato. Dove poteva essere allora? Le possibilità erano tre: la prima era che il corpo fosse stato trafugato dai discepoli di Gesù; la seconda era che fosse stato trafugato dai nemici di Gesù (ad esempio, i Romani o i capi religiosi dei Giudei). La terza possibilità è che Gesù fosse effettivamente risorto dalla morte.

Erano stati i discepoli di Gesù a rubarne il corpo per continuare la farsa della resurrezione? Di primo acchito, questa ipotesi mi sembrava la più attendibile. Basta guardare il telegiornale per vedere che i fanatici religiosi sono capaci di fare le cose più folli. Ma a un esame più approfondito, mi resi conto che questa teoria non poteva reggere.[19]

Per trafugare il corpo, i discepoli avrebbero dovuto passare davanti ai soldati romani e spostare la grande pietra posta davanti all'entrata del sepolcro senza farsi notare da nessuno. I soldati romani sarebbero stati condannati a morte se fossero venuti meno all'ordine di fare la guardia al sepolcro.[20] I discepoli non avevano alcun motivo né presupposto per inventarsi la storia della risurrezione: erano sconvolti e in lutto per la morte di Gesù. Anche se Gesù aveva parlato loro del suo ritorno, i discepoli non avevano capito quello che voleva dire e non si aspettavano che era questo l'avvenimento di cui parlava. Non avrebbero avuto nessuna ragione di fingere che fosse risorto trafugandone il corpo. Era evidente che questa possibilità non era credibile.

I nemici di Gesù, invece, avrebbero potuto facilmente trafugare il corpo collaborando con i soldati romani. Tuttavia dovetti riconoscere che anche questo non era logico. Se i nemici di Gesù avessero effettivamente trafugato il corpo, non avrebbero esitato ad esibirlo in tutta Gerusalemme non appena fossero affiorate voci di una sua risurrezione e il Cristianesimo sarebbe stato stroncato alla radice per sempre. Nemmeno questa poteva essere una spiegazione plausibile.

I Vangeli riportano anche un'altra cosa: nel sepolcro erano rimasti i panni di lino utilizzati per avvolgere e imbalsamare il corpo di Gesù. Anche il sudario che aveva avvolto la testa di Gesù era stato trovato ripiegato o arrotolato per conto suo. Se qualcuno avesse trafugato il corpo, perché avrebbe dovuto perdere tempo a spogliarlo? Giovanni riporta che uno dei discepoli vide i panni di lino e credette all'istante (Giovanni 20:8). Luca racconta che Pietro si meravigliò quando guardò all'interno del sepolcro (Luca 24:12). Perché? Dev'esserci stato qualcosa di straordinariamente inspiegabile nel trovare quei panni e quelle lenzuola in un certo modo. Altrimenti, se fossero stati semplicemente srotolati dopo tre giorni, non sarebbe stato possibile ripiegarli in modo ordinato.

Io un'idea azzardata ce l'avevo: se Gesù era stato risuscitato, Dio avrebbe potuto lasciare i panni della sepoltura intatti come erano stati originariamente usati per avvolgere il corpo, ma senza di esso. Se fosse stato questo il caso, com'era possibile spiegare il modo in cui il corpo era stato rimosso da tutti gli strati di panno senza smuoverli? Sarebbe un miracolo che avrebbe giustificato la reazione dei discepoli. Anche i Romani e i capi dei Giudei, che avranno certamente esaminato il sepolcro, non dissero nulla. Era stupefacente, perché a questo punto mi si presentava solo l'ultima possibilità che spiegasse il sepolcro vuoto: la risurrezione. Procedetti quindi a esaminare le dichiarazioni a favore della risurrezione.

LE APPARIZIONI

Tutti e quattro i Vangeli riportano le varie occasioni in cui più persone avevano realmente visto e toccato Gesù risorto. Ci sono diverse testimonianze sulle sue apparizioni, tra cui quelle riportate dall'apostolo Paolo. Per esempio, Paolo, Giovanni e Luca affermano che Gesù era apparso ai discepoli rimasti, mentre sia Giovanni che Matteo attestano che vi furono delle donne tra le prime persone che giunsero al sepolcro. Come ho già detto, nel Nuovo Testamento Paolo riportò che Gesù era apparso a oltre cinquecento persone in una sola volta, affermando che molte di esse erano ancora vive al momento in cui scriveva la prima lettera ai Corinzi. In tutto, le apparizioni di Gesù risorto menzionate nel Nuovo Testamento sono quindici.[21]

Non riuscii a trovare alcun documento dove le apparizioni di Gesù venivano contestate ai suoi seguaci; non ci fu alcuna confutazione da parte dei Giudei o di chiunque osteggiasse Gesù.[22] Il loro silenzio mi lasciava esterrefatto. Perché la resurrezione, se falsa, non è stata contestata con forza?

A quel punto dovevo trovare una qualche spiegazione per queste presunte apparizioni di Gesù e per l'ascesa del Cristianesimo. *Non è che i discepoli erano convinti di aver visto Gesù perché avevano avuto un'allucinazione o avevano una fervida immaginazione?* mi chiesi. Da un punto di vista medico, le allucinazioni sono un effetto dell'uso di stupefacenti o sono sintomi di patologie al cervello. Tuttavia, non ci misi molto per stabilire che questa teoria non era plausibile: non dava spiegazioni né sulla scomparsa del corpo né sul comportamento dei discepoli e nemmeno corrispondeva alle fenomenologie tipiche delle allucinazioni patologiche o indotte.[23] Erano troppe le persone che avrebbero dovuto immaginare una stessa cosa o avere la stessa allucinazione contemporaneamente. Il comportamento dei discepoli non lasciava assolutamente adito alla possibilità che si trattasse di immaginazioni o allucinazioni, se non altro perché non avevano niente da guadagnarci inventandosi una storia del genere. La Bibbia dice chiaramente che i discepoli videro, toccarono e persino mangiarono assieme a Gesù risorto. Non è possibile fare altrettanto con un'allucinazione, uno spirito o un fantasma.

Se la risurrezione non era un'allucinazione né un frutto della fantasia, era possibile che i seguaci di Gesù, che desideravano portare avanti il suo ministero, si fossero inventati intenzionalmente la storia della risurrezione? Era possibile che Gesù fosse un mito o una leggenda?

Se fosse successo immediatamente dopo la sua morte, i discepoli avrebbero avuto problemi sia per trafugare il corpo di Gesù sia per disfarsene. Non esiste prova alcuna della sua trafugazione né che un gesto simile fosse addirittura possibile. Perché poi scegliere come primi testimoni del sepolcro vuoto delle donne, la cui testimonianza non era nemmeno ammissibile davanti a un giudice? Se si fosse trattato di un complotto, avrebbero sicuramente "truccato le carte" a proprio favore piuttosto che includere dei fatti così imbarazzanti come avere delle donne come primi testimoni della risurrezione. Quale motivo avrebbero potuto avere? Se Gesù era morto, ma non era risuscitato, che autorità o certezza c'era su cui basare il loro ministero? Invece è successo proprio il contrario.

È possibile allora che il racconto di Gesù e della sua risurrezione possa essere spiegato col fatto che, col passare del tempo, sia diventato poco a poco una leggenda? Anche questo non ha alcun senso, visti i resoconti biblici, perché non giustifica né il sepolcro vuoto né l'improvvisa comparsa del Cristianesimo come religione subito dopo la crocifissione. Se queste storie fossero state aggiunte e inventate da successivi seguaci della religione, i testimoni che erano ancora in vita non avrebbero potuto dimostrare la falsità o infondatezza del racconto della resurrezione? Ci sono numerosissimi dettagli riportati nei resoconti biblici di cui i capi religiosi dei Giudei avrebbero potuto facilmente dimostrare la mancanza di fondamento. Nel Vangelo di Luca e negli Atti, Luca afferma di aver intervistato i testimoni oculari e di aver scritto i suoi resoconti durante la loro vita.

Riesaminai mentalmente tutti questi possibili scenari, ma nessuno mi sembrò logico o coerente con i fatti. C'era qualcosa che aveva, per modo di dire, acceso il fuoco della cristianità e lo stava mantenendo vivo, anche davanti all'opposizione più feroce. Non riuscivo a capire. Non sembrava aver senso. Persino i capi religiosi dei Giudei si aspettavano che la fiamma si spegnesse da sola. A meno che non fosse davvero opera di Dio.

> *Ma un certo fariseo, di nome Gamaliele, un dottore della legge onorato da tutto il popolo, si alzò in piedi nel sinedrio e comandò di far uscire un momento gli apostoli. Poi disse a quelli del sinedrio: «Uomini d'Israele, badate bene a ciò che state per fare a questi uomini. Poiché un po' di tempo fa sorse Teuda, che diceva di essere qualcuno; accanto a lui si raccolsero circa quattrocento uomini; ma egli fu ucciso, e tutti coloro che l'avevano seguito furono dispersi. Dopo di lui, al tempo del censimento, sorse Giuda il Galileo che trascinò dietro a sé molta gente; anch'egli perì, e tutti coloro che lo seguirono furono dispersi. Ora dunque io vi dico*

> *state alla larga da questi uomini e lasciateli stare, perché se questo progetto o quest'opera è dagli uomini sarà distrutta, ma se è da Dio, voi non la potete distruggere, perché vi trovereste a combattere contro Dio stesso!» (Atti 5:34-39, Nuova Diodati)*

Riguardo ai primi discepoli che si presume avessero visto Gesù risorto, un altro dettaglio catturò la mia attenzione: trovai molto interessante il fatto che Gesù stesso dovesse convincerli di essere vivo per davvero, perché nemmeno loro all'inizio ci credettero! I discepoli erano sconvolti, avevano paura e non si aspettavano assolutamente che Gesù sarebbe risorto; la morte del loro capo era stata motivo di grande tristezza perché i loro sogni erano morti sulla croce insieme a Gesù.

ASPETTATIVE SBAGLIATE

Perché i discepoli non si aspettavano che Gesù risuscitasse dalla morte? Esaminando la storia dei Giudei, appresi che questo popolo stava aspettando l'arrivo di un capo militare che li avrebbe liberati dalla tirannia dei Romani: questa persona era il cosiddetto "Messia", che significa "salvatore". Scoprii addirittura che alcuni dei capi religiosi dei Giudei non credevano nella risurrezione e che quelli che ci credevano insegnavano che sarebbe avvenuta dopo la fine del mondo. I discepoli, quindi, non si aspettavano che il Figlio di Dio risuscitasse dopo essere morto per i peccati del mondo. Gesù non corrispondeva affatto alla loro idea di Messia e la sua risurrezione andava oltre ciò che credevano e si aspettavano come persone religiose. Si erano persino messi a discutere del loro ruolo nel presunto "futuro regno di Dio", che secondo loro si sarebbe manifestato presto.

VITE CAMBIATE RADICALMENTE

Dopo la risurrezione di Gesù dalla morte, nei discepoli avvenne un cambiamento radicale.[24] Prima della risurrezione, Pietro negò per tre volte addirittura di solo conoscere Gesù dopo il suo arresto, mentre il resto dei discepoli si era disperso come un gregge di pecore terrorizzate. Questi stessi discepoli, da persone incredule, abbattute e spaventate diventarono messaggeri coraggiosissimi e pieni di gioia della vita eterna. Nel libro degli Atti si racconta come annunciassero con coraggio che Gesù era risuscitato nonostante venissero imprigionati, minacciati di morte, percossi. Erano completamente ostracizzati dalla comunità giudea che rimaneva fedele alla tradizione e alla legge mosaica. Perché comportarsi in questo modo se la storia della risurrezione fosse stata solamente una mera invenzione? Non riuscivo a trovare una spiegazione né di questo loro cambiamento improvviso né di come abbiano potuto o voluto inventarsi una storia talmente poco plausibile, senza precedenti ed estranea alla realtà e cultura giudaica.

DISPOSTI A MORIRE

Scoprii un altro fatto serio: dieci apostoli di Gesù tra quelli rimasti, Paolo incluso, morirono crudelmente o sotto tortura perché erano totalmente convinti che Gesù fosse Dio e perché ne proclamavano la risurrezione dai morti.[25] Non riuscivo a rappacificarmi con l'idea che, se Gesù non fosse davvero risorto dalla tomba, questi uomini erano morti sapendo perfettamente che la loro morte era il risultato di una menzogna.[26] Eppure nessuno di loro abiurò mai la sua fede, nemmeno sotto tremenda tortura o davanti al dolore, alle pressioni o alla morte.[27] Non riuscivo a immaginarmi come avrebbero potuto resistere sapendo che era tutto falso. Per me questo fatto era incredibilmente convincente.

È evidente che molte persone muoiono e sono disposte a morire per una falsità, ma non ne sono consapevoli.[28] Se si erano inventati tutto, i discepoli avrebbero saputo che stavano dando la vita per qualcosa di falso. *E chi farebbe mai una cosa del genere?* mi chiesi. Se Gesù non era davvero risorto, tutte le loro speranze erano morte sulla croce con lui. Se non era risorto, se era ancora morto, tutte le promesse di Gesù sulla vita eterna, sul paradiso e sul perdono dei peccati erano svanite nel fumo. Che ragione ci sarebbe stata di inventarsi una storia sulla risurrezione di un falegname? Non riuscivo a trovare una spiegazione soddisfacente al comportamento di tutte queste persone.

RIEPILOGO

I fatti storici dimostrano che Gesù morì e fu sepolto in un sepolcro che, tre giorni dopo, fu trovato vuoto senza che si sapesse che fine avesse fatto il corpo di quest'uomo. Immediatamente dopo questo avvenimento, viene riferito che numerose persone iniziarono a vedere e interagire con Gesù risorto, facendo all'improvviso comparire sulla scena il Cristianesimo. Questa nuova religione prese piede iniziando dai discepoli giudei di Gesù, anche se cozzava con le loro precedenti tradizioni religiose e aspettative sul Messia.

L'unica spiegazione logica era che la risurrezione di Gesù fosse davvero avvenuta. Basandosi sui fatti, risultava essere anche la spiegazione migliore degli avvenimenti, *ma* era anche un miracolo senza precedenti. Da un punto di vista intellettuale e scientifico avevo problemi ad accettarla, anche se era l'unica spiegazione che mi era rimasta. Il mio cuore ne era entusiasta, ma la mia mente era scettica. Cuore e mente erano ancora in guerra fra loro. Dentro di me ero combattuto e mi sentivo frustrato per il fatto che non ci fosse una spiegazione naturale migliore. Ripercorrendo i fatti nella mia mente, mi resi conto di aver tralasciato un importante strumento di indagine, quello che tutti i miei anni di formazione medica avrebbero dovuto attivare automaticamente.

Capitolo quinto

L'Indagine - Parte III:

Le Scritture in ebraico antico

"Antico Testamento"

"Voglio subito un ECG e gli enzimi cardiaci di questo paziente! Potrebbe essere in corso un infarto!" esclamai rivolto all'infermiera.
"OK, dottor Viehman. Li chiedo subito. Prendo il monitor e riunisco il team di assistenza!"
Le analisi secondarie confermarono la diagnosi originale: si trattava di infarto. Come medico raramente mi affido a un unico elemento quando devo fare una diagnosi. Durante la mia formazione trascorsi parecchio tempo nel reparto di cardiologia. Quando dovevamo diagnosticare un attacco cardiaco prendevamo in considerazione diversi test indipendenti fra loro. Per determinare l'infarto è necessario affidarsi sia ai risultati dell'elettrocardiogramma (ECG) che alle analisi del sangue. L'ECG misura l'attività elettrica del cuore, mentre le analisi del sangue indicano il livello dei danni alle cellule cardiache; se entrambi i test sono positivi, la diagnosi di un infarto è quasi certa.
Riflettendo su questo momento che ricorderò negli anni, mi venne in mente che poteva esserci un'intera serie di prove su Gesù completamente indipendenti dai quattro Vangeli e dai resoconti dei testimoni oculari che avevo letto. Se queste prove erano verificabili, allora la possibilità che la risurrezione fosse un reale evento storicamente accaduto sarebbe balzata a tutto un nuovo livello di credibilità.
Dovevo armarmi di costanza se volevo scoprire la verità; poteva diventare l'indagine più importante della mia vita. Se la posta in gioco era l'eternità, ne valeva sicuramente la pena. Ero un po' stanco e non ne avevo una grandissima voglia, però mi resi conto che in passato avevo trascorso molto più tempo a studiare gli andamenti di borsa e a cercare gli investimenti più validi. Con una posta in gioco così alta, come potevo fermarmi ora se c'era davvero la possibilità di dimostrare con assoluta certezza l'esistenza di Dio?

IL MESSIA

Per gli apostoli la risurrezione di Gesù era la prova del suo ruolo di salvatore del mondo, ma non l'unica che usavano per convincere la gente. Come ulteriore prova della sua divinità facevano parecchio leva sul fatto che la profezia contenuta nelle loro Scritture antiche aveva trovato il suo compimento in Gesù. La maggior parte della gente non aveva avuto modo di vedere di persona Gesù risorto, ma le Scritture potevano essere mostrate a tutti. Gli apostoli citavano proprio le profezie bibliche a supporto degli eventi più importanti della vita di Gesù (nascita, crocifissione, sepoltura e risurrezione) descritti nel Nuovo Testamento, dichiarando che Gesù le aveva adempiute tutte. Con queste argomentazioni a favore, molte persone, Giudei compresi, furono convinte e si convertirono al Cristianesimo. Perché? Dovevo assolutamente scoprirlo.

Quali erano queste profezie antiche? mi domandai. Lo scoprii dopo qualche semplice ricerca. Le Scritture ebraiche erano un insieme di scritti antichi di diversi autori composti nell'arco di un migliaio di anni. I Giudei credevano che questi scritti erano Parola di Dio, ovvero che Dio avesse ispirato direttamente certi uomini a registrare e scrivere il messaggio essenziale che aveva dato loro. Erano considerati sacri e conservati con molta cura nel corso di migliaia di anni da parte di uomini che avevano dedicato l'intera esistenza alla loro copiatura e conservazione accurata per le generazioni future. Nelle Scritture erano contenute la storia di Israele, le genealogie, le norme di vita religiosa, gli scritti profetici, oltre a cantici e componimenti poetici. L'ultima raccolta di Scritture ebraiche dell'Antico Testamento fu scritta intorno al 400 a.C.

Quello che non avevo compreso era che il popolo ebreo stava davvero aspettando un Messia, un salvatore. Nelle sue antiche Scritture vi erano profezie precise che lo descrivevano sotto molti aspetti, pertanto faceva parte della storia degli ebrei e tutti ne erano a conoscenza, compresi gli apostoli di Gesù. Gli ebrei pensavano che il loro Messia sarebbe stata una persona straordinaria e che li avrebbe liberati dai loro nemici dell'epoca, i Romani.

Durante la prima lettura del Nuovo Testamento avevo incontrato numerosissimi riferimenti a queste profezie, ma li avevo letti solo superficialmente. Mi ricordai che, quando i magi erano arrivati a Gerusalemme chiedendo notizie su questo "re dei Giudei che era nato", il re Erode aveva chiesto informazioni a tutti i capi religiosi dei Giudei i

Le Scritture in ebraico antico
"Antico Testamento"

quali gli risposero che, secondo le Scritture, il Messia sarebbe dovuto nascere a Betlemme. Nella storia di Matteo 2:6 citarono a Erode proprio un passo di un profeta dell'Antico Testamento: Michea 5:2. In tutto il Nuovo Testamento, gli autori continuavano a sottolineare il fatto che Gesù avesse realizzato tutto quello che era stato scritto sul Messia centinaia, se non addirittura migliaia di anni prima nelle Scritture ebraiche.

Gesù stesso dichiarò che stava adempiendo le profezie antiche:
Non pensate che io sia venuto per abolire la legge o i profeti; io sono venuto non per abolire ma per portare a compimento. (Matteo 5:17)
Disse anche che le Scritture ebraiche parlavano di lui:
Voi investigate le Scritture, perché pensate d'aver per mezzo di esse vita eterna, ed esse sono quelle che rendono testimonianza di me. (Giovanni 5:39)
E infine, affermò esplicitamente di essere il Messia:
La donna gli disse: «Io so che il Messia (che è chiamato Cristo) deve venire; quando sarà venuto ci annuncerà ogni cosa». Gesù le disse: «Sono io, io che ti parlo!» (Giovanni 4:25-26)

Non sapevo, però, che queste Scritture ebraiche antiche fossero essenzialmente quello che i cristiani chiamano Antico Testamento. Oggi queste scritture formano la "Bibbia" ebraica. L'ordine dei libri è diverso e alcuni di essi sono raggruppati fra loro, ma il testo è praticamente identico. Erano cose che non sapevo e che trovai davvero singolari.

Non ero un esperto, ma mi sembrava evidente che il Cristianesimo e il Giudaismo fossero oggi due religioni diverse, perciò non mi sarei mai aspettato che le Scritture ebraiche (Antico Testamento) parlassero di Gesù, soprattutto perché la loro redazione si era conclusa quattrocento anni prima della sua nascita. Queste antiche Scritture non potevano contenere riferimenti diretti o indiretti a Gesù se egli non fosse davvero stato il Messia profetizzato.

A quel punto capii perché il Cristianesimo non pretendeva di essere una "nuova" religione, bensì il compimento dell'antica religione giudaica. In altre parole, i cristiani credevano che tutte le Scritture ebraiche fossero Parola di Dio e che il Dio degli ebrei fosse l'unico e il solo vero Dio vivente. Secondo la fede cristiana Gesù Cristo è il Messia atteso dagli ebrei e profetizzato nella Bibbia. Scoprire che i primi cristiani erano sostanzialmente ebrei fu per me una grande sorpresa!

Paolo e gli apostoli erano tutti ebrei. Eccezion fatta per il libro di Luca e degli Atti, tutto il Nuovo Testamento era stato scritto da ebrei.

Era evidente che queste profezie potevano rappresentare delle potenziali argomentazioni a favore o meno di Gesù. Se le profezie dell'Antico Testamento che Gesù aveva adempiuto erano davvero inequivocabili, avrebbero costituito delle prove molto convincenti a sostegno del fatto che Gesù era parte del piano di salvezza di Dio per l'umanità. Mi rendevo conto che scrivere del futuro di una persona con precisione e accuratezza e poi vedere tale profezia realizzarsi in ogni minimo particolare poteva essere soltanto opera di Dio e non umana. Questo fatto avrebbe confermato anche l'ispirazione e l'integrità delle Scritture.

Tornando alla profezia, la dottrina neotestamentaria su Gesù e sulla salvezza dal peccato non era affatto una novità; i suoi discepoli non avevano inventato alcuna nuova religione, ma erano stati testimoni della rivelazione di ciò in cui credevano e del compimento delle profezie. Sarebbe stato molto difficile credere che Gesù fosse stato soltanto una leggenda o un mito visto che, come dichiarano gli autori, la sua vita era stata effettivamente preannunciata e descritta in tutte le antiche Scritture ebraiche.

Tutto questo per me era molto affascinante perché compresi che gli ebrei, affermando di conoscere il *solo* vero Dio vivente, credevano di avere ricevuto la rivelazione divina dell'arrivo di un Messia. Non mi sembrava più una semplice coincidenza il fatto che entrasse in scena qualcuno che dichiarava di essere Dio e affermava di essere il Messia atteso. Perché, mi domandavo, le persone di religione giudaica, allora non credono che questo Messia sia Gesù Cristo?

Le vere domande da porsi erano dunque queste: cosa dicevano le Scritture ebraiche circa il Messia che stava per arrivare? Quali erano le profezie, quante ce n'erano? Gesù ne portò a compimento alcune, tutte o nessuna? Se davvero provenivano da Dio e Gesù era Dio, allora le doveva portare tutte a compimento. Ero anche curioso di sapere perché i Giudei lo rifiutavano come Messia se Gesù aveva effettivamente adempiuto le loro Scritture.

Prima di giudicarli, avrei dovuto capire cosa fosse esattamente una profezia. Imparai che una profezia è la descrizione precisa di un evento futuro scritta e annunciata da uomini chiamati profeti, che non avevano solo questo ruolo, ma anche molti altri. Davvero le antiche Scritture ebraiche, alcune scritte più di mille anni prima della nascita di Gesù, contenevano dei dettagli sulla sua vita? Volevo scoprire personalmente la verità.

Ovviamente c'erano anche delle "immagini" di Gesù nell'Antico Testamento. In questo contesto per "immagine" s'intende la messa in atto indiretta di un evento futuro attraverso una manifestazione nel passato, oppure una serie di circostanze e di azioni che descrivono in anticipo e indirettamente un evento futuro. Una prefigurazione, un po' come il teatro delle ombre in cui gli eventi venivano rappresentati come semplici silhouette.

Come prima cosa consultai le profezie, proprio perché avrebbero dovuto fare riferimento diretto alla figura del Messia. Tutto l'Antico Testamento ne è pieno, erano state scritte da persone diverse in periodi diversi della storia di Israele e, teoricamente, avrebbero dovuto descrivere la nascita, la vita, la morte e persino la risurrezione del Messia. Nella mia Bibbia da studio c'era una tabella che ne elencava tante. Decisi di iniziare prendendole per buone secondo la tradizione cristiana e di studiarne le argomentazioni opposte in un secondo momento.

LE PROFEZIE SUL MESSIA

Iniziai da una profezia scritta dal profeta Michea intorno al 700 a.C. che descriveva il luogo di nascita del Messia:

Ma da te, o Betlemme, Efrata,
piccola per essere tra le migliaia di Giuda,
da te mi uscirà
colui che sarà dominatore in Israele,
le cui origini risalgono ai tempi antichi,
ai giorni eterni. (Michea 5:1)

Il Messia avrebbe dovuto nascere a Betlemme ed era eterno (c'era sempre stato e sempre ci sarà). Gesù nacque a Betlemme *ed* affermò di essere Dio, che è eterno. Mi venne in mente un versetto che avevo letto in Giovanni, quando descrisse Gesù come "la Parola":

Nel principio era la Parola, la Parola era con Dio, e la Parola era Dio.
E la Parola è diventata carne e ha abitato per un tempo fra di noi, piena di grazia e di verità; e noi abbiamo contemplato la sua gloria, gloria come di unigenito dal Padre. (Giovanni 1:1,14)

Secondo Giovanni Gesù era Dio fattosi uomo. Gesù corrispondeva a queste due profezie, che però erano ancora un po' vaghe.

Intorno al 700 a.C., un profeta di nome Isaia scrisse come sarebbe nato il Messia:
Perciò il Signore stesso vi darà un segno: Ecco, la vergine concepirà e darà alla luce un figlio e gli porrà nome Emmanuele. (Isaia 7:14, Nuova Diodati)

Questo versetto catturò la mia attenzione. Il Messia doveva nascere da una vergine e doveva chiamarsi Emmanuele, ovvero "Dio con noi". Questo era davvero interessante. Mi misi più comodo sulla sedia e pensai un attimo. Secondo i testi, Gesù era effettivamente nato da una ragazza di nome Maria che, sempre secondo la Bibbia, era una vergine. Se Gesù era Dio, era "Dio con noi" nel vero senso di questa espressione.

Questa profezia era così particolare che l'analizzai approfonditamente. Le Scritture antiche erano state scritte nell'antica lingua degli ebrei, ma io ne stavo leggendo una traduzione nella mia lingua moderna. Il testo ebraico dice davvero "vergine", dato che questo era l'elemento più importante della profezia? La risposta è che l'ebraico non ha una parola specifica per "vergine"; quella usata in questo versetto poteva significare vergine oppure giovane ragazza. Diversi secoli prima di Gesù, però, le Scritture ebraiche erano state tradotte anche in greco da alcuni studiosi ebrei e la versione che ne era venuta fuori dal loro lavoro è la cosiddetta "Versione dei Settanta" o "Septuaginta". In greco invece c'è una parola specifica per significare "vergine" e io volevo capire come l'avessero intesa quei traduttori per decidere di tradurla in quel modo, perché avevo il sospetto che i cristiani avessero attribuito un significato specifico a questa parola per confermare la loro dottrina. La Versione dei Settanta dava una risposta obiettiva. Rimasi basito quando scoprii che avevano scelto la parola greca che aveva un unico significato, ovvero "vergine". Non c'era modo di dimostrare, però, che Gesù fosse davvero nato da una vergine.

Inoltre, il Messia doveva nascere dalla stirpe del re Davide, il monarca giudeo più famoso che visse circa un migliaio di anni prima di Gesù. I Giudei sapevano dalle loro Scritture che il Messia sarebbe nato dalla discendenza di Davide e mi ricordai che le genealogie di Gesù erano state riportate sia nel Vangelo di Luca che in quello di Matteo. Matteo tracciò la discendenza da parte del padre, Giuseppe, mentre Luca riportò la genealogia di Maria. Entrambi i genitori di Gesù discendevano dalla stirpe di Davide. A quel punto capii le intenzioni degli autori: portare argomentazioni a favore di Gesù quale Messia profetizzato, mostrando che discendeva dal re Davide.

Continuai a consultare le profezie fino a quando mi imbattei in una che era stata scritta intorno al 1000 a.C.:

[...] mi hanno forato le mani e i piedi.
Io posso contare tutte le mie ossa;
essi mi guardano e mi osservano.
Spartiscono fra loro le mie vesti
e tirano a sorte la mia tunica. (Salmo 22:16-18, Nuova Diodati)

Rimasi scioccato. L'autore descriveva segni identici a quelli della crocifissione prima che questa venisse addirittura concepita come metodo crudele di mettere a morte la gente! Il testo preannunciava la foratura di mani e piedi. Scoprii che altri due profeti avevano detto che il Messia sarebbe stato trafitto. Com'era possibile? Non riuscii a immaginare alcun altro modo in cui sarebbe potuto avvenire se non per crocifissione. La mia mente era sbigottita e consapevole che questi tre autori avevano descritto qualcosa che nemmeno esisteva nella loro epoca.

E secondo questa particolare profezia le vesti del Messia sarebbero state spartite e tirate a sorte. Dovevo ammettere che queste tre cose accaddero davvero a Gesù un migliaio di anni dopo e che Gesù non avrebbe potuto né condizionare né far succedere per magia.

Or i soldati, quando ebbero crocifisso Gesù, presero le sue vesti e ne fecero quattro parti, una parte per ciascun soldato, e la tunica. Ma la tunica era senza cuciture, tessuta d'un sol pezzo da cima a fondo. Dissero dunque fra di loro: «Non stracciamola, ma tiriamola a sorte per decidere di chi sarà»; e ciò affinché si adempisse la Scrittura, che dice:
«Hanno spartito fra di loro le mie vesti,
e hanno tirato a sorte la mia tunica».
I soldati dunque fecero queste cose. (Giovanni 19:23-24, Nuova Diodati)

L'autore neotestamentario cita direttamente le Scritture ebraiche e afferma che "queste cose" ne erano l'adempimento. Il fatto che il Nuovo Testamento fosse pieno di riferimenti diretti alle Scritture ebraiche, come quella citata, mi aveva impressionato non poco, ma ero ancora scettico: volevo di più, volevo qualcosa che mi dimostrasse veramente che le profezie erano vere.

La profezia successiva era proprio quella che stavo cercando. Fu scritta da Isaia intorno al 700 a.C. e mi lasciò letteralmente a bocca aperta.

Eppure egli portava le nostre malattie e si era caricato dei nostri dolori; noi però lo ritenevamo colpito, percosso da DIO ed umiliato. Ma egli è stato trafitto per le nostre trasgressioni, schiacciato per le nostre iniquità; il castigo per cui abbiamo la pace è su di lui, e per le sue lividure noi siamo stati guariti. Noi tutti come pecore eravamo erranti, ognuno di noi seguiva la propria via, e l'Eterno ha fatto ricadere su di lui l'iniquità di noi tutti. [...] egli ha portato il peccato di molti e ha interceduto per i trasgressori. (Isaia 53:4-6,12, Nuova Diodati)

In questi versetti il Messia veniva descritto come una persona che soffriva per il peccato al posto di altre persone, percossa con la frusta. Leggendolo, mi resi conto che "suonava" come un passo del Nuovo Testamento e aveva così tante analogie con la vita di Gesù descritta nei Vangeli che pensai a una truffa vera e propria, anche se non era possibile perché la profezia era stata scritta sette secoli prima della nascita di Gesù.

Riepilogando, il Messia doveva nascere a Betlemme da una vergine della discendenza di Davide; le sue mani e i suoi piedi sarebbero stati trafitti e lui si sarebbe sacrificato al posto dei peccatori, come sostituto per il peccato; la sua esistenza risaliva all'eternità e sarebbe stato chiamato "Dio con noi". Secondo il Nuovo Testamento, Gesù corrispondeva chiaramente a ognuna di queste profezie. A questo punto fui preso sia dalla curiosità che dall'agitazione. La cosa finisce qui?

La profezia seguente che consultai era contenuta nel libro di Daniele e avrebbe dovuto indicare il giorno esatto in cui il Messia sarebbe giunto a Gerusalemme. *Questo sarebbe davvero eclatante*, pensai. Rimasi stupefatto quando appresi che, in effetti, il giorno in cui Gesù entrò nella città, la domenica delle palme, presentandosi come il Messia corrispondeva perfettamente a questo calcolo.[29] Che precisione! Era così specifica che avrebbe potuto essere una montatura fatta ad arte, ma non lo era.

Daniele profetizzò anche la morte del Messia:

"Dopo le sessantadue settimane il Messia sarà messo a morte e nessuno sarà per lui" (Daniele 9:26, Nuova Diodati)

Era una profezia di una certa importanza perché non mi sarei aspettato che un "salvatore" morisse. E non ero il solo a pensarlo:

nemmeno i Giudei se lo aspettavano, anche se le loro Scritture ne parlavano. Quando lessi questo versetto fui preso da una strana sensazione: il mio cuore si sentiva intimorito davanti alla precisione con cui il profeta Daniele aveva preannunciato l'arrivo e la morte solitaria del Messia, una morte per altri. Quanti altri uomini della storia potevano corrispondere a una descrizione del genere? Ero turbato.

Ogni volta che leggevo una profezia e la studiavo, volevo trovarne un'altra. E ogni volta avevo la conferma che Gesù corrispondeva al Messia profetizzato. Potevo dare una spiegazione per coincidenza a molte di queste profezie, ma dopo un po' il loro numero divenne schiacciante. La mia mente cercava di ribattere dicendomi "È impossibile. È tutta una coincidenza. Questi versetti non possono far riferimento a Gesù". Però il mio cuore era sconvolto dalla quantità di riferimenti impliciti ed espliciti al Messia che coincidevano con Gesù e raccolti in testi antichi scritti centinaia di anni prima della sua nascita.

Dopo un po' interruppi le ricerche. Ce n'erano troppe: sul Messia erano state scritte oltre trecento profezie e sessantuno di esse erano considerate tra le più importanti.[30] Gesù le aveva adempiute tutte, una per una. La probabilità statistica che un uomo qualunque potesse corrispondere anche solo alle otto principali andava ben oltre l'immaginazione umana. Nel suo libro, Josh McDowell afferma che tale probabilità era pari a 1 su 10^{17}, ovvero 1 su 100.000.000.000.000.000![31]

> *"Ora o queste profezie furono date tramite l'ispirazione di Dio, o i profeti le scrissero così come pensavano che dovessero avvenire. In questo caso, il profeta aveva una sola probabilità su 10^{17} che esse si adempissero in un solo uomo, ma esse si adempirono tutte in Cristo. Questo vuol dire che l'adempimento di queste profezie soltanto prova che Dio ispirò la loro scrittura con una precisione a cui manca solo una probabilità su 10^{17} per essere assoluta".*[32-33]

Stava asserendo che la probabilità con cui un uomo riuscisse ad adempiere tutte le otto profezie principali (mentre Gesù le aveva adempiute tutte e trecento) era così bassa che fondamentalmente dimostrava che era stato Dio a ispirare la loro redazione. Non sapevo cosa pensare. Mi resi conto che soltanto Dio, se davvero esisteva, avrebbe potuto descrivere con tale minuzia di particolari la vita di un uomo prima che iniziasse a viverla.

A questo punto ero stato colto di sorpresa: non avevo alcuna spiegazione, tutto sembrava troppo folle per essere vero. Sembrava proprio che ce ne fossero *troppe*. Pensai subito che forse Gesù avesse cercato intenzionalmente di adempiere le profezie, per poi comprendere che molte di esse non erano sotto il suo controllo. Feci molta, molta fatica a digerire la quantità e la precisione sorprendente delle profezie. Mi sembrava di vivere uno di quei momenti della vita in cui dentro di te senti che qualcosa è vero ma non vuoi ammetterlo.

Cercai altre opinioni su Internet e trovai una valanga di critiche e confutazioni alle profezie sul Messia. Secondo alcuni erano state estratte dal contesto, altri invece sottolineavano il fatto che certe non fossero mai state considerate delle vere e proprie profezie. Presi singolarmente, molti dei punti sollevati erano validi e convincenti e per me era strabiliante leggere opinioni completamente differenti sulla stessa profezia.

Arrivato a questo punto non sapevo proprio cosa pensare. Per non prendere subito una decisione proseguii nel mio studio e passai ad esaminare alcune delle cosiddette "immagini".

LE IMMAGINI DEL MESSIA

Come avevo accennato, la Bibbia descrive eventi che, in un qualche modo, prefigurano o anticipano eventi che sarebbero avvenuti nel futuro. Ovvero, un evento futuro viene descritto indirettamente, prima che accada, attraverso una serie di circostanze e azioni che lo prefigurano, rappresentandone un'immagine. Queste immagini sono, a tutti gli effetti, profezie perché descrivono e presagiscono ciò che succederà nel futuro. Se le Scritture ebraiche contengono immagini del sacrificio di Gesù nei racconti dell'antico Israele, ciò testimonierebbe in modo inconfutabile la loro origine divina. Per essere convincenti, di queste immagini ve ne dovrebbero essere diverse, specifiche e incontrovertibilmente simili ad avvenimenti descritti nel Nuovo Testamento.

I sacrifici mosaici

Innanzitutto presi in considerazione i sacrifici mosaici che, secondo la tradizione, gli Ebrei avevano ricevuto da Dio. Secondo quanto stabilito dalla legge di Mosè, l'espiazione del peccato era ottenuta tramite la morte e il versamento del sangue di un animale innocente. L'animale morto prendeva il posto del peccatore. Tornai con la mente alle parole pronunciate da quella coppia con cui parlai a Marco Island: "Gesù era innocente e senza peccato. Lui è morto al tuo posto. Il suo sangue ha perdonato i tuoi peccati se credi in lui, pentiti e affidati a lui". Il concetto era che tutti i sacrifici animali raffiguravano e guardavano a Gesù come il sacrificio vero e definitivo. La cosa certa era che i sacrifici ben si adattavano alla dottrina neotestamentaria e il fatto che fossero stati comandati per pagare il prezzo del peccato era un concetto ben fondato e non una novità. Non sapevo assolutamente che le persone di religione giudaica avessero familiarità con il concetto di morte sostitutiva e di sangue come pagamento del prezzo per il peccato. *L'illustrazione e le analogie tra queste due fedi sono sorprendenti*, pensai.

La Pasqua

La Pasqua era un'altra festività con cui Gesù avrebbe avuto profondi legami simbolici. Io conoscevo solo la Pasqua ebraica, ma l'unica cosa che sapevo di questa festività era che per una settimana i miei amici d'infanzia ebrei non potevano mangiare nessun tipo di pane, se non la *matzah*, il pane azzimo ebraico. Dovevo saperne di più sull'argomento e trovai la descrizione nel capitolo 12 di Esodo, il secondo libro dell'Antico Testamento.

La Pasqua era la prima festività giudaica, celebrata ancora oggi dalle comunità ebraiche e istituita quando Mosè condusse il popolo prigioniero (il popolo che sarebbe poi stato chiamato "Giudei" o "Ebrei") fuori dall'Egitto verso la "Terra promessa". Gli Ebrei erano stati tenuti prigionieri e resi schiavi dagli Egiziani per quattrocento anni, fino a quando Dio, tramite Mosè, richiese al Faraone di lasciar libero il suo popolo. Quando il Faraone si rifiutò, Dio mandò nove piaghe sul paese d'Egitto. Nonostante questo, il Faraone continuava a tergiversare, rifiutandosi di lasciar andare gli schiavi. Alla fine Dio disse a Mosè che l'ultima piaga avrebbe finalmente obbligato il Faraone a lasciare andare il popolo: in una notte di giudizio, sarebbero morti tutti i primogeniti maschi del paese, evidentemente anche quelli degli Ebrei.

Dio, però, aveva dato a Mosè istruzioni dettagliate sulle modalità in cui gli Ebrei prigionieri avrebbero potuto salvarsi dal terribile giudizio. Se le avessero seguite in fede, i loro figli sarebbero stati risparmiati. Secondo le istruzioni, dovevano sacrificare un agnello maschio perfetto, spargerne il sangue sugli stipiti delle porte delle loro case e credere con fede che sarebbero stati salvati o risparmiati grazie al sangue di questo sacrificio. Se avessero messo questo sangue sugli stipiti, l'angelo della morte inviato da Dio sarebbe "passato oltre" le loro abitazioni senza fare alcun male ai primogeniti. Ecco qual è l'origine della Pasqua celebrata dagli Ebrei.

Ci riflettei per un po'. Il sangue del sacrificio di un maschio perfetto era riuscito a salvare quelle persone dal giudizio divino. Non mi era possibile fraintendere o ignorare l'evidente simbolismo che rimandava a quella dottrina fondamentale del Cristianesimo secondo cui tramite la morte e il sangue di Gesù, che era senza peccato, uomini e donne sono salvati o risparmiati dal giudizio divino.

Poi mi ricordai delle parole di Giovanni il Battista, che disse: *"Ecco l'Agnello di Dio, che toglie il peccato del mondo!"* (Giovanni 1:29), alludendo a Gesù quale sacrificio definitivo, un'immagine di quell'agnello pasquale sgozzato che avrebbe pagato il prezzo per i peccati del mondo. Dovetti ammettere che Gesù era davvero l'agnello pasquale! Rimasi poi sbigottito quando appresi che Gesù era stato crocifisso *a Pasqua*: sembrava proprio una strana coincidenza.

La critica sostiene fermamente che l'agnello pasquale non è l'espiazione per il peccato e aggiunge che gli agnelli offerti per la Pasqua dovevano essere senza difetto, mettendo in evidenza il fatto che alla crocifissione Gesù era stato percosso e sfigurato in modo pesante.

Le loro argomentazioni erano comprensibili, ma dovevo dissentire: il Nuovo Testamento affermava che Gesù era un uomo perfetto e senza peccato durante la sua vita sulla terra. Proprio come gli agnelli dovevano essere "senza difetto", così anche Gesù doveva esserlo. Il metodo di uccisione non aveva nulla a che fare con la loro condizione di purezza, anche se avevo l'impressione che chi la pensava in altro modo stava arrivando a fare una dichiarazione del genere. A mio avviso il corpo flagellato e sfigurato di Gesù non contrastava affatto con quell'immagine; lo stesso dicasi per la sua morte, che secondo i cristiani salva sì dal giudizio divino, anche se avviene tramite il perdono dei peccati.

Studiando questa festività scoprii anche che Dio aveva dato agli Ebrei precise istruzioni su come aspergere il sangue sugli stipiti delle loro abitazioni: il sangue dell'agnello sacrificato andava raccolto in una bacinella (un trogolo scavato nel terreno che serviva a drenare l'acqua piovana) situata all'ingresso della porta, dopodiché un ramo d'issopo doveva essere intinto in questo sangue e usato come pennello per toccare dapprima la parte alta della porta (l'architrave), poi i due stipiti.

Mi sentii quasi mancare quando mi resi conto che, per stendere il sangue dell'agnello sulla porta, il movimento da compiere era a forma di croce! In pratica i Giudei stavano tracciando delle croci con il sangue di quell'agnello maschio senza difetto la cui uccisione e il cui sangue li avrebbe salvati dal giudizio divino! Mi sembrava una cosa surreale. *Com'era possibile che una delle festività principali dei Giudei, istituita oltre mille anni prima della nascita di Gesù, contenesse una simbologia del genere?!* Ne ero meravigliato. "Quanti altri simboli simili c'erano? C'è da impazzire!" dissi una sera a voce alta nel mio ufficio.

Abraamo e Isacco

L'immagine successiva mi lasciò senza parole. In Genesi 22 si racconta di un uomo di nome Abraamo a cui Dio ordinò di andare a sacrificare il suo unico figlio su una certa montagna di nome Moria. Senza opporsi al volere del padre, il ragazzo salì sul monte portando sulle spalle la legna per il sacrificio. Per tre giorni Abraamo considerò suo figlio praticamente come morto, ma all'ultimo momento, Dio provvide un montone che avrebbe preso il posto di Isacco.

Dopo qualche approfondimento, scoprii che questo evento era avvenuto nei pressi del luogo in cui Gesù fu crocifisso, oggi noto col nome di Calvario, su una collina detta Golgota. Facendosi aiutare, Gesù, l'unico Figlio di Dio, portò sulle spalle una croce di legno fino in cima al monte Moria. Gesù stava attenendosi al volere di Dio suo Padre, proprio come Isacco si era attenuto a quello di suo padre Abraamo. Gesù rimase morto per tre giorni, si sacrificò per gli altri.

Mi venne in mente un altro versetto che avevo letto:
Perché Dio ha tanto amato il mondo, che ha dato il suo unigenito Figlio, affinché chiunque crede in lui non perisca, ma abbia vita eterna. Infatti Dio non ha mandato suo Figlio nel mondo per giudicare il mondo, ma perché il mondo sia salvato per mezzo di lui. (Giovanni 3:16-17)

Oltre 1.400 anni prima del sacrificio di Gesù, Abraamo e Isacco raffiguravano in modo speculare quello che il Nuovo Testamento definisce come piano di salvezza di Dio, e nello stesso luogo in cui sarebbe avvenuto più tardi! Forse l'immagine è imperfetta perché Isacco non morì davvero, ma è chiaro che il concetto di "morte sostitutiva" era già presente in quanto Dio stesso provvide un montone che prese il posto di Isacco, morendo per davvero.

Qui ne ho presentate solo alcune, ma rimasi strabiliato quando scoprii che ce ne erano molte altre in tutte le Scritture ebraiche. Provai a pensare a qualcosa che potesse giustificare questi incredibili segni anticipatori, ma non ne trovai. Mi sentivo frustrato ed entusiasta allo stesso tempo, come se fossi stato messo con le spalle al muro e non avessi una via d'uscita.

Tutte queste profezie e immagini non erano semplici generalizzazioni che potessero valere per chiunque, ma descrizioni vivide, precise, accurate, dirette e indirette, che si applicavano perfettamente alla vita di Gesù. Non potevo nemmeno pensare che queste profezie fossero state scritte intenzionalmente, a supporto fazioso di una convinzione religiosa. Innanzitutto perché erano state scritte prima che gli eventi si verificassero, come comprovato dalle copie datate molti anni prima della nascita di Gesù ancora in esistenza. In secondo luogo, il fatto che molti dei Giudei dell'epoca non credessero che Gesù fosse il Messia nega il fatto che possano aver cambiato o manipolato le loro stesse Scritture per conformarle alla vita di Gesù, anzi. La loro incredulità stessa testimoniava con forza l'integrità delle loro Scritture come erano state tramandate e conservate.

Era semplicemente impossibile credere che dietro alle immagini ci fosse una sorta di intesa voluta. Non avrebbe senso accusare Abraamo e Isacco di aver messo in scena una rappresentazione di eventi che sarebbero successi nello stesso luogo più di un migliaio di anni dopo? Le profezie e le immagini erano state scritte nell'arco di un migliaio di anni, prima della nascita di Gesù e da molti autori diversi che nemmeno si conoscevano fra loro. Molte delle profezie adempiute da Gesù non erano sotto il suo controllo. Ad esempio come poteva far sì che sarebbe nato nel luogo preciso in cui la sua nascita era stata predetta? Era una cosa improponibile.

IL RIFIUTO DEL MESSIA

Allora mi domandai: ma se le prove delle loro stesse Scritture erano così schiaccianti, perché i Giudei rigettarono Gesù come Messia? La risposta è che non lo rigettarono, o almeno non tutti. Furono principalmente i capi religiosi dei Giudei a rigettarlo perché stavano aspettando un re con un regno terreno. Un re che li avrebbe liberati

Le Scritture in ebraico antico
"Antico Testamento"

dall'oppressione dei Romani. Non avevo tempo di studiare la cosa in dettaglio, ma era evidente che questi capi religiosi da una parte avevano frainteso alcune delle profezie e dall'altra volevano conservare il proprio potere e il proprio controllo sulla popolazione, cosa che Gesù attaccò e denunciò nei suoi insegnamenti.

Il Nuovo Testamento attesta con chiarezza che molti Giudei *credettero* che Gesù era il Messia, tra cui alcuni capi religiosi: ad esempio, Giuseppe di Arimatea, un importante capo religioso, e Nicodemo. Anche la chiesa primitiva era composta quasi interamente da Giudei. Era evidente che il Cristianesimo era partito tutto dai Giudei.

RIEPILOGO

Le prove contenute nell'Antico Testamento avevano aggravato il peso che già avevo nel cuore e nella mente. Non solo Gesù corrispondeva al Messia ben oltre ogni ragionevole probabilità, ma scoprii anche che l'intera dottrina cristiana della crocifissione era radicata nei riti religiosi dei Giudei e nelle loro stesse Scritture.

Provai a stabilire se stessi in qualche modo fraintendendo queste profezie. Le leggevo con l'intenzione di trovarci qualcosa che in realtà non c'era? Avevano forse ragione gli scettici, i quali dichiaravano che i cristiani erano tornati a frugare le Scritture ebraiche per trovare deliberatamente delle analogie *post-hoc* con il Nuovo Testamento? Esaminai tutto con accuratezza e dovetti ammettere che la risposta era "No". Avevo però un dubbio assillante: per quale motivo c'erano così tante cose diverse nelle Scritture ebraiche che qualsiasi ricercatore con un minimo di competenza non avrebbe avuto difficoltà a correlarle con la vita di Gesù? C'era una qualche maniera in cui avrei potuto dare una diversa spiegazione alle tante immagini che non si prestano a nessun'altra interpretazione?

Volevo trovare una via d'uscita nel caso avessi deciso di interrompere le mie ricerche. Mi sentii come se stessi vivendo in un film. Era una sensazione molto strana quella di trovare una testimonianza così convincente sull'esistenza di Dio in un libro che aveva oltre duemila anni, un libro a cui non avevo mai dato alcun credito per gran parte della mia vita e che non era letto da nessuno. Poteva essere la verità? Com'era possibile? Logicamente, ero obbligato ad accettare queste prove schiaccianti, ma un'altra parte di me non riusciva ad accettarne le conseguenze per me, per la mia famiglia e per il mondo intero in cui ero cresciuto.

Mai mi sarei aspettato di scoprire tutto questo quando partii alla ricerca di argomentazioni a sfavore dei miei vicini cristiani. Il Nuovo Testamento, e ora anche l'Antico Testamento, presentava una quantità inconfutabile di prove della sua veridicità. Se però avessi potenzialmente basato la mia fede in Dio a partire da questi documenti, avrei dovuto investigarli personalmente.

Capitolo sesto

L'Indagine - Parte IV:

Le prove storiche a favore del Nuovo Testamento

I PROFESSORI UNIVERSITARI
Decisi di esaminare la veridicità storica del Nuovo Testamento e, visto che sono un medico e conosco i metodi della ricerca scientifica, iniziai con un'"analisi al microscopio" della Bibbia considerandolo come documento storico. Era giunto il momento di mettere da parte le emozioni! La Bibbia era davvero affidabile da un punto di vista storico? Potevo fidarmi di ciò che era stato scritto quasi duemila anni fa? La Bibbia che leggo oggi è la stessa di quella che fu originariamente scritta da Matteo, Marco, Luca e Giovanni? Sono stati proprio loro a scrivere questi documenti?

Quello stesso giorno trovai tra la posta la pubblicità di un'azienda che vendeva lezioni audio di corsi universitari tenuti nei principali atenei del paese. Fui sorpreso di scoprire che avessero una sezione sulla Bibbia e che ben due corsi, di due università diverse, erano interamente dedicati al Nuovo Testamento. Pensai: *Quale miglior approccio dell'ascolto di lezioni universitarie sul Nuovo Testamento tenute da professori di importanti atenei?* Si trattava di docenti a capo delle rispettive facoltà, con fior di attestati e pubblicazioni settoriali all'attivo. Come me, anche loro avevano una cultura accademica ed ero sicuro che chiunque avesse un dottorato in scienze del Nuovo Testamento conoscesse i fatti e avrebbe detto la verità.

Iniziai ad ascoltarli entrambi sul mio iPod, ma subito ebbi l'impressione che queste persone non credevano che il Nuovo Testamento descrivesse eventi storici accaduti per davvero. Più li stavo ad ascoltare, più mi deprimevo. Il mio cuore stava perdendo ogni possibile speranza di trovare una risposta a questo mondo tanto insignificante, mentre la mia mente era euforica. Una parte di me stava male, l'altra gioiva. Dentro di me era in corso una strana battaglia che non riuscivo a controllare.

La mia mente non voleva accettare le responsabilità che sarebbero scaturite dalla fede in un creatore, mentre il mio cuore desiderava le risposte che avrei potuto ottenere da quella stessa fede. Il mio cuore era assetato di vita eterna, ma la mia mente si aggrappava tenacemente a una vita egocentrica, spalleggiata, in più, da un vero gangster: la paura. Avevo paura delle implicazioni che sarebbero sorte una volta che avessi riconosciuto come verità assoluta quello che mi mostrava la Bibbia, perché ero cresciuto in una cultura che si vantava di affermare che la verità assoluta non esiste.

Uno di questi due docenti disse che mancavano le prove storiche di Gesù e affermò con forza che nessuno dei quattro Vangeli (Matteo, Marco, Luca e Giovanni) fossero stati scritti da testimoni oculari, bensì da persone che vissero in un'epoca storica successiva e che si inventarono e manipolarono tutte queste storie per convertire la gente al Cristianesimo. Fece notare che i primi veri documenti non riportavano i loro nomi e che titoli come "Vangelo secondo Matteo" furono aggiunti solo in seguito nelle Bibbie moderne.

Durante la lezione, iniziò a elencare diverse discrepanze tra i quattro resoconti dei Vangeli sulla morte e sulla risurrezione di Gesù. Luca, ad esempio, affermò che le donne videro due uomini nel sepolcro vuoto di Gesù, mentre Matteo scrive che ce n'era soltanto uno. Passò in rassegna almeno dieci-quindici esempi di questo genere e ognuno di questi era come un proiettile che si conficcava nel mio cuore.

Disse anche che gli storici erano riusciti a stabilire soltanto in modo approssimativo gli eventi passati e che, per definizione, affermare che fosse un miracolo è la spiegazione meno probabile. Di conseguenza, gli storici non possono dichiarare che forse sia avvenuto un miracolo. E poi, nei miracoli della Bibbia c'era sempre l'intervento di Dio e secondo lui gli storici non sanno nulla di Dio.

Mi sentii come se mi avessero dato il colpo di grazia. Questo professore sembrava aver distrutto la credibilità storica del Nuovo Testamento evidenziandone le discrepanze e dimostrando che i miracoli non rientrano nemmeno nell'analisi storica. A quel punto avevo il cuore completamente a pezzi perché volevo davvero trovare una risposta che desse una spiegazione a questo mondo, alla morte e all'insostenibile vuoto dell'evoluzione, ma la mia mente vi si opponeva.

Ragionavo tra me e me: *Questi professori conoscono la verità. Hanno una laurea, hanno scritto articoli nelle riviste professionali, hanno alle spalle anni di esperienza nello studio del Nuovo Testamento. Non possono sbagliarsi su Gesù e sulla Bibbia. Certo, gli autori biblici erano sinceri e credevano in quello che avevano scritto, ma questo non significa che quegli eventi fossero accaduti per davvero!*

Proseguii nell'ascolto e decisi di provare a sentire l'altra professoressa. Questa donna presentava i personaggi del Nuovo Testamento come se non fossero esistiti veramente, cosa per me alquanto strana. Venivano descritti come persone inventate, protagoniste di tanti bei racconti venuti fuori dalla fantasia di persone religiose. Alcune vicende erano vere, ma altri aspetti erano stati manipolati e cambiati mentre le storie venivano tramandate nel corso degli anni. Qualcosa mi diceva che le sue affermazioni erano sbagliate. *Mi sto forse facendo prendere dalle emozioni?* mi domandai. Come faceva lei a stabilire cos'era vero e cos'era falso?

Frustrato, smisi di ascoltarla e tornai al primo professore, riprendendo da dove mi ero fermato. Notai che a volte faceva il sarcastico. Lo tradivano il tono della sua voce e le sue affermazioni. Era come se volesse tirare sempre l'acqua al proprio mulino, come se avesse dei motivi personali, ma non riuscivo a capirne il perché. Il suo era un sarcasmo sottile, però lo colsi lo stesso e mi sorprese: sembrava avere una motivazione nascosta, dei pregiudizi che riuscivo a percepire, quando invece dovrebbe essere stato facile presentare i fatti storici senza pregiudizi né emozioni.

La cosa importante poi è che, in una delle sue lezioni, questo professore affermò che Gesù non aveva mai dichiarato di essere Dio. *Perché questo professore dice una cosa completamente falsa e facilmente verificabile?* A quel punto vidi come un grosso segnale di pericolo davanti ai miei occhi: con quel colpo durissimo e quasi mortale il mio cuore balzò fuori da un ring immaginario ed esclamò, rivolto sia a me che a quel docente: "Questo non è vero e tu lo sai benissimo!" Sapevo che non era vero e di certo non era possibile che il professore avesse tralasciato ciò che era ovvio a tutti. Mi venne a mente un passaggio che avevo letto nella Bibbia:

> "«Il Padre mio che me le ha date è più grande di tutti; e nessuno può rapirle dalla mano del Padre. Io e il Padre siamo uno».
> I Giudei presero di nuovo delle pietre per lapidarlo.
> Gesù disse loro: «Vi ho mostrato molte buone opere da parte del Padre mio; per quale di queste opere mi lapidate?» I Giudei gli risposero: «Non ti lapidiamo per una buona opera, ma per bestemmia; e perché tu, che sei uomo, ti fai Dio»." (Giovanni 10:29-33)

Potevo benissimo accettare che quella persona non credesse nella divinità di Gesù, ma perché affermare che una cosa simile non era mai stata detta da Gesù? Perché non dire le cose come stavano e lasciare decidere alla gente?

Erano indizi fondamentali perché stavo per mollare tutto quanto. C'era qualcosa di poco chiaro in questi professori ed ebbi il sospetto che le loro intenzioni fossero ben diverse. Decisi di consultare altre fonti. Erano state fatte delle buone osservazioni che richiedevano delle risposte, ma ero sicuro di avere in mano tutti i fatti? Era mia intenzione approfondire il problema non appena fossi riuscito a raccogliere altre informazioni.

UNA NUOVA EVIDENZA CHE RICHIEDE UN VERDETTO

Dov'era finito quel grosso libro di Josh McDowell, *Nuove evidenze che richiedono un verdetto*? Non ne avevo letto nemmeno un quarto ma già mi aveva dato un sacco di informazioni importanti sulla risurrezione di Gesù. Le affermazioni sul Nuovo Testamento di quei professori universitari non mi avevano impressionato. Volevo vedere a quali altre prove faceva riferimento il titolo del libro di McDowell. Volevo i fatti e una valida analisi storica.

Facendo ulteriori approfondimenti su Internet, scoprii che i contenuti, le citazioni e le conclusioni a cui era arrivato questo autore avevano acceso numerosi dibattiti e controversie. C'erano interi siti Web dedicati alla confutazione di quasi ogni aspetto del suo libro. Molti commentatori sembravano obiettare con agitazione, tanto da farmi venire qualche dubbio sulle loro vere motivazioni. Decisi di continuare la lettura con una mente aperta nei confronti di entrambi i pareri.

Di seguito riepilogo ciò che ho appreso dal libro di Josh McDowell e dai suoi critici trovati su Internet.

Se il Nuovo Testamento descriveva davvero la realtà dei fatti, doveva essere giudicato come si giudica il resto della storia.

Quali sono gli esami che vengono effettuati per determinare se i documenti storici sono accurati e affidabili? Secondo McDowell ve ne sono di tre tipi: l'esame bibliografico, l'esame delle evidenze intrinseche e l'esame delle evidenze estrinseche.

L'esame bibliografico [34]

I manoscritti originali del Nuovo Testamento non esistono più. A oggi sono sopravvissute soltanto copie di altre copie. L'esame bibliografico risponde alla domanda "Quanto sono affidabili le copie?" basandosi su due informazioni principali: 1. il numero totale di copie esistenti; 2. l'intervallo temporale intercorso tra il testo originale e quelle copie. In altre parole, se Matteo fu scritto nel 60 d.C. e la primissima copia che abbiamo è datata 200 d.C., l'intervallo temporale è di 140 anni. Un documento antico risulta più affidabile se ne esistono tante copie con un intervallo temporale breve. Se sono tante le copie disponibili è possibile confrontarle fra loro per cercarne le differenze e stabilire quanto sia stata accurata la sua conservazione. Più è breve l'intervallo temporale fra le copie e l'originale, meno probabili saranno le modifiche apportate e gli errori commessi nel corso del tempo.

Rimasi sorpresissimo nello scoprire che il Nuovo Testamento è il libro antico più storicamente attestato, superando di gran lunga qualsiasi altro testo di letteratura antica. Non solo esistono molti più manoscritti del Nuovo Testamento di quanti ne esistono per altri testi storici antichi, ma il divario temporale tra i manoscritti originali e le loro copie è decisamente più breve!

Scoprii che esistono oltre 20.000 copie di manoscritti neotestamentari. Avevo letto bene: **ventimila!**[35] Per l'*Iliade*, il secondo testo letterario antico meglio conservato, ve ne sono soltanto 643![36] Per la maggior parte degli scritti antichi oggi accettati come fatti storici accertati ve ne sono meno di un centinaio! Inoltre, le copie di gran parte delle altre opere antiche sono datate più di 1.000 anni dopo gli eventi storici, mentre l'intervallo temporale dei manoscritti neotestamentari è inferiore ai 60 anni.[37] A quel punto mi era venuto un sospetto *enorme*: "Perché non è un fatto risaputo e divulgato? Perché non viene insegnato nelle scuole?!" gridai nel mio studio. Già solo quei dati erano così schiaccianti da farmi pensare che la nostra società moderna stesse intenzionalmente cercando di occultare o eliminare ogni prova.

Scoprii anche che sia i testi dell'Antico che quelli del Nuovo Testamento furono conservati nel corso del tempo con un'accuratezza del 99,5%.[38-39] Sì, c'erano stati alcuni errori di copiatura e forse anche alcune modifiche intenzionali nel corso degli anni, ma nessuno di questi era andato a intaccare il messaggio principale, anzi la vasta maggioranza di essi non era stato nemmeno notato in fase di traduzione.

I critici di McDowell affermavano che non esistono testi originali autografi del presunto autore, che i veri autori sono ignoti e che vi è un divario di trecento anni tra la data del primo manoscritto integrale del Vangelo e la data in cui il testo afferma di essere stato originariamente scritto. Sottolinearono anche che una bassa percentuale di errori da sola non implica di per sé la precisione storica del testo.

Un'altra delle principali obiezioni riguardo al gran numero di manoscritti neotestamentari era la mancanza di testimonianze autentiche *indipendenti*, perché molti di esse erano soltanto copie di copie precedenti.

Tutte queste erano osservazioni sensate che meritavano rispetto ma, confrontandola con altri testi antichi, dovetti riconoscere che le conferme a favore della storicità bibliografica della Bibbia erano di gran lunga superiori a quelle di tutti gli altri testi. A misurare le cose con lo stesso metro, sarebbe andata a farsi friggere l'attendibilità di tutta la storia antica.

L'esame delle evidenze intrinseche [40]

Con mia sorpresa, l'esame bibliografico aveva dimostrato che le copie esistenti al giorno d'oggi sono eccezionalmente vicine a ciò che fu scritto in origine dagli autori del Nuovo Testamento perché ben conservate e poco modificate anche dopo duemila anni. A quel punto potevo ben sperare che il Nuovo Testamento moderno che avevo letto e studiato fosse molto vicino agli scritti originali.

Se era stato conservato così bene, fino a che punto potevo fidarmi delle informazioni che lo riguardavano? L'esame successivo serviva a stabilire la credibilità dei documenti storici. Se le informazioni storiche non erano accurate o affidabili, poco importava quante fossero le copie disponibili o il loro stato di conservazione. Anche se ben conservate, quelle copie risulteranno inutili se le informazioni storiche che contengono non sono affidabili.

L'esame delle evidenze intrinseche è in grado di stabilirne l'affidabilità sulla base dell'analisi degli stessi autori, della loro attitudine a dire la verità, della possibilità che abbiano falsificato le informazioni e di qualsiasi errore interno, incoerenza o fatti che siano semplicemente falsi a livello di informazione riportata. Un principio importante in questo caso è il cosiddetto aforisma di Aristotele, secondo cui "*Il beneficio del dubbio va concesso al documento stesso, e non deve essere il critico ad appropriarsene.*"[41]

Le prove storiche a favore del Nuovo Testamento

1. *Errori, modifiche e differenze*

L'esame bibliografico aveva indicato con forza che il Nuovo Testamento era stato ben conservato anche se conteneva piccoli errori di copiatura e forse alcune modifiche intenzionali. Gran parte di questi errori non si notarono dopo la traduzione e quelli che erano rimasti non incidevano sugli insegnamenti dottrinali fondamentali. Si aprì però un grande dibattito a riguardo: certi critici tenuti in grande considerazione dichiararono che alcune modifiche o aggiunte cercavano di divinizzare Gesù. Ne analizzai parecchie e dovetti dissentire: anche se questi versetti furono aggiunti, modificati o addirittura eliminati, la dottrina fondamentale del Nuovo Testamento era chiaramente rimasta intatta, come fossero tanti luoghi che andavano a costituire un'unica grande tenuta.

E che dire delle incoerenze? Nel prendere in considerazione uno stesso avvenimento, il professore universitario aveva evidenziato molte discrepanze tra i quattro Vangeli. Se fossero state tante, fondate e inconciliabili fra loro, il Nuovo Testamento non avrebbe potuto superare l'esame. Secondo l'aforisma di Aristotele, l'opera analizzata non è veritiera nel caso in cui esista un forte motivo per dubitarne.

Feci ricerche su ognuna delle discrepanze menzionate da quel professore durante la sua lezione. Le analizzai personalmente e mi avvalsi anche di un libro di testo che si occupava proprio di questo argomento.[42] Fui molto sorpreso quando scoprii che molte di esse erano facilmente spiegabili: accade infatti spesso che quattro persone diverse, parlando dello stesso avvenimento, lo descrivano in modo diverso e scelgano di includere o escludere dettagli diversi.

Matteo, ad esempio, dice che le donne che arrivarono per prime al sepolcro vuoto di Gesù videro un angelo. Luca afferma che videro due uomini in "vesti risplendenti". Quindi, cosa videro esattamente, due uomini o un angelo? Mi resi subito conto che non c'era alcuna contraddizione: due angeli in vesti risplendenti si trovavano presso il sepolcro vuoto di Gesù; Luca decise di non utilizzare la parola "angelo", anche se fece una tale insinuazione parlando di "vesti risplendenti"; Matteo, invece, avrà scelto semplicemente di focalizzare l'attenzione sulle parole di uno degli angeli. E poi non specificò mai che ce ne fosse stato *soltanto* uno.

Scoprii anche che nessuna di queste discrepanze riguardava il "cuore narrativo" del testo, ma consistevano in dettagli minori. Mi era ormai chiaro che il professore universitario stesse soltanto presentando un lato della storia, elencando discrepanze secondarie e poco rilevanti, senza dare alcun'altra spiegazione plausibile, usandole invece per screditare il messaggio principale. Sembrava quasi che stesse cercando un motivo per rigettare il Nuovo Testamento. *Ma per che motivo?* Un qualsiasi ascoltatore che non avesse fatto ricerche approfondite per conto proprio avrebbe accettato sulla fiducia le affermazioni di quel professore.

Simon Greenleaf, famoso professore della facoltà di giurisprudenza di Harvard, scrisse un libro in cui analizzò l'affidabilità dei quattro Vangeli applicando ad essi le regole probatorie utilizzate in tribunale. Dopo avere esaminato le discrepanze fra le quattro biografie di Gesù Cristo, raggiunse la seguente conclusione:

> *Esiste un numero sufficiente di discrepanze per dimostrare che non ci fu alcun accordo precedente tra [i quattro narratori]. Allo stesso tempo, il sostanziale accordo fra le quattro versioni è la dimostrazione del fatto che erano tutti narratori indipendenti della stessa, straordinaria serie di eventi.[43]*

Le discrepanze erano in realtà delle descrizioni aggiunte da vari cronisti facilmente spiegabili. Considerò importante il fatto che se i quattro resoconti fossero perfettamente uguali fin nei dettagli, sarebbero stati criticati per collusione o plagio.

Non aveva senso dubitare degli autori e della loro autenticità sulla base delle discrepanze tra i quattro Vangeli che quel professore universitario affermava di aver trovato. Onestamente, accettare questa parte dell'esame delle evidenze intrinseche non mi creava alcun problema.

L'aspetto successivo da analizzare erano gli stessi autori neotestamentari, la loro attitudine a dire la verità e la possibilità che avessero potuto falsificare le informazioni.

2. *Gli autori dei quattro Vangeli*

Gli autori originali di un documento storico sono di importanza assoluta. Qual era la loro attitudine a dire la verità? Quanto erano legati agli eventi che descrivevano nei loro testi? Quella dei testimoni oculari è la migliore testimonianza, perché a livello storico permette di avvicinarsi il più possibile agli eventi accaduti ed è un ottimo motivo per ritenere validi i resoconti.

Riguardo al Nuovo Testamento, la domanda fondamentale è questa: "I quattro Vangeli sono davvero i resoconti dei testimoni oculari?" Sebbene il professore universitario lo mettesse categoricamente in dubbio, il Nuovo Testamento afferma di essere stato scritto da testimoni oculari o da persone come Luca, che raccolse e redasse le testimonianze dei testimoni oculari. Dovevo stabilire anche se "il contenuto del Nuovo Testamento fu sostanzialmente influenzato o compromesso dalle credenze religiose dei narratori e se la biografia di Gesù fu falsificata ad arte per dare sostegno alla loro nuova religione e fare proseliti". Se tali resoconti erano stati inventati e manipolati da fanatici religiosi, poco importava quante fossero le copie esistenti, il loro stato di conservazione o la loro coerenza interna.

Per me questo era essenziale perché avevo a che fare con dei testi che parlavano di una persona che sosteneva di essere Dio e di avere la risposta alla questione dell'eternità. Dovevo quindi avere la certezza di potermi fidare della precisione e della veridicità di autori come Matteo, Marco, Luca e Giovanni. Il professore universitario aveva detto che nessuno dei quattro Vangeli riportava il nome del proprio autore, ma che questi furono aggiunti successivamente. Quali prove c'erano a favore o contro il fatto che fossero loro gli autori?

Testimonianza della chiesa primitiva

Secondo le mie ricerche, per la chiesa primitiva non vi erano dubbi che questi uomini fossero effettivamente gli autori dei testi.[44] Non era certo la prova definitiva, ma almeno era una prova. Non solo, gli autori degli scritti del Nuovo Testamento erano indicati in molti documenti antichi, anche se scritti a loro volta da autori cristiani e quindi non indipendenti.

Scoprii un fatto interessante: la chiesa primitiva non accettava nel canone delle Scritture autorevoli qualsiasi scritto, anche quando la sua paternità veniva attribuita a un apostolo di Gesù. Anzi, rifiutò molti scritti, attribuiti ad apostoli di Gesù e contenenti il loro nome, perché ne stabilì la non autenticità.[45]

L'ironia è evidente: la prima chiesa accettò i quattro Vangeli come scritti da Matteo, Marco, Luca e Giovanni nonostante i loro nomi *non* fossero riportati, ma rifiutò altri cosiddetti "Vangeli" che invece *riportavano* i nomi dei presunti autori. Era una prova manifesta del fatto che fossero molto attenti e cauti prima di accettare l'autenticità e la paternità di uno scritto. La possibilità che non fossero totalmente obiettivi rimaneva, ma a quel punto mi sentii più tranquillo.

Scoprii anche che la storia non li contraddiceva, che non c'erano dispute note sugli autori dei quattro Vangeli e che nessuno, allora, mise mai in dubbio quali fossero i veri autori di quegli scritti. Con tutte le controversie e la feroce opposizione che c'erano nei confronti del cristianesimo, mi sembrava strano che nessuno allora avesse messo in dubbio la paternità o la credibilità dei quattro Vangeli.

Se non erano stati Matteo, Marco, Luca e Giovanni a scrivere quei resoconti, i cospiratori avevano scelto le persone sbagliate come falsi autori: Matteo, un esattore delle tasse, era odiato perché svolgeva un mestiere disprezzato persino dai Giudei. Marco era solo un discepolo di Pietro e si presume abbia scritto il resoconto della vita di Gesù secondo Pietro. Luca non era nemmeno menzionato tra i discepoli di Gesù e non era Giudeo. Perché i seguaci di Gesù non scelsero Pietro, il cui nome aveva un certo peso e una certa fama? Se avevano intenzione di falsificare le testimonianze, perché non includere il nome dell'autore nel documento e meglio se noto? La falsificazione sarebbe venuta ancora meglio.

Testimonianza dei testimoni oculari

Finora non avevo trovato nessuna ragione evidente per rigettare la paternità dei quattro Vangeli. Esisteva una chiara documentazione storica che attestava che questi quattro uomini ne erano gli autori e niente invece che dicesse il contrario. Inoltre, la storia della falsificazione non calzava affatto. Gli autori dei Vangeli di Luca e Giovanni affermarono esplicitamente di essere stati testimoni oculari o di aver ricevuto la testimonianza di altri testimoni oculari. L'autore del Vangelo di Giovanni, ad esempio, lo affermò chiaramente:

Or Gesù fece in presenza dei discepoli molti altri segni miracolosi, che non sono scritti in questo libro; ma questi sono stati scritti, affinché crediate che Gesù è il Cristo, il Figlio di Dio, e, affinché, credendo, abbiate vita nel suo nome.

Questo è il discepolo che rende testimonianza di queste cose, e che ha scritto queste cose; e noi sappiamo che la sua testimonianza è vera. (Giovanni 20:30-31; 21:24)

La stessa cosa viene affermata in una delle epistole di Giovanni, a loro volta incluse nel Nuovo Testamento:

Quel che era dal principio, quel che abbiamo udito, quel che abbiamo visto con i nostri occhi, quel che abbiamo contemplato e che le nostre mani hanno toccato della parola della vita (poiché la vita è stata manifestata e noi l'abbiamo vista e ne rendiamo testimonianza, e vi annunziamo la vita eterna che era presso il Padre e che ci fu manifestata), quel che abbiamo visto e udito, noi lo annunziamo anche a voi, perché voi pure siate in comunione con noi; e la nostra comunione è con il Padre e con il Figlio suo, Gesù Cristo. Queste cose vi scriviamo perché la nostra gioia sia completa. (1 Giovanni 1:1-4)

L'autore del racconto che porta il nome di Luca dichiarò apertamente nelle primissime righe di essersi avvalso dei racconti dei testimoni oculari, confermandone personalmente l'autenticità:

Poiché molti hanno intrapreso a ordinare una narrazione dei fatti che hanno avuto compimento in mezzo a noi, come ce li hanno tramandati quelli che da principio ne furono testimoni oculari e che divennero ministri della Parola, è parso bene anche a me, dopo essermi accuratamente informato di ogni cosa dall'origine, di scrivertene per ordine, illustre Teofilo, perché tu riconosca la certezza delle cose che ti sono state insegnate. (Luca 1:1-4)

Non mi diceva chi l'aveva scritto realmente, ma gli oppositori avrebbero potuto verificarlo facilmente nel periodo di redazione di tali opere. Se Gesù aveva compiuto davvero in Israele tutti i miracoli descritti nel Nuovo Testamento, allora le persone guarite che potevano testimoniare del suo ministero sarebbero state tantissime. Sarebbe stato l'evento più importante di tutta la storia dell'umanità.

Se fosse stata un'invenzione o una falsità, quella di Luca sarebbe stata un'affermazione insensata, fatua e indifendibile al tempo di una chiesa primitiva contrastata e perseguitata. Accompagnando Paolo nei suoi viaggi, il medico Luca ebbe occasioni a sufficienza per visitare Israele, fare ricerche e intervistare le persone. Luca fece notare che *molte* persone avevano scritto dei resoconti sulla vita di Gesù, quindi durante le sue ricerche, raccolse tanto materiale da analizzare, ovvero i racconti dei primissimi testimoni oculari (i discepoli e tutti quelli che videro Gesù in persona) che erano stati tramandati nel corso del tempo. Se Gesù aveva compiuto realmente i miracoli ed era Dio, numerose persone avrebbero voluto parlarne. Era evidente che, in una situazione del genere, sarebbe la cosa più naturale da fare.

Il linguaggio scientifico di Luca

Se Luca aveva realmente scritto uno dei Vangeli e il libro degli Atti come dichiaravano i cristiani, questi testi dovrebbero per forza contenere termini medici. Anche a me, essendo medico, piace usare termini medici, anche nella vita di tutti i giorni, perché riescono a essere molto espressivi e ricchi di significato. Scoprii che nel 1882 un certo William Kirk Hobart aveva scritto un libro dal titolo *The Medical Language of St. Luke* (Il linguaggio medico di S. Luca)[46] in cui dimostrava che effettivamente i libri di Luca e degli Atti contengono tantissimi termini medici che non si trovano in nessun'altra parte del Nuovo Testamento.

In Luca 1:2, ad esempio, Luca usò la parola greca *autoptes*, tradotta con "testimoni oculari". Si tratta di un termine medico utilizzato per descrivere qualcuno che vede qualcosa di prima persona, che fa un'osservazione di prima mano. Da quella parola greca deriva infatti il termine "autopsia". Il Vangelo di Luca e gli Atti sono gli unici a essere ricchi di parole come questa che non vengono usate in nessun altro passo del Nuovo Testamento, se non in questi due libri.

Ciò non mi dimostrava che fosse stato Luca a scrivere davvero questi due libri, bensì che il loro autore fosse stato, in tutta probabilità, un medico. Sembrava improbabile che si trattasse di una coincidenza. Avevo trovato una prova interna molto importante a favore del Nuovo Testamento. Se un autore posteriore avesse voluto falsificare il testo o inventarsi dei racconti influenzato dal suo punto di vista religioso, non avrebbe potuto pensare a questo particolare.

3. *Gesù: leggenda o invenzione religiosa?*

Non riuscii a trovare nessuna prova credibile del fatto che i quattro Vangeli non fossero stati scritti da Matteo, Marco, Luca e Giovanni. I fatti e le circostanze ne sembravano invece confermare la paternità. A questo punto l'ultimo aspetto da analizzare era il contenuto. Erano stati gli autori dei quattro Vangeli a inventare la dottrina della risurrezione e quindi il Cristianesimo? Gesù era forse il risultato di leggende e racconti tramandati anni dopo anni dai seguaci della religione, come sembravano affermare i professori universitari? La questione era importante perché se la narrazione dei Vangeli fosse stata falsificata dai suoi autori, non avrebbe avuto nessuna importanza se questi autori e i testimoni della narrazione erano davvero testimoni oculari o meno: i Vangeli non avrebbero potuto superare l'esame della prova interna.

Dato che i Vangeli di Matteo, Marco, Luca e Giovanni erano stati scritti nel periodo in cui erano ancora in vita i testimoni oculari degli eventi descritti, compresi i testimoni contrari al Cristianesimo, secondo McDowell e altri studiosi sarebbe stato improbabile che eventuali falsificazioni della narrazione potessero passare senza contestazioni.

Sarebbe stato facile per gli avversari del Cristianesimo confutare e screditare eventuali falsità asserite nei Vangeli. Erano molte le persone in Israele che avevano assistito ai miracoli e ascoltato gli insegnamenti di Gesù e che quindi erano in grado di confermare o confutare gli scritti.

Mi aspettavo davvero di trovare qualche prova con cui i nemici del Cristianesimo avevano messo in dubbio le dichiarazioni degli apostoli di Gesù, ma non ne trovai nemmeno una! Nessuno aveva mai messo in discussione o dubitato la paternità o i contenuti dei quattro Vangeli. A questo riguardo la storia taceva e io ne rimasi stupito perché i quattro Vangeli pretendevano di narrare i miracoli e la risurrezione di un uomo, Gesù Cristo: avvenimenti questi certamente fuori dal comune e che, presumibilmente, avrebbero altrimenti dovuto attirare dubbi o discussioni.

Gli apostoli, però, si spinsero oltre. Non esitarono ad affermare che anche i loro avversari erano a conoscenza della verità di tali avvenimenti:

"Uomini d'Israele, ascoltate queste parole! Gesù il Nazareno, uomo che Dio ha accreditato fra di voi mediante opere potenti, prodigi e segni che Dio fece per mezzo di lui, tra di voi, come voi stessi ben sapete." (Atti 2:22)

Dovetti riconoscere che nel Nuovo Testamento era stato scritto che i capi religiosi dei Giudei avevano assistito e verificato personalmente i miracoli di Gesù: interrogarono un uomo cieco dalla nascita a cui era stata ridata la vista e chiesero conferma ai suoi genitori che fosse davvero nato cieco.[47] Nel Vangelo di Giovanni, volevano uccidere Lazzaro dopo che era stato risuscitato dai morti perché la sua risurrezione aveva spinto molti Giudei a credere in Gesù.[48] Nel libro degli Atti, uno zoppo fu guarito nel tempio dagli apostoli Pietro e Giovanni[49], che furono gettati in prigione dai capi religiosi, com'è scritto:

Essi, vista la franchezza di Pietro e di Giovanni, si meravigliavano, avendo capito che erano popolani senza istruzione; riconoscevano che erano stati con Gesù e, vedendo l'uomo che era stato guarito, lì presente con loro, non potevano dir niente in contrario. Ma, dopo aver ordinato loro di uscire dal sinedrio, si consultarono gli uni gli altri dicendo: «Che faremo a questi uomini? Che un evidente miracolo sia stato fatto per mezzo di loro, è noto a tutti gli abitanti di Gerusalemme, e noi non possiamo negarlo.» (Atti 4:13-16)

Se storie come queste fossero state inventate, la loro falsità sarebbe stata immediatamente palese. I capi religiosi dei Giudei non avrebbero perso tempo nel dichiarare che nessuna cosa del genere era mai accaduta. Però non lo fecero. Dovetti riconoscere che il silenzio dei capi religiosi aveva attirato la mia curiosità e compresi che, se avevano davvero assistito ai miracoli di Gesù, il loro silenzio era comprensibile. Non considerai gli avvenimenti biblici sotto questo aspetto fino a quando non me li mostrò Josh McDowell. Era una prova schiacciante contro la possibilità che i quattro Vangeli contenessero informazioni false o esagerate, ma io volevo saperne di più.

Per me poi non aveva neanche senso che la dottrina della risurrezione fosse stata inventata in un secondo momento dai cristiani. Che vantaggio ne avrebbero tratto e a che scopo l'avrebbero fatto? Partendo da quale motivazione? La loro dottrina puntava sul fatto che la risurrezione era una componente essenziale. Lo stesso apostolo Paolo affermò che se Gesù non fosse risuscitato dai morti, il Cristianesimo sarebbe stato inutile:

Ma se non vi è risurrezione dei morti, neppure Cristo è stato risuscitato; e se Cristo non è stato risuscitato, vana dunque è la nostra predicazione e vana pure è la vostra fede. Noi siamo anche trovati falsi testimoni di Dio, poiché abbiamo testimoniato di Dio, che egli ha risuscitato il Cristo; il quale egli non ha risuscitato, se è vero che i morti non risuscitano. Difatti, se i morti non risuscitano, neppure Cristo è stato risuscitato; e se Cristo non è stato risuscitato, vana è la vostra fede; voi siete ancora nei vostri peccati. Anche quelli che sono morti in Cristo sono dunque periti. Se abbiamo sperato in Cristo per questa vita soltanto, noi siamo i più miseri fra tutti gli uomini.
Ma ora Cristo è stato risuscitato dai morti, primizia di quelli che sono morti. (1 Corinzi 15:13-20)

Paolo non era stato convertito da altri cristiani e non era certo così sprovveduto da credere ingenuamente alla resurrezione di Gesù solo sulla base di tradizioni e per sentito dire. Paolo dichiarò di aver visto faccia a faccia Gesù risorto. Non riuscivo a non pensare: *Se la resurrezione non fosse avvenuta davvero, a che scopo pretendere che Gesù sia risorto e, allo stesso tempo, affermare che il Cristianesimo sarebbe tutta una farsa senza questa risurrezione?*

Poi mi venne in mente una cosa: la chiesa cristiana primitiva non aveva un Nuovo Testamento come lo abbiamo noi oggi, molti anni dopo. La "Bibbia" di quei tempi erano le antiche Scritture ebraiche di cui ho parlato in precedenza. Il Nuovo Testamento riporta che molte persone credettero in Gesù perché aveva adempiuto le profezie messianiche delle Scritture ebraiche. In altre parole, si convertivano senza avere a disposizione i quattro Vangeli da leggere, studiare ed analizzare. Gli insegnamenti che queste persone ricevevano su Gesù Cristo erano basati sulle Scritture ebraiche.

La prima generazione di conversioni ebbe luogo sulla base della credibilità delle argomentazioni e della legittimità delle antiche Scritture ebraiche. Avevo già visto come le profezie messianiche avevano trovato unico adempimento in Gesù Cristo, in una maniera straordinaria e contro ogni probabilità. La loro validità era eccezionale perché furono scritte almeno *quattrocento anni prima* e in modo *totalmente indipendente* dalla narrativa neotestamentaria. Questo fatto andava a scontrarsi direttamente con le affermazioni di quei professori universitari secondo cui la dottrina del Cristianesimo era il risultato di miti e leggende diffusisi nell'arco di anni ad opera dei credenti.

Se la dottrina del Cristianesimo fosse stata inventata dai credenti a posteriori, come ci si poteva spiegare che fosse stata anche profetizzata e prefigurata nelle antiche Scritture ebraiche? Ben diversa sarebbe stata la faccenda se un bel giorno qualcuno avesse affermato, di punto in bianco, che Dio fosse venuto sulla terra, fosse morto per i nostri peccati e fosse stato risuscitato dai morti. Se questa nuova religione fosse spuntata all'improvviso come un fungo e senza alcun fondamento nel passato sarebbe certamente molto più sospetta.

Avevo però imparato e verificato personalmente che il Cristianesimo poteva trovare le proprie origini e radici nelle antiche Scritture ebraiche: Gesù corrispondeva perfettamente all'identità del Messia profetizzato e nelle antiche Scritture si parlava già di sacrificio per il peccato. Era un'affermazione erronea e gratuita quella che Gesù fosse un mito o una leggenda sviluppatasi nel corso di un periodo più o meno lungo.

Il Nuovo Testamento afferma di basarsi completamente sulle profezie e sulle immagini delle antiche Scritture ebraiche. I suoi autori erano stati testimoni della rivelazione di ciò che era stato profetizzato circa quattro secoli prima. Dato che io, oggi, ero in grado di verificarne la veridicità, la credibilità e l'adempimento esclusivo nella persona di Gesù, era possibile scartare la teoria del mito o della leggenda. Non è possibile affermare che circostanze, vicende e dottrine siano state inventate molti anni dopo quando queste stesse vicende e dottrine erano state profetizzate e descritte per iscritto centinaia di anni prima che accadessero davvero.

Per me era palese che quei professori volevano evitare qualsiasi discussione a questo riguardo perché a loro faceva comodo così. Si comportavano come se queste teorie e queste dottrine fossero apparse all'improvviso anni e anni dopo la morte di Gesù, e lo affermavano senza alcun fondamento. Dalla mia analisi invece risultava chiaro che, se il Nuovo Testamento affermava di basarsi interamente sull'adempimento delle antiche Scritture ebraiche (l'Antico Testamento), le due raccolte non potevano essere separate. Quei professori ignoravano le evidenze contenute nelle Scritture ebraiche:

Poiché vi ho prima di tutto trasmesso, come l'ho ricevuto anch'io, che Cristo morì per i nostri peccati, secondo le Scritture; che fu seppellito; che è stato risuscitato il terzo giorno, secondo le Scritture. (1 Corinzi 15:3-4)

Secondo i primi cristiani, la morte e la risurrezione di Gesù Cristo erano avvenute "secondo le Scritture". Paolo faceva sempre riferimento alle antiche Scritture ebraiche quando dava testimonianza di Gesù Cristo. Questo apostolo scrisse l'epistola ai Romani del Nuovo Testamento, da molti ritenuta il libro dottrinale più importante della Bibbia e, solo in questo libro, vi sono 72 citazioni esplicite delle Scritture ebraiche. Nonostante il fatto che, complessivamente, il Nuovo Testamento contiene almeno 343 citazioni esplicite e 2.309 riferimenti impliciti delle Scritture ebraiche, quei professori universitari si sentivano autorizzati ad affermare che il Cristianesimo altro non era che il risultato di leggende e racconti![50] È evidente che la mera citazione di antiche Scritture non dimostra necessariamente nulla, ma era altrettanto chiaro quanto la dottrina degli apostoli fosse legata profondamente alle Scritture ebraiche.

Dovetti ammettere di essere rimasto sbalordito quando trovai nelle profezie messianiche quasi tutto quello che riguardava Gesù, tranne il suo nome. E non riuscii nemmeno a trovare delle buone ragioni per cui i cristiani interpretassero le Scritture come volevano. Le profezie e le immagini erano precise e chiare; non aveva alcun senso affermare che la loro dottrina fosse il risultato di miti e leggende tramandati.

Gesù aveva persino dichiarato di essere il Dio dei Giudei di cui parlavano le Scritture ebraiche:

I Giudei gli dissero: «Tu non hai ancora cinquant'anni e hai visto Abraamo?» Gesù disse loro: «In verità, in verità vi dico: prima che Abraamo fosse nato, io sono».
Allora essi presero delle pietre per tirargliele; ma Gesù si nascose e uscì dal tempio. (Giovanni 8:57-59)

Appresi dalla mia Bibbia da studio che "Io sono" è il nome divino con cui Dio si era rivelato a Mosè:

Mosè disse a Dio: «Ecco, quando sarò andato dai figli d'Israele e avrò detto loro: "Il Dio dei vostri padri mi ha mandato da voi", se essi dicono: "Qual è il suo nome?" che cosa risponderò loro?»
Dio disse a Mosè: «Io sono colui che sono». Poi disse: «Dirai così ai figli d'Israele: "l'IO SONO mi ha mandato da voi"» (Esodo 3:13-14)

Gesù disse ai Giudei di essere il grande IO SONO, il loro vero Dio, e per questo motivo cercarono di lapidarlo. Non era questa sua dichiarazione a confermarlo con forza o a convincermi, ma non potevo ignorare l'intima relazione tra il Nuovo Testamento e le antiche Scritture ebraiche, che escludeva definitivamente la possibilità che la dottrina neotestamentaria fosse il risultato di leggende o storie tramandate nel corso di molti anni.

Non avevo nessuna intenzione di diventare un fanatico religioso, ma non ero nemmeno disposto ad abbandonare la logica e ignorare i fatti.

Mi irritava moltissimo che quei professori universitari insegnassero un argomento importante che riguardava l'eternità senza presentare obiettivamente tutte le prove e tutti i fatti. Se sollevavano domande difficili, dovevano anche fornire risposte plausibili. Dovevano essere preparati e rispondere alle eventuali obiezioni. Pur senza laurea in teologia, avevo trovato molti fatti importanti e spiegazioni alternative che loro invece avevano ignorato di proposito.

Riassumendo, il Nuovo Testamento aveva passato l'esame delle evidenze intrinseche. La cosa davvero strana era che più approfondivo le mie ricerche, più la narrativa mi convinceva e non me lo sarei proprio immaginato. All'inizio il Nuovo Testamento non mi sembrava niente di più che una fiaba, una novella pseudoreligiosa, ma arrivato a questo punto stavo scoprendo che aveva invece un fondamento storico e analitico molto solido. Gli errori e le modifiche non erano di grande rilevanza e le discrepanze non erano necessariamente discrepanze vere e proprie. Le profezie e le immagini anticipatorie dimostravano addirittura la sorprendente armonia tra le antiche Scritture ebraiche e il Nuovo Testamento.

Non riuscii a trovare nessuna prova credibile del fatto che i quattro Vangeli non fossero stati scritti da Matteo, Marco, Luca e Giovanni. Non c'era alcuna prova del contrario, bensì molte argomentazioni convincenti e indiscutibili sull'identità del loro autore. La possibilità che la narrazione fosse stata falsificata per adattarla alla nuova religione non reggeva, anche se, a un primo esame, era sembrata essere una spiegazione plausibile. L'assenza di una motivazione logica e il silenzio dei testimoni oculari avversari ancora in vita erano molto convincenti, anche quando questi testimoni venivano chiamati personalmente in causa. Le quattro biografie di Gesù contenevano addirittura molti dettagli che un autore con intenzioni fraudolente si sarebbe premurato di evitare, come la scoperta del sepolcro vuoto da parte di donne.

La teoria del professore universitario secondo cui le quattro biografie di Gesù fossero il risultato di leggende o racconti tramandati a posteriori nel corso di molti anni era crollata. Dovetti accettare il fatto che Gesù non solo corrispondeva all'identità del Messia di cui era stato scritto almeno quattro secoli prima, ma anche che in quelle stesse Scritture era possibile riconoscere la dottrina neotestamentaria. Non mi fu affatto facile digerire tutto questo perché mi sembrava impossibile. Passai all'ultimo esame.

L'esame delle evidenze estrinseche [51]

Questo ultimo test consiste nella ricerca di fonti storiche esterne che confermano o smentiscono gli eventi descritti da un determinato documento storico, ovvero, quali altre fonti storiche esistono che possano convalidare o meno l'autenticità e la precisione delle opere in questione? Al di fuori del Nuovo Testamento, esistevano altri validi testi storici che facevano menzione di Gesù? I nomi delle persone e dei luoghi citati nella Bibbia trovano conferma nell'archeologia e in altri scritti antichi? Secondo me queste erano ottime domande di cui cercare la risposta.

1. Archeologia

Innanzitutto presi in esame l'archeologia e fui sorpreso di scoprire che c'erano interi libri che documentavano come questa scienza avesse confermato numerosi fatti, persone e luoghi citati nella Bibbia.[52-53] La cosa più affascinante era che nessuna scoperta archeologica nota aveva mai dimostrato la falsità di un riferimento biblico.[54]

E di scoperte simili a questa ce n'erano a migliaia! Avevo già letto che Luca era stato considerato un ottimo storiografo. A questo punto era giunto il momento di approfondire meglio queste affermazioni.

Si ritiene che il Vangelo secondo Luca e gli Atti degli apostoli, il quinto libro del Nuovo Testamento siano stati scritti da Luca il medico. Questi scritti contengono riferimenti precisi a luoghi, date e nomi di persone in autorità. L'archeologia ha confermato e convalidato questi riferimenti.[55]

L'archeologo scozzese Sir William Ramsay, che nutriva fortissimi dubbi sulla veridicità del racconto di Luca, decise di realizzare studi e ricerche archeologiche nelle zone citate da Luca per dimostrarne la falsità. Tuttavia i risultati ottenuti lo costrinsero a cambiare completamente opinione facendo nuove scoperte a conferma dei riferimenti storici di Luca. I dettagli e la precisione del racconto di questo medico confermavano che Luca fosse vissuto proprio nello stesso periodo in cui si svolsero gli eventi da lui descritti.[56]

Il racconto di Luca è stato spesso ritenuto inaffidabile dagli storici a causa dei fatti da lui descritti che non potevano essere confermati a quel tempo; tuttavia, più tardi, le successive scoperte archeologiche confermarono il racconto di Luca, modificando la posizione degli storici moderni. Anche altri fatti biblici registrati da altri autori trovano conferma nell'archeologia moderna.

Molti credevano, ad esempio, che Ponzio Pilato, il governatore romano che condannò Gesù alla crocifissione, non fosse un personaggio storico veramente vissuto ai tempi di Gesù. Tuttavia nel 1961 fu ritrovata una lapide con un'iscrizione che faceva il suo nome, autenticandone così l'esistenza, la carica pubblica e la giusta epoca.[57]

Con questo ero ormai persuaso che l'archeologia sostenesse molti fatti biblici dove possibile. Non dimostrava la veridicità della dottrina, ma confermava la precisione e l'affidabilità della narrazione per quanto riguardava persone, luoghi e date.

2. Altri scritti antichi

Passai poi ad analizzare altri scritti antichi, considerando in primo luogo gli scritti cristiani in esistenza, anche se ovviamente potevano essere potenzialmente faziosi. Gli autori dei Vangeli di Matteo, Marco, Luca e Giovanni erano confermati in diversi documenti del II secolo.

Intorno al 130 d.C., Papia di Hierapolis (nella Turchia odierna) scrisse che Marco aveva registrato le informazioni di Pietro e che Matteo era l'autore di uno dei Vangeli.[58]

Ireneo, allievo di Policarpo che conobbe l'apostolo Giovanni di persona, fece alcune precise affermazioni sulla paternità letteraria dei quattro Vangeli, dichiarando che *"È così stabile il terreno sul quale si fondano questi vangeli, che persino gli eretici ne danno testimonianza"*.[59] Anche se queste testimonianze non sono in sé stesse sufficienti a dimostrare senza dubbio la paternità letteraria dei Vangeli, documentano tuttavia che a quell'epoca la loro autenticità non era messa in dubbio.

Gesù viene menzionato anche in altri antichi documenti non cristiani. Negli antichi scritti del Talmud ebraico viene accusato di stregoneria, confermando il fatto che Gesù in effetti realizzava opere straordinarie.[60] Il Talmud documenta anche che Gesù fu crocifisso durante la Pasqua ebraica e che i capi religiosi desideravano ucciderlo. Questo dettaglio è particolarmente convincente perché fu scritto da persone che non credevano che Gesù fosse il Messia.

Tacito, uno storico romano, fece cenno della crocifissione di Gesù sotto Ponzio Pilato. Riportò anche che i cristiani avevano un'"esecrabile superstizione", facendo forse riferimento alla credenza nella risurrezione.[61] Giuseppe Flavio, uno storico ebreo del I secolo, scrisse molte opere che confermavano i dettagli storici contenuti nella Bibbia.[62] Plinio il Giovane, autore romano del I secolo e governatore dell'Asia Minore, parlò di cristiani che adoravano Gesù come Dio.[63] Luciano, autore greco del II secolo, scrisse con sarcasmo di cristiani che credevano di essere immortali e del loro capo che era stato crocifisso.[64]

Molti di questi riferimenti segnalati da McDowell e la loro affidabilità veniva messa in dubbio dalla critica con argomentazioni lunghe e forse anche un po' ambigue per me. Anche se a volte sembrava che si stessero afferrando a qualsiasi argomentazione pur di screditarlo, era interessante leggere delle opinioni diverse.

Nella mia analisi, il Nuovo Testamento aveva passato l'ultimo esame. Esistevano fonti archeologiche e documentali non cristiane a supporto della precisione dei testi, delle descrizioni generali di Gesù e della dottrina della chiesa primitiva. Ero irritato dalla discrepanza che esisteva tra la quantità di informazioni immediatamente disponibili e il numero di volte in cui me ne avevano parlato nella vita, che era quasi pari a zero. Mi sembrava che, in un qualche momento nel corso della mia istruzione a scuola e in università, questi fatti avrebbero dovuto insegnarmeli. C'era qualcosa che non riuscivo proprio a capire. Io ne ero affascinato anche se non ero cristiano. Perché i cristiani non ne parlavano, non lo annunciavano apertamente? *Ma le sanno queste cose?* mi chiesi.

I PROFESSORI UNIVERSITARI – SECONDA PARTE

Il Nuovo Testamento aveva superato brillantemente tutti i normali test di analisi storica, addirittura di più di molti altri documenti antichi la cui storicità è considerata certa. Per me era strano che ci fosse molta più documentazione sulla vita e gli eventi che riguardavano Gesù di qualsiasi altro personaggio della storia antica. Non capivo come poteva essere, ma era proprio così.

Il passo successivo fu quello di inviare un'e-mail alla studiosa esperta del Nuovo Testamento che avevo ascoltato e che non credeva nella verità storica di questo testo. Ora ne sapevo molto di più e volevo vedere la sua reazione. Le chiesi: "Perché non crede che il Nuovo Testamento sia letteralmente vero così com'è scritto?" La docente rispose con molta gentilezza alle mie domande.

Affermò che gli autori neotestamentari non erano obiettivi e che le loro credenze religiose avevano influenzato la loro visione della verità storica. Ne fui sorpreso perché i discepoli di Gesù non avevano idea di cosa li aspettasse e le loro aspettative religiose soffrirono un colpo rovinoso con la crocifissione di Gesù. Nella loro visione, Gesù avrebbe dovuto essere un Messia militare che avrebbe liberato Israele dal dominio romano. Non si aspettavano certo un Dio incarnato che si sacrificava per il peccato del mondo. Il concetto di peccato e di eternità non era l'obiettivo dei loro pensieri. Guardavano invece alla loro vita presente. Semmai furono le loro credenze religiose ad essere sconvolte. Secondo la religione giudaica, dichiarare che Gesù era Dio era una bestemmia. L'affermazione di questa professoressa non aveva senso ed era incompatibile con i fatti.

Le chiesi: "Ma lei, cosa crede personalmente?" Mi rispose dicendo che non lo sapeva perché non aveva vissuto in quell'epoca. Il problema, però, era che non stava insegnando il Nuovo Testamento da una posizione di "non sapere". Nelle sue lezioni non stava presentando tutti i fatti. Questo atteggiamento di riconoscere di non sapere viene definito agnosticismo. In pratica, gli agnostici affermano che non è possibile conoscere la verità su Dio. Quello che mi sembrava strano è che se la storicità del Nuovo Testamento era di gran lunga più confermata e più autentica di qualsiasi altro documento storico antico, per quale motivo questa esperta non ci credeva? Se gli stessi metodi e criteri utilizzati per confermare altri eventi storici possono essere applicati anche al Nuovo Testamento, la sua veridicità deve essere accettata. Per la maggior parte dei fatti accettati sull'antica Grecia e su Roma, ad esempio, esiste una quantità di informazioni e di supporto molto più esigua di quella disponibile per il Nuovo Testamento, eppure nessuno li ha mai messi in dubbio.

Del *De bello Gallico* di Giulio Cesare, ad esempio, esistono solo dieci copie e la più antica risale a nove secoli dopo che si verificarono gli eventi narrati[65]. Bruce Metzger, esperto di Nuovo Testamento, scrisse: *"Le opere di diversi autori antichi sono arrivate fino a noi tramite il filo di trasmissione più sottile possibile. [...] In contrasto [...] la critica testuale del Nuovo Testamento è messa in difficoltà dalla quantità di materiale."*[66]

Era evidente che per valutare il testo biblico a livello storico venivano adottati criteri di gran lunga diversi. Per quale motivo? Perché nel Nuovo Testamento si descrivono come eventi storici Dio, miracoli e molte altre cose a cui la gente *non vuole credere*. Ai miei occhi questa faccenda stava diventando ancora più sospetta perché, da quanto avevo imparato, la validità storica del Nuovo Testamento era di gran lunga più accertata di quella di molti altri eventi storicamente accettati.

Diamo un'occhiata all'affermazione della professoressa secondo cui non è possibile conoscere la verità se non si è vissuti all'epoca dei fatti. Ecco un esempio: come morì Giulio Cesare?
    A.   S'impiccò.
    B.   Fu colto da un infarto nel sonno.
    C.   Fu pugnalato a morte nel Senato romano.
    D.   Ebbe un incidente con il carro.

La risposta corretta è la C, le altre sono false. Di solito la risposta corretta esclude le altre, ma nella nostra società si sente dire: "Non c'è una risposta corretta e conoscibile" oppure "Per me va bene se tu ritieni che sia la A, io credo che sia la D e un altro la B. È bello avere opinioni diverse". Per definizione, la verità esclude tutto il resto. Il modo di fare di questa professoressa mi irritava perché per me Gesù o era risorto o non lo era; soltanto uno di questi due eventi era avvenuto per davvero.

Era però ormai evidente che questi professori universitari non erano per niente imparziali, che avevano ignorato la storicità della Bibbia e che una dei due aveva negato la chiara dottrina neotestamentaria della divinità di Gesù. A me sembrava che i criteri di valutazione della storia antica fossero improvvisamente e tendenziosamente mutati per il Nuovo Testamento perché questo narrava di miracoli e avvenimenti soprannaturali. C'era qualcosa che non quadrava, ma non sapevo bene cosa fosse. Avevo una sensazione molto strana: era come se quei docenti rifiutassero volutamente fatti evidenti, chiosando e nascondendo questo loro rifiuto con la glossa dell'università, dei diplomi, dell'erudizione. Mi sembrava tutto un complotto, ma perché?

Un ultimo aspetto mi fece aprire ancor di più gli occhi sulle stranezze di questi corsi sul Nuovo Testamento. Secondo uno dei docenti, gli storici non possono sapere nulla di Dio e i miracoli non possono essere dimostrati storicamente perché la probabilità che siano effettivamente accaduti è troppo bassa. Il problema di questa affermazione è che la risurrezione di Gesù, se è avvenuta, è stata opera di Dio. Se non è possibile sapere niente di Dio, non è nemmeno possibile escludere la resurrezione né affermare che si tratta della più remota probabilità. Non si possono affermare entrambe le cose.

Nemmeno io credevo in Gesù, però capivo benissimo che, se Dio esisteva, i miracoli non sarebbero niente di miracoloso, soprattutto per Dio, né totalmente improbabili. La posizione di questo professore era screditata dalle sue stesse opinioni e affermazioni! Non era forse una questione puramente logica? Mi arrabbiai perché mi sentii quasi ingannato. E se la risurrezione di Gesù fosse avvenuta veramente? A causa dei loro insegnamenti tendenziosi e di comodo, questi due docenti avrebbero potuto rovinare la mia eventuale scoperta della verità! Il fatto che si fossero, a torto, sentiti legittimati a farlo solo perché avevano un titolo accademico mi mandò su tutte le furie.

Mi chiesi se, non volendo rifiutare esplicitamente la divinità di Gesù Cristo, stessero semplicemente omettendo il fatto che Gesù stesso aveva affermato di esserlo. In altre parole, se riuscissimo a convincerci che Gesù non aveva mai detto di essere Dio, non ci faremmo tanti problemi a rifiutarlo. Anch'io avevo avuto questo pensiero! C'era qualcosa dentro di me che non voleva che prendessi una decisione su Gesù, il quale però mi stava chiedendo di prenderla come nessun altro aveva mai fatto nella storia. Dentro di me ero spinto a fuggire da quella decisione. Confesso di essermi ritrovato a condannare quei docenti per non aver accettato la verità storica e letterale del Nuovo Testamento nonostante la valanga di informazioni disponibili, mentre non l'avevo accettata nemmeno io. Perché? Cosa mi tratteneva? Non lo sapevo.

Quei due docenti stavano soltanto cercando di comportarsi in modo politicamente corretto? Sarebbe forse cosa malvista se un professore universitario americano sostenesse apertamente che Gesù Cristo è Dio, specialmente in un'epoca in cui in America si finisce in tribunale per aver allestito un presepe in un luogo pubblico a Natale. Mi domandai incuriosito: *Chi dedicherebbe tutta una carriera a cercare di dimostrare la falsità di una cosa?* Non sapevo se esistevano persone del genere. Chi mai studia qualcosa in cui non crede? Come fa una persona a laurearsi nello studio del documento più attestato della storia antica e poi dichiarare che non ci crede o che non è preciso?

Dentro di me sapevo che c'era qualcosa che proprio non andava. Feci molta fatica ad accettare il fatto che nelle nostre università potevano verificarsi comportamenti di questo tipo o che la verità veniva travisata e distorta. Questi professori non stavano nemmeno presentando tutti i fatti e lasciando che la gente decidesse da sé. Io avevo fatto ricerche con mente aperta e cuore obiettivo, partendo addirittura da una posizione contraria al Cristianesimo e alla Bibbia. Meditandoci sopra, pensavo di avere ormai un'idea chiara della situazione.

La prova della veridicità del Nuovo Testamento e della precisione dei fatti storici in esso descritti era schiacciante. Tutto quello che ero riuscito a trovare aveva confermato che Gesù era davvero risorto dalla morte, cosa che non mi sarei mai aspettato e che nessuno mi aveva mai detto. Riflettei profondamente sulle conseguenze che tutto questo, se fosse verità, avrebbe avuto sul nostro mondo e sulla nostra cultura e fu proprio in quel momento che le motivazioni per attaccare, se non addirittura travisare, questa parte della storia umana furono davanti ai miei occhi: se il Nuovo Testamento era vero, mi resi conto che il nostro mondo si sbagliava, e di grosso. Mi domandai: se ci allontaniamo abbastanza dalla verità, non faremmo forse qualsiasi cosa per nasconderci da essa? Avevo paura ma ancora non credevo.

Devo riconoscere che nemmeno io ero pronto ad accettarne la veridicità, nonostante il mio cuore e le mie ricerche mi spingessero a farlo. Mi resi anche conto che se a quel punto non riuscivo a decidermi, è perché in realtà stavo ancora rifiutando Gesù. Questa verità mi metteva a disagio perché Gesù aveva dichiarato di essere quel Dio che era morto per salvarmi. C'era persino una parte di me che desiderava credere ai professori e ai loro insegnamenti pur di offrire una scappatoia alla mia coscienza. Ero d'accordo, però, sul fatto che, viste le possibili conseguenze della divinità di Gesù, la Bibbia meritava di essere esaminata nel modo più scrupoloso possibile. Dato che non ero ancora pronto ad accettare ogni cosa, continuai a leggere.

IL CASO GESÙ

Volevo sentire cosa dicevano quegli esperti che presentavano con onestà e imparzialità le prove che avevano trovato e *Il caso Gesù* di Lee Strobel fu per me il libro decisivo.[67] Ne fui subito affascinato perché inizialmente l'autore era scettico, non credeva in Gesù, proprio come me. Era un giornalista che aveva fatto ricerche sul "caso Gesù" perché sua moglie era diventata cristiana e lui aveva paura che la sua vita sarebbe diventata un mortorio:

> *[...] temevo che si sarebbe trasformata in qualche tipo di eroina sessualmente repressa che avrebbe mutato il nostro stile di vita superiore e travolgente in una specie di riformatorio-collegio caratterizzato da notti in bianco dedicate alla preghiera e meditazione insieme ad opere di volontariato, assistenze e pasti di beneficenza.*[68]

Lee Strobel non era cristiano ma investigò tutte le difficoltà logiche del Cristianesimo con la massima imparzialità. Intervistò tredici fra i massimi studiosi di ogni aspetto del Cristianesimo discutendo con ciascuno di essi un aspetto diverso e sottoponendo loro le obiezioni più forti su Gesù.

Dio, il mio dottore

Nella seguente tabella vengono riassunti i contenuti del suo libro: Tipo di prova	Domanda	Esperto intervistato
1. L'evidenza dei testimoni oculari	Ci si può fidare delle biografie di Gesù? Le biografie di Gesù resistono ad un'analisi accurata?	Dr. Craig L. Bloomberg
2. L'evidenza dei documenti	Le biografie di Gesù sono state preservate in modo attendibile?	Dr. Bruce M. Metzger
3. L'evidenza di avvaloramento	Esiste evidenza credibile su Gesù al di fuori delle Sue biografie?	Dr. Edwin M. Yamauchi
4. L'evidenza scientifica	L'archeologia conferma o contraddice le biografie di Gesù?	Dr. John McRay
5. L'evidenza di confutazione	Il Gesù della storia è lo stesso Gesù della fede?	Dr. Gregory A. Boyd
6. L'evidenza di identità	Gesù era veramente convinto di essere il Figlio di Dio?	Dr. Ben Witherington III
7. L'evidenza psicologica	Era pazzo Gesù nell'affermare di essere il Figlio di Dio?	Dr. Gary R. Collins
8. L'evidenza del profilo	Gesù mostrava gli attributi di Dio?	Dr. Donald A. Carson
9. L'evidenza delle impronte	Gesù, e soltanto Gesù, soddisfa i requisiti Messianici?	Louis S. Lapides, M.Div., Th.M.
10. L'evidenza medica	La morte di Gesù fu una simulazione e la Sua risurrezione un inganno?	Dr. Alexander Metherell
11. L'evidenza del corpo scomparso	Il corpo di Gesù era realmente assente dalla Sua tomba?	Dr. William Lane Craig
12. L'evidenza delle apparizioni	Gesù è stato visto vivo dopo la Sua morte?	Dr. Gary Habermas
13. L'evidenza circostanziale	Esistono dei fatti a sostegno della risurrezione?	Dr. J. P. Moreland

Fui sbalordito dal modo in cui presentarono le prove e risposero a domande difficili e acute, molte delle quali non avevo mai considerato prima. Le loro risposte erano credibili, logiche e più che soddisfacenti per la mia mente critica. Fui anche sorpreso di scoprire che quegli accademici credevano in Gesù.

Dopo aver terminato il libro di Strobel, tutte le mie domande e obiezioni avevano trovato una risposta. Mi sentivo sollevato, ero entusiasta ma anche in apprensione. Proprio quando mi dissi: "Fiuuu! È finita!", mille pensieri affollarono la mia mente: *Sono pronto per il prossimo passo? Quali saranno le conseguenze? Dovrò andarmene in giro portandomi una Bibbia sotto il braccio? Come potrò affrontare la signora della Bibbia alla clinica? Dovrò inginocchiarmi e pregare tutti i giorni? Dovrò andare sempre in chiesa? Non potrò più bere troppo, dire parolacce o divertirmi? Tutto diventerà una noia mortale? La gente penserà che sono diventato pazzo? Diventerò come i miei vicini di casa, che detestavo tanto? Cosa sto facendo?* Non avevo risposte da darmi, ma sapevo che era venuto il momento di prendere La Decisione.

Dio, il mio dottore

Capitolo settimo

La Decisione

"Tesoro? Che stai facendo? Sono settimane che non fai altro che stare al computer e leggere. Non puoi staccarti un attimo e venire qui a parlare con me?" disse mia moglie Ruth chiamandomi con tono sconsolato dalla camera da letto.

"Va bene, vengo su subito," le risposi. Mi affrettai su per le scale con la mente pronta a esplodere per l'enorme quantità di informazioni che avevo raccolto. Tutta questa pressione mi faceva pensare alle centinaia di nozioni che ogni settimana dovevamo imparare alla facoltà di medicina.

Entrai in camera e la vidi seduta sul letto. I bambini stavano guardando la televisione seduti sul pavimento.

"Ho finito!" esclamai.

"Era ora! Cos'hai fatto tutto questo tempo?" mi chiese senza troppi giri di parole.

"Ho letto il libro che mi avevi regalato," dissi con imbarazzo.

"Libro? Quale libro?"

"Ma sì, quello di quel tizio che non credeva nel Cristianesimo e voleva dimostrare che era tutta una bugia, ma che alla fine si è convertito pure lui," borbottai. Ruth fissava con disinteresse un punto del letto e mi parlava a testa bassa, fino a quando accennai al libro che stavo leggendo, al che mi guardò sorpresa. Non sapeva assolutamente che mi ero messo a leggere, perché lo facevo soprattutto al computer e a tarda sera.

Mi fissò e mi chiese: "E allora, cosa ne pensi?". Era incuriosita, glielo si poteva leggere in viso.

Iniziai a sentirmi a disagio. "Beh, devo rifletterci un po' su," le risposi. Ci fu silenzio per una ventina di secondi. Credo che stesse aspettando che dicessi qualcos'altro, ma non aggiunsi niente. *Perché fa quella smorfia?* mi chiesi.

"Hai una faccia strana. È da un po' che non parli molto, va tutto bene?" mi domandò.

"Sono stanchissimo, devo riposare," tagliai corto. Nelle ultime settimane ero stato troppo calmo e meditabondo e lei l'aveva notato.

Tutto quello che leggevo e su cui facevo ricerche era così distante dal mondo in cui ero cresciuto che ne ero rimasto molto colpito. Senza dire altro, andai a letto e mi addormentai immediatamente.

Il giorno dopo era sabato e potevo dormire fino a tardi. Fui svegliato dal rumore dei trattori giocattolo che sfrecciavano da una parte all'altra della casa. "Bruuuum, bruuuum," rombavano i nostri due bambini che di lì a poco sarebbero dovuti andare ad una festa di compleanno. Erano eccitati, mentre io non vedevo l'ora di rimanere a casa da solo. Uscirono verso le undici, dopodiché mi alzai, scesi al piano di sotto e accesi il caminetto.

Ero impaziente di mettermi a riflettere su ogni cosa sfruttando qualche ora di pace e tranquillità in casa. Dentro di me e intorno a me tornò a farsi sentire immediatamente quella strana sensazione. Non sapevo cosa fosse, avvertivo qualcosa di diverso, come se ci fosse qualcuno vicino a me, ma mi resi conto che stavo vaneggiando. Osservai le fiamme che scintillavano e danzavano nel caminetto mentre cominciavo a rivedere tutte le informazioni.

Avevo terminato la lettura e le mie ricerche ed era giunto il momento di prendere una decisione. Cosa dovevo fare con Gesù? Mai e poi mai mi sarei aspettato di trovarmi in una situazione simile. Ero partito nei panni del vicino di casa arrabbiato in cerca di prove nella Bibbia sull'ipocrisia dei cristiani per finire a dover decidere se Gesù Cristo era Dio.

Il Nuovo Testamento mi aveva colto completamente di sorpresa. Chi si aspettava di leggere che Dio si era fatto uomo ed era venuto sulla terra per morire per i miei peccati perché mi amava? All'inizio mi sembrò tutto uno scandaloso inganno, ma più leggevo e studiavo, più la faccenda diventava credibile. I resoconti dei testimoni oculari che avevo letto erano riusciti a difendersi a testa alta davanti alle domande più pungenti che mi venivano in mente. Le profezie delle antiche Scritture ebraiche erano una testimonianza ineluttabile dell'arrivo di un Messia (o Salvatore), alla cui identità Gesù corrispondeva più che perfettamente.

Sebbene di primo acchito la storia della risurrezione sembrasse un'illusione o una favola a sfondo religioso, presto diventò un dilemma affascinante e inevitabile. La migliore spiegazione delle prove a suo favore era che *Gesù era effettivamente risorto dalla morte!* Non riuscivo a spiegare l'impatto di tale presunto evento sulla storia dell'umanità. C'erano persone la cui vita era stata completamente trasformata e avversari che erano stati messi a tacere senza alcuna spiegazione logica, se non a causa della sconfortante conclusione che Gesù era davvero risorto dai morti. La cosa che mi stupì di più era che i professori universitari avevano capito tutt'altro. Dopo aver analizzato ogni singola prova con onestà e in modo approfondito, era chiaro che la risurrezione fosse l'evento più plausibile.

Mi fu molto difficile ammetterlo perché c'era di mezzo il mondo del soprannaturale. La mia mente di medico continuava a cercare un modo per screditare la risurrezione, ma le mie ricerche avevano soltanto rinforzato la convinzione che avevo nel cuore, ovvero che la resurrezione di Gesù Cristo era un fatto storico. Più tentavo di confutarla, più mi convincevo che era una realtà.

Fui sorpreso dal fatto che la Bibbia fosse il documento antico maggiormente attestato a livello storico. Aveva superato ogni esame, era ben conservato e poteva tener testa alle domande e alle indagini più difficili. Continuai a chiedermi: *Ma se le prove sono così lampanti, perché non tutti si convertono?* A furia di leggere, il mio cuore e la mia mente erano esausti; e anche se il primo voleva che tutto questo fosse vero, la seconda insisteva nel farmi prendere in esame ogni possibile alternativa. Ogni volta che ne pensavo una, però, trovavo subito il modo di escluderla.

Ero perplesso perché le mie ricerche, la logica stessa e i fatti mi portavano a credere che il Cristianesimo fosse una realtà, punto e basta. Una parte di me, però, continuava a domandarsi perché non avessi sentito parlare di più su Gesù e sul Cristianesimo in modo veritiero, se non una manciata di volte in trentasei anni. *Era davvero possibile ignorare o dimenticare qualcosa di grandissima importanza e davanti agli occhi di tutti?* mi chiedevo. Sembrava assurdo. *E allora, l'evoluzione? Come avrei fatto a spiegare l'esistenza delle altre religioni del mondo? Anch'io sarei diventato uno di quei pazzoidi che avevo incontrato durante la gita in montagna? Non posso diventare cristiano, la gente mi riderebbe in faccia*, pensavo.

Ero più spaventato delle conseguenze nella mia vita personale che della razionalità della decisione stessa. Non volevo essere etichettato come "cristiano" né vivere una vita da bigotto come pensavo fosse quella dei cristiani. Non volevo trovarmi a rispondere alle domande della gente nel caso in cui qualcuno mi avesse visto andare in chiesa. Avrei potuto uscire con gli amici e divertirmi comunque? Come avrei fatto a dire alla gente che avevo deciso di frequentare una chiesa? Non avrebbero forse pensato che mi fossi ammattito, che fossi un debole o che volessi fuggire da un grosso sbaglio?

Mi sembrava di fluttuare di qua e di là nel mare agitato dei miei pensieri; ogni volta che la mia mente si tranquillizzava con un ragionamento, tornavo a rifugiarmi in quello opposto. C'era qualcosa che non quadrava. Non riuscivo a mettere d'accordo tra loro le prove, le Scritture e la legittima argomentazione del Cristianesimo con il mondo in cui ero cresciuto. O Gesù non era veramente Dio oppure il mondo aveva perso la bussola. Il contrasto mi metteva in grande difficoltà.

Dentro di me, cuore e mente si facevano guerra sul fatto di credere o meno al Nuovo Testamento. E che dire dei miracoli? Per me erano difficili da accettare, anzi mi sembravano degli eventi impossibili o inventati. Accettare il soprannaturale come loro spiegazione mi era molto difficile perché il mondo in cui ero cresciuto era completamente incentrato sul materialismo. Sebbene un miracolo fosse la migliore giustificazione delle prove a favore della risurrezione e della comparsa del Cristianesimo, la mia mente non voleva accettarlo.

Poi, però, mi si accese una lampadina: nei miei ragionamenti stavo escludendo Dio! Avevo analizzato la Bibbia senza considerarne la possibile esistenza perché tutte le mie esperienze di vita nel mondo mi avevano mostrato Dio come privo di importanza e impossibile da conoscere. Se esisteva, però, e se Gesù era davvero Dio, allora i miracoli non erano più miracoli. Inoltre, se quello che asseriva la Bibbia era vero, allora bastava soltanto che Dio dicesse una parola affinché qualcosa venisse creato. Niente era difficile per Dio, assolutamente niente. A questo punto "l'impossibile" era più che possibile.

Non c'era più bisogno di fare tutte quelle domande difficili *se* Dio esisteva davvero. Per me non aveva alcun senso giudicare un libro incentrato interamente su Dio senza considerare quest'ultimo una realtà. E fu così che riuscii a comprendere il concetto di "miracolo". Mi rimaneva da capire un'ultima cosa: se Dio esiste davvero, perché il mondo ignora o discute tanto intorno a Dio e se ne viene fuori con tante opinioni diverse sulla sua identità?

Ero stanco, frustrato e confuso. Tutto quel leggere su Gesù e sulla resurezione mi aveva messo un po' a disagio. Nessuna delle persone che conoscevo aveva mai parlato della Bibbia o di Gesù mentre io stavo occupando tutto il mio tempo libero dietro alla religione. Ogni volta che rinviavo la decisione, ne ero ossessionato. Sapevo che evitare consapevolmente di prendere una decisione significava rigettare Gesù, perché rimanere nell'indecisione *è* una condizione in cui si decide di stare. Non riuscivo a non pensare a tutto quello che avevo letto e studiato, quindi decisi che era arrivato il momento di prendere l'una o l'altra strada. Sapevo che non si trattava di riflettere su un suicidio intellettuale o di buttarsi ciecamente in una fede infondata. Mi meravigliava la quantità di informazioni, dati e prove che costituivano la base del Cristianesimo e della Bibbia; senza tutto questo l'avrei già liquidato da un pezzo come una delle tante religioni in circolazione. Se avessi deciso di crederci, però, mi sarei trovato molto bene con i princìpi della mia nuova fede.

A quel punto qualcosa dentro di me disse: *È tutta una questione di mente. Che sarà mai se decidi di credere in Gesù e di iniziare a frequentare una chiesa? Non ti basta aver analizzato ogni cosa e aver deciso che è tutto vero? Stai facendo tanta polemica sulla storia antica e sulle dottrine che riguardano Dio quando ormai tutto questo non è più una realtà dei giorni nostri!* Dentro di me ero molto combattuto.

"Greg? Greg? Siamo a casa," gridò Ruth aprendo la porta del garage. Non le risposi perché ero ancora soprappensiero. Mi vide sul divano e continuò: "Ehi, perché non rispondi?".

"Scusa, stavo pensando. Vi siete divertiti?" Il rumore di piccoli passi pesanti riempì la stanza, non appena i miei due figli entrarono in tutta fretta dal garage con i loro sacchettini pieni di oggetti ricevuti alla festa. Senza esitare troppo, li rovesciarono sul tavolo della cucina e ne arraffarono avidamente il contenuto.

"I bambini si sono divertiti tantissimo. Tu che hai fatto?"

"Me ne sono rimasto sul divano in panciolle".

"Sembri un po' strano e taciturno. Non ti riposi mai," rispose Ruth.

Non volevo parlare con nessuno di questa cosa, nemmeno con Ruth. Non ero pronto per una discussione.

"Sto bene. Ho soltanto la mente piena di pensieri. Te ne parlerò più tardi".

"Va bene. Esco a fare shopping con Kim per qualche ora. Tieni d'occhio i bambini al posto mio". Giocai con i bambini per il resto della giornata. Avevo proprio bisogno di riposare la mente e di distrarmi un po'.

Quella sera dovevo andare all'aeroporto a prendere la sorella di Ruth che era stata fuori città. Erano circa le sei ed ero nel seminterrato

a leggere ancora la Bibbia sul mio portatile. Soffermandomi su un passaggio particolare di Giovanni, lessi e rilessi più volte queste parole:
Or Tommaso, detto Didimo, uno dei dodici, non era con loro quando venne Gesù. Gli altri discepoli dunque gli dissero: «Abbiamo visto il Signore!» Ma egli disse loro: «Se non vedo nelle sue mani il segno dei chiodi, e se non metto il mio dito nel segno dei chiodi, e se non metto la mia mano nel suo costato, io non crederò.» Otto giorni dopo, i suoi discepoli erano di nuovo in casa, e Tommaso era con loro. Gesù venne a porte chiuse, e si presentò in mezzo a loro, e disse: «Pace a voi!» Poi disse a Tommaso: «Porgi qua il dito e guarda le mie mani; porgi la mano e mettila nel suo costato; e non essere incredulo, ma credente». Tommaso gli rispose: «Signor mio e Dio mio!» Gesù gli disse: «Perché mi hai visto, tu hai creduto; beati quelli che non hanno visto e hanno creduto!»
Or Gesù fece in presenza dei discepoli molti altri segni miracolosi, che non sono scritti in questo libro; ma questi sono stati scritti, affinché crediate che Gesù è il Cristo, il Figlio di Dio, e, affinché, credendo, abbiate vita nel suo nome. (Giovanni 20:24-31)

Se il racconto era vero, allora quest'uomo aveva visto Dio in persona, aveva vissuto veramente con Lui e stava scrivendo al mondo intero per informarlo di ciò che era avvenuto. Di sicuro avrà provato grande gioia ripensando a quell'evento e rendendosi conto di ciò di cui era stato testimone.

Mi sentii come Tommaso che voleva effettivamente vedere per credere, ma poi mi concentrai su ciò che aveva detto Gesù. Era come se stesse parlando a me. *Io sono uno che non ha visto Gesù, ma posso comunque credere*, pensai.

Finalmente decisi: *E va bene, ci credo. La mia mente accetta il Cristianesimo. Ora frequenterò una chiesa e non mi farà certo male. Tanto, che cos'ho da perdere?* Ero un po' nervoso quando feci questo passo anche con la mente. Il cuore mi batteva fortissimo e mi sentii molto agitato.

"Greg? Greg! Devi andare a prendere mia sorella," urlò Ruth verso il seminterrato.

"Va bene, vado". Fuori era buio e mentre guidavo in auto c'era un gran silenzio (di solito tengo la radio a tutto volume). Ero ancora assorto nei miei pensieri. Sentivo il bisogno di gridare ad alta voce "Ci credo", anche se non c'era in giro nessuno. Quella sensazione che avevo intorno a me si era fatta più forte che mai. Per una qualche ragione esitai a pronunciare quelle parole ad alta voce, anche se un momento prima le avevo dette nella mia mente.

Imboccando la strada principale, dissi ad alta voce: "Ci credo. Credo che Gesù è morto sulla croce per i miei peccati e che è risorto dalla morte". Nel momento in cui lo dissi, mi sentii strano e tranquillo allo stesso tempo. Ero diventato una persona religiosa? Mi diressi verso l'aeroporto e pensai ai possibili cambiamenti della mia vita.

Decisi che sarei andato in chiesa indossando abiti consoni, che avrei ascoltato attentamente i sermoni e avrei provato a essere più gentile. Diventando una brava persona, Dio avrebbe visto e compreso i miei sforzi personali per essere un cristiano e, tutto contento, un giorno mi avrebbe fatto entrare in paradiso. Nessun problema. Cosa c'era di strano in tutto questo? Pensandoci, mi sentii meglio. Anch'io posso essere un cristiano nato di nuovo!

Per me il Cristianesimo era solo questo e nient'altro. Tutto ciò che avevo letto era accaduto così tanto tempo fa che non potevo saperne di più (o darlo per assolutamente certo) fino a quando sarei morto. Sapevo solo che dovevo avere fede, fidarmi delle mie ricerche e del mio cuore ed accettarlo. Com'ero contento, finalmente era finita. Ma lo era per davvero? Non avrei mai immaginato che invece quello fosse solo l'inizio.

Dio, il mio dottore

Capitolo ottavo

Il Risveglio

Era lunedì mattina e stavo andando di corsa al lavoro. Quando il semaforo diventò verde, l'auto davanti a me non si mosse subito. "Ehi, idiota! Che fai, dormi? È verde! Dai gas e muoviti!" urlai al veicolo davanti a me che finalmente avanzò, ma con molta calma. Irritato, gli rimasi incollato al sedere fino a quando trovai un'apertura: mi infilai nella corsia di sinistra e lo sorpassai. "Evvai!" esclamai. Gliel'avevo fatta vedere io.

Al semaforo successivo un'altra auto mi si fermò a fianco. Fissai la luce rossa ma di nascosto tenevo l'occhio puntato sul semaforo che regolava il traffico nella strada che incrociava la mia: sapevo che quando quello fosse diventato rosso, avrei potuto scattare con prontezza davanti all'altra auto con un po' d'anticipo. Vidi che era giallo: con un piede mandai su di giri il motore, mentre l'altro era fisso sul freno. Non appena il nostro semaforo diventò verde, schiacciai a fondo l'acceleratore e guizzai in testa. Guardai nello specchietto retrovisore e vidi che ero riuscito a seminare quell'auto. Mi misi nella corsia di destra tutto contento per la mia "vittoria".

LO SPIRITO SANTO?
Arrivato al lavoro, entrai in laboratorio e mi diressi al computer. Tammy, la Signora della Bibbia, stava leggendo seduta alla sua scrivania. Si alzò, venne verso di me e mi chiese: "Come va con la lettura della Bibbia?". Immaginavo che mi si fosse avvicinata per chiedermelo e io mi ero già preparato la risposta. Non me la sentivo ancora di dire a tutti che avevo deciso di convertirmi o che credevo nella Bibbia.

Risposi in modo breve e secco: "Bene. Ho letto tante cose e ora ci sto riflettendo sopra".

Sorpresa e con un'espressione buffa in viso, mi disse delicatamente: "Sto pregando per te affinché lo Spirito Santo si riveli nella tua vita", poi se ne andò. Era quasi come se stesse insinuando di sapere cosa sarebbe successo. Non avevo idea di cosa volesse dire, ma mi imbarazzava troppo chiederglielo. Rimuginandole nella mia mente, quelle parole riecheggiarono dentro di me per il resto della giornata. *Cosa voleva dire?*

Tornato a casa, mi attardai a lavorare nel mio studio dopo che tutti erano andati a dormire. Le sue parole riecheggiavano nella mia mente: "Sto pregando per te affinché lo Spirito Santo si riveli nella tua vita". All'improvviso provai un po' di paura. *Quale Spirito Santo?* Sentivo ancora quella forte presenza che mi circondava, ma dopo quella frase mi sembrava ancora più forte. Fui preso dallo spavento. *Cosa mi dovrebbe succedere? Dovrebbe apparire qualcosa?* mi preoccupai. *Mi sto comportando da sciocco?*

Mi girai immediatamente sulla sedia e guardai dietro di me per assicurarmi che non ci fosse nulla. *Tutto tranquillo*, pensai tirando un sospiro di sollievo. Qualche minuto dopo sollevai di scatto lo sguardo verso il soffitto per vedere se c'era qualcosa. Non sapevo cosa aspettarmi e mi comportavo in modo irrazionale. *Ricomponiti!* dissi a me stesso con tono di biasimo. Non ricordavo nulla di significativo sullo Spirito Santo dalla mia lettura della Bibbia, dalle parole dei pazzoidi della gita in montagna o dall'incontro che avevamo avuto a Marco Island.

Nelle sere successive, quando mi attardavo tutto solo a lavorare nello studio di casa, pensai a quello che mi aveva detto Tammy. Avevo la sensazione che sarebbe accaduto qualcosa, ma non sapevo di cosa si trattasse.

IL PAZIENTE

La settimana dopo si presentò in clinica una persona che mi lasciò turbato. La chiamerò semplicemente "Il Paziente". Era lunedì mattina e l'ufficio era già gremito di pazienti e infermieri. L'infermiera mi disse: "Oggi abbiamo un paziente in più". Diedi un'occhiata alla lista e vidi il nome di un uomo scritto a mano in fondo al solito elenco di pazienti scritto al computer. Di regola la priorità di visita veniva data ai pazienti presenti sulla lista; dopo una trentina di minuti, andai verso la stanza numero quattro, dove mi aspettava il "paziente aggiunto".

Era alto e snello e stava seduto sul lettino delle visite rivolto verso di me. Aveva cinquant'anni, i capelli corti e brizzolati sul castano ed era un po' stempiato. Le gambe smilze penzolavano dal bordo del lettino mentre teneva le braccia incrociate sul grembo. I suoi occhi erano di un azzurro intenso e brillavano in modo insolito, cosa che catturò subito la mia attenzione. Guardandolo più da vicino, mi vennero di colpo in mente i pazzoidi della gita in montagna. Il suo sguardo fisso su di me mi mise un po' a disagio, ma il suo sorriso era dolce e rassicurante.

Presi in mano la sua cartella clinica e lessi che aveva un tumore alla pelle, il tipo di malattia in cui ero specializzato come medico. Iniziai come al solito consultando le informazioni più attinenti che trovai nella documentazione e nell'anamnesi che riguardava questo paziente. Notai che lavorava in una chiesa, dettaglio che catturò la mia attenzione perché avevo deciso di diventare cristiano.

"Vedo che lavora in una chiesa," gli dissi.

"Sì," si limitò a confermare con un po' di emozione. Poi mi scrutò con sguardo fulgido e intenso, mettendomi a disagio.

Quando venne per me il momento di cominciare ad analizzare la sua pelle, si sdraiò sul lettino fissando il soffitto. Aveva un'aria insolitamente tranquilla. Trovai molto strano il fatto che il tumore non lo preoccupasse né lo interessasse minimamente, mentre la maggior parte della gente era nervosa, incuriosita o si agitava sulla sedia e faceva tante domande.

"Ha qualche domanda da farmi o qualche preoccupazione che vuole dirmi?" gli chiesi.

"No, va tutto bene," rispose, fissando sempre il soffitto.

C'era qualcosa di molto insolito in lui. L'infermiera che gli stava dietro (ma che lui non poteva vedere) scrollò le spalle lanciandomi uno sguardo come a dire *Questo tizio è proprio strano!*

Uscii dalla stanza mentre l'infermiera lo preparava per l'intervento, l'asportazione di un piccolo tumore sulla tempia sinistra. Quando tornai per procedere con la prima fase dell'intervento, eccolo là sdraiato, tranquillo e con lo sguardo fisso verso l'alto: sembrava l'uomo meno preoccupato del mondo; era calmo, sorridente e dall'aria rilassata. Si girò e mi guardò mentre gli stendevo un telo sul viso. Non disse nulla ma mi lanciò un'occhiata strana. I suoi occhi e l'espressione del suo viso erano pieni di compassione.

Questo tizio mi guarda come se provasse un grande amore per me! pensai. Ma non un amore perverso, no, era un amore compassionevole. Mi ricordava l'affetto di mia nonna e la sua grande gioia quando passavamo un po' di tempo insieme. Il cuore iniziò a battermi forte e sentii il bisogno impellente di allontanarmi da quest'uomo. Quando stesi il telo sopra di lui, lasciando scoperta solo una piccola parte della sua fronte, l'infermiera percepì il mio smarrimento e mi lanciò un'occhiata perplessa. *Ma che ha questo tizio? Perché mi commuovo?* mi domandai.

Rimossi il primo stadio del tumore e uscii dalla stanza. Al termine dell'intervento, di solito tornavo dal paziente per accertarmi che stesse bene, ma stavolta non lo feci: ero ancora un po' spaventato da quel tizio. Il campione di pelle rimosso venne inviato immediatamente al laboratorio per farlo analizzare. Dopo una trentina di minuti il referto istologico era pronto per l'analisi al microscopio. Per fortuna il tumore di quel paziente era stato rimosso completamente e non c'era più bisogno di fare altri interventi. *Mandiamolo via da qui*, pensai.

Dissi all'infermiera: "Lo prepari per la dimissione. La ferita è talmente piccola che guarirà da sola. Non servono punti".

Al momento di dimetterlo dovevo tornare nella stanza. Mi aspettava seduto su una poltrona. Sulla parte sinistra della fronte aveva una piccola medicazione. Gli diedi la bella notizia, ma per tutto il tempo continuò a fissarmi con *quello sguardo*. È difficile da descrivere a parole, ma la cosa certa è che lo percepivo. Non disse e non chiese niente, aveva soltanto lo sguardo fisso. Poi, all'improvviso, mi guardò dritto negli occhi e mi chiese: "Lei ha accettato il Signore Gesù Cristo come personale Signore e Salvatore?"

Ero basito e stavolta anche senza parole. Mi sentii mancare. Era come se stessi percorrendo il tratto in discesa delle montagne russe più contorte della mia vita. Sbiancai in viso e sentii una pressione interna sempre più crescente dentro di me. Tutto questo avvenne nel giro di microsecondi. *Perché me lo chiede?!* Non riuscivo a parlare, ero raggelato. Mi fissava come se in qualche modo sapesse cosa avessi fatto nelle settimane precedenti. Lanciai un'occhiata all'infermiera che gli stava alle spalle e che era stupita, completamente esterrefatta. In dieci anni di professione medica non avevo mai avuto un paziente che mi avesse detto una cosa del genere di punto in bianco.

"Ehm... Devo... Ehm, tornare in laboratorio," farfugliai. Uscii dalla stanza più in fretta che potevo e andai dritto in cucina. Mi lasciai cadere su una sedia che era lì. Sudavo freddo e il mio cuore batteva all'impazzata. Mi versai un po' d'acqua in un bicchiere e la trangugiai. Cominciai a percepire di nuovo quella presenza intorno a me. Avevo paura, ma essendo al lavoro, dovevo cercare di ricompormi.

"Di che stava parlando?" mi domandò l'infermiera quando entrò in cucina con in mano la documentazione del Paziente.

"Se ne è andato?" le chiesi.

"Sì, l'ho appena accompagnato all'uscita".

"Bene. Devo tornare al lavoro," dissi alzandomi in piedi. Non ne volevo parlare con lei e, usando come scusa il fatto che era una giornata piena di impegni, approfittai per andarmene. Fortunatamente la giornata fu particolarmente frenetica e riuscii a non pensarci più, però la sensazione di una presenza costante intorno a me non mi abbandonò da quel giorno in poi.

Quella sera, quando tornai a casa, Ruth capì che c'era qualcosa che non andava. "Ehi, che succede? Sei un po' strano," chiese. Doveva essere il mio silenzio. Di solito quando tornavo a casa mi mettevo a parlare. Non le risposi, la lasciai lì con i suoi dubbi. Uscii fuori in veranda per riflettere su tutto quello che mi stava succedendo. Cominciai a fare mente locale sulle parole che mi aveva detto la signora della Bibbia: "Sto pregando per te affinché lo Spirito Santo si riveli nella tua vita." *Cosa aveva voluto dire? Cosa aveva voluto dire?* mi domandai. "Forse non lo sa nemmeno lei!" mormorai per consolarmi.

C'era qualcosa nell'aria, soprattutto quando ero da solo; era come se ci fosse una presenza che mi avvolgeva in una strana aura che potevo soltanto percepire e avvertire. Provavo una certa tranquillità ma, allo stesso tempo, ero un po' agitato perché non sapevo cosa pensare. Non ne parlai con nessuno, nemmeno con Ruth. Ero sicuro che, se lo avessi detto, tutti avrebbero pensato che mi ero ammattito. Fortunatamente Ruth non fu insistente con me, ma sapevo che la cosa la incuriosiva.

Di solito, quando tornavo a casa dal lavoro sentivo il desiderio di rilassarmi, ma quella sera i nostri scatenatissimi bambini furono una piacevole distrazione. Andammo a letto presto, ma non dissi a Ruth che uno dei motivi era che non volevo rimanere solo nel mio studio. Quella "presenza" un po' mi intimoriva.

IL VICINO DI CASA

Il giorno seguente, mentre ero fuori in giardino, venne a trovarmi un vicino di casa. Durante la nostra chiacchierata, mi invitò ad andare nella sua chiesa la domenica successiva. "Perché non provi a venire nella mia chiesa? Si spiega la Bibbia e si loda Dio," mi disse. Ero sorpreso perché non avevamo mai avuto occasione di parlare di Dio e lui non era certo a conoscenza della mia "Indagine".

"Mah, non saprei," risposi imbarazzato.

"Non è necessario che ti vesta bene. Puoi anche venire in jeans e maglietta," mi spiegò, sempre più entusiasta. A quel punto credo che avesse notato il mio sollievo dopo quella sua frase e che avesse pensato che la cosa mi interessava un po' di più. Continuò dicendo: "Abbiamo persino un bar dove servono caffè espresso!"

Ecco quello che volevo sentire. A me il caffè piace moltissimo, vestirmi bene non mi interessava e per quanto riguardava l'andare in chiesa, beh, la decisione l'avevo già presa, avevo soltanto vergogna di fare il primo passo. E poi non volevo andare in un posto dove avrei incontrato persone che mi conoscevano e che mi avrebbero fatto un sacco di domande. Non volevo che la gente sapesse che avevo letto la Bibbia e che avevo fatto ricerche sul Cristianesimo.

"Va bene, ci vengo," risposi.

"Fantastico. Ti aspetto, basta che vieni dietro a me con la macchina. Non è molto lontana".

"D'accordo, a domenica".

Entrai in casa e non sapevo come dirlo a Ruth. Doverglielo dire mi metteva a disagio e mi sentivo anche un po' strano. Ruth era in cucina, seduta a tavola con i bambini. "David mi ha chiesto di andare nella sua chiesa domenica prossima. Non so cosa rispondere".

Stavo mentendo perché in realtà volevo andarci, ma volevo fare l'insicuro, non volevo mostrarmi troppo interessato.

"Davvero? E ci vuoi andare?" mi chiese con grandissima sorpresa. Credo che ne fosse piacevolmente stupita.

"Tu cosa ne pensi?" le risposi, cercando di farle credere che non volessi andare e lasciando a lei la decisione.

"Che dovremmo andarci tutti insieme," disse.

"Va bene. Vado a dirglielo".

Uscii in fretta in giardino facendole credere che andavo a dare una risposta a David. Non volevo che sapesse che gli avevo già detto di sì.

IN CHIESA

Quando arrivò la domenica mi misi un paio di jeans e una polo, mentre Ruth indossò un paio di pantaloni sportivi e una camicetta. Radunai i bambini e ci mettemmo tutti in auto per raggiungere il mio vicino di casa, che ci stava già aspettando. Durante il tragitto ero un po' agitato e il cuore mi batteva forte; dopo tutto, le nostre esperienze precedenti con la chiesa non erano state granché fantastiche.

Il Risveglio

La chiesa non era molto lontana, anzi, era proprio alla fine della strada. Quando David svoltò per il parcheggio, pensai che avesse sbagliato. "Tesoro, sta andando verso un centro commerciale," dissi.

Ruth indicò col dito e disse: "No, guarda là. Il cartello dice 'Calvary Chapel'. C'è una chiesa qui". Era una chiesa, ma senza campanile, senza vetrate colorate e senza un portone in legno a fare da ingresso. Si trovava all'interno di un edificio molto grande ed era disposta su un unico piano; la gente vi poteva accedere grazie alle due entrate presenti sul davanti. Il parcheggio era pieno e c'erano persino degli uomini che smistavano le auto in arrivo. *Ma davvero tutta questa gente va in chiesa?* mi domandai. Notai anche che quasi tutti avevano con sé una Bibbia. Perché si portano la Bibbia in chiesa? C'ero stato soltanto un paio di volte in tutta la mia vita, ma non ricordavo nessuno con la Bibbia in mano.

Quando entrammo, mi sentii subito a casa. *Non posso credere di non sentirmi a disagio*, pensai. Qui la gente non era come nelle chiese in cui ero stato in precedenza. All'entrata una signora mi accolse con un bel sorriso e, porgendomi un volantino, mi disse: "Benvenuti".

Sentii il profumo del caffè macinato fresco e mi diressi al bar che si trovava subito a sinistra dell'entrata. Il rumore della macchina per fare il caffè in funzione e il profumo del latte schiumato mi misero subito di buon umore. *Aaaah, questa è musica per le mie orecchie!* Non sembrava una cosa molto adatta per una chiesa, ma per me era come essere entrato in paradiso!

Ordinai un caffellatte e osservai tutti quelli che entravano. Facce sorridenti, abbracci calorosi, mi sentivo circondato da un'atmosfera tranquilla e confortevole, ma presto fui preso da un senso di invidia. *Perché queste persone sono tanto felici? Io ho tutto eppure sono infelice*. Perplesso, provai a osservarne alcune e a giudicarle per sentirmi meglio.

Questo qui è un tizio tecnologico. Oh, guarda chi arriva! Una vestita come una bambolina. Santo cielo, beccati questo! Un frocetto tutto contento, gongolai malignamente dentro di me. Iniziai a essere preoccupato: sarei riuscito davvero a portare avanti un impegno come la chiesa? Io non ero di certo come questa gente.

Da una sala a porte chiuse davanti a me sentii provenire della musica. La seguii e, aprendo le porte, entrai nel locale di culto insieme a Ruth e al nostro vicino di casa David.

Provai subito un grande senso di energia e di gioia. Tutti sembravano entusiasti e toccati dalle canzoni che venivano suonate, tanto che la gente teneva gli occhi chiusi e le mani alzate o a volte le batteva, ma tutto avveniva con grande ordine. Secondo me quelle persone provavano qualcosa, ma non sapevo spiegarlo. Era tutto molto strano, ma al contempo affascinante, al punto tale da sentirmi attratto. Quelle persone mostravano grande gratitudine e riverenza verso Dio, sentivo che erano appagate e contente, sentimenti che non ero mai riuscito a trovare nelle cose materiali e che cercavo da sempre. *Com'è possibile?* mi domandai.

Caddi di nuovo in preda all'invidia. La donna sul palco cantava con gli occhi chiusi e il ragazzo alle percussioni guardava sorridente verso il soffitto. Queste persone non possono avere quello che ho io. *Non hanno la mia istruzione, la mia formazione o le mie conoscenze*, pensai. La musica era piacevole, ma sembrava non finire mai.

Finalmente, al termine dell'ultima canzone, si presentò sul palco il pastore che analizzò, per quarantacinque minuti, versetto per versetto, un passo del libro di Matteo. Tutti seguivano il suo discorso sulla loro Bibbia: ecco perché tutti ne avevano una! Nella mia vita ero andato in chiesa soltanto due volte, ma il messaggio di quest'uomo era diverso. Nelle chiese precedenti si faceva solo un gran parlare, invece lui aveva più l'aria di un insegnante: spiegava ogni frase in modo da far capire a tutti cosa c'era scritto nella Bibbia. Apprezzai il fatto che non esprimesse troppe opinioni personali, ma che si basasse rigorosamente su quello che diceva la Bibbia.

Verso la fine invitò i presenti a "ricevere Cristo". Usava quest'espressione di continuo, come a dire che tra l'uomo e Dio fosse necessario stabilire un patto. Per me non aveva molto senso. *Cosa vuol dire ricevere Cristo nella propria vita?* Duemila anni prima Gesù era morto ed era salito in cielo. *Come faccio a riceverlo ora?* mi domandai. *E poi non l'ho già fatto quando ho deciso che la Bibbia è vera e ho accettato di venire in chiesa?*

La funzione nel complesso mi era piaciuta. Mi aveva dato un po' di fastidio vedere tutta quella gente gioiosa che diceva di avere pace nel cuore, mentre io non mi ero lasciato sopraffare da certi sentimenti. Nessuno era stato invadente, importuno o mi aveva guardato storto perché ero nuovo o diverso. Mi era piaciuto il fatto che ci fosse un bar e che avessi potuto vestirmi in modo informale, perché avevo sempre pensato che fosse da ipocriti vestirsi bene per andare in chiesa e poi tornare a casa e comportarsi come fanno tutti. Dissi a mia moglie: "Direi che una volta alla settimana ci potremmo venire". Ruth ne era contenta e David ne era entusiasta. *Perché lui è tanto felice per me? Cosa gliene importa? Perché ci tiene tanto che io venga in chiesa?* mi chiedevo.

LA CRISI

Il giorno dopo successe qualcosa di strano. Mi attardai a lavorare nel mio studio di casa, mentre tutti stavano dormendo. Non riuscivo a concentrarmi perché non smettevo di pensare a Gesù e alla Bibbia. Ed ero ancora un po' spaventato riguardo allo Spirito Santo. Sentivo ancora quella presenza e la sentivo sempre di più. Era strana ma allo stesso tempo confortante. Mi vennero in mente le parole del Paziente: "Lei ha accettato il Signore Gesù Cristo come personale Signore e Salvatore?" *Non era forse quello che anche il pastore ci aveva chiesto di fare ieri mattina?*

All'improvviso iniziai a pensare a certe mie brutte abitudini, richiamando alla mente episodi particolari del passato, quando avevo fatto un torto o detto delle cattiverie a qualcuno. Cominciai a ricordarne ogni dettaglio, partendo dall'infanzia fino all'età adulta, provando sempre più turbamento e disgusto di me stesso, man mano che ci riflettevo sopra. Un flusso ininterrotto di episodi iniziò a passarmi per la testa. Provai a non pensarci, ma loro continuavano a ripresentarsi e in modo molto vivido. Al che, con lo sguardo fisso nel vuoto, rimasi a guardarli come uno spettatore davanti al televisore, sapendo però che era tutto realmente accaduto.

"Sei un perdente, un rammollito! Ti vesti come una femmina!" inveii contro un bambino da poco arrivato nella mia scuola elementare. "Non ti vogliamo nel nostro gruppo," dissi seccamente. Quel bambino corse via in lacrime. "Che fai?! Corri da mammina?" gli urlai dietro.

"Ehi, Doug. Filiamo via da qui ora che Chris è in bagno, così quando esce non ci trova," dissi al mio amico quando ero in quarta elementare.

"Sei brutta. Non piacerai mai a nessuno!" dissi a una ragazzina per umiliarla, quando ero in terza media. Fece una faccia stranissima, come se l'avesse colpita un proiettile. Mi fissò incredula, poi iniziò a tremare per il grande dispiacere. Davanti al suo disagio mi venne soltanto da sorridere.

Dio, il mio dottore

"Non posso credere che mi hai tradita!" singhiozzò la mia ragazza quando ero in seconda superiore. "Come hai potuto farmi questo? Non capisci che ti amo?" mi chiese con le lacrime che le scorrevano sulle guance. Era così agitata che non riusciva a prendere fiato. Io non mi scomposi.
"Lei mi piace di più," le risposi con freddezza.

"Al suo locale serve qualcosa di meglio, questo DJ qui fa schifo! Scelga me e le farò sentire davvero chi è un DJ," dissi a un potenziale datore di lavoro. A quel tempo andavo all'università. Io ottenni il posto, l'altro ragazzo fu mandato via.

"Papà, vieni fuori a giocare con me?" mi chiese mio figlio di quattro anni con la palla in mano.
"Non ora! Non vedi che sono occupato?!" gli urlai. Lasciò cadere la palla e corse via in lacrime.

"Cos'è che hai?!" Ruth mi domandò.
"Non ho niente. Sta' zitta e lasciami in pace! Perché continui a darmi fastidio?" ribattei. "Sei sempre nervosa e irascibile".
"Sei tu che continui a darmi contro," singhiozzò.
"Smettila di piangere e vattene fuori dalle p.... Non ho tempo ora per queste c...!"
"D'accordo!" urlò sbattendo la porta dietro di me.
"Le donne sono solo una rottura di p..." borbottai tra me e me.

"Imbecilli! Cosa diamine state facendo?! Filate subito dritti nella vostra c... di camera!" urlai ai miei due figli, di quattro e cinque anni. Corsero su per le scale piangendo e strillando.
"Mamma! Mamma! Papà ci grida dietro!" Io ero rimasto al piano di sotto a raccogliere i loro giochi sparsi per tutto il pavimento. Ruth venne di corsa giù per le scale.
"Ma che ti prende? Sei sempre lì a urlargli addosso".
"Ho avuto una giornata difficile a lavoro. Lasciami in pace anche tu, c..." scattai.

Uno dopo l'altro, i ricordi continuavano ad affluirmi nella mente, come un film, un film dell'orrore, di cui ero il protagonista. Da quello che riuscivo a ricordare iniziavo a capire quanto fossi stato crudele, maleducato, invidioso, orgoglioso, spietato e poco affettuoso. Vidi me stesso da una nuova prospettiva. Appoggiato al tavolo, cominciai a piangere davanti al mostro che ero stato per così tanto tempo e in così tante situazioni. Era come se qualcuno mi avesse mostrato chi fossi veramente e quanto avevo visto non mi piaceva.

La verità mi aveva dato un dolore tale da farmi a pezzi il cuore per il dispiacere. Le lacrime scesero a fiotti e i singhiozzi divennero gemiti d'angoscia e afflizione. Poi, per la prima volta nella mia vita, percepii la presenza di Dio in maniera inspiegabile e sempre più pressante; provai molta paura e terrore dentro di me perché sapevo di essere un peccatore, morto nei miei peccati, davanti a un Dio santo. Fremetti quando mi resi conto di essere perduto e iniziai a tremare.

Andai a inginocchiarmi davanti al letto e mi sfogai a così gran voce che non potevo credere di non aver svegliato tutta la casa. Tremavo per la paura e il dolore. Tartagliai tra i singhiozzi: "Oh, Signore, perdonami! Ti prego, perdonami. Ho sbagliato tanto. Sono davvero cattivo. Mi spiace, mi spiace moltissimo! Gesù, ti prego, aiutami!"

Continuai senza fermarmi: "Non voglio più comportarmi così. Cambiami. Oh, Gesù, ti prego, cambiami! Trasformami come vuoi tu. Io credo che sei morto sulla croce per i miei peccati. Ho peccato contro di te. Non lo sapevo. Non lo sapevo davvero..." dicevo piangendo nella mia angoscia.

Tutto questo durò almeno una decina di minuti. Piangevo così tanto da dire solo parole sconnesse tra loro. Mi ero arreso. Mi ero gettato nelle braccia misericordiose di Dio a implorare il suo perdono, come farebbe un criminale condannato davanti a un giudice. Piansi ancora di più perché riuscivo a sentire forte in me la potenza di Dio. Non mi aspettavo di provare così tante emozioni e di certo, da uomo adulto, orgoglioso e di successo, da professionista qual ero, questa situazione mi andava stretta. Ma le parole mi uscirono fuori con grande naturalezza. Qualcosa mi portò a pentirmi, ad arrendermi e a chiedere perdono, mentre per me era una semplice crisi emotiva e nient'altro, però questa mia preghiera diede una svolta importante alla mia vita.

Alla fine quelle emozioni si affievolirono. Mi ero lasciato andare completamente, ma pian piano mi ricomposi. Mi sentii molto strano e a disagio, anche se ero solo nella stanza. Entrai in camera da letto in punta di piedi, certo che Ruth fosse sveglia ad aspettare spiegazioni. Invece stava dormendo. Quando mi sdraiai, provai un'immensa sensazione di pace profonda. Ma non era la solita pace, era qualcosa che non avevo mai provato prima. Caspita, non pensavo che un bel pianto o una crisi emotiva potesse fare tanto, pensai. Mi addormentai senza rendermi conto che era successo qualcosa di speciale. Dormii profondamente. Mai avrei immaginato che non mi sarei più svegliato uguale a prima.

Capitolo nono

La Trasformazione

I PRIMISSIMI MOMENTI

Quando mi svegliai il mattino seguente, tutto era completamente diverso, sotto ogni aspetto, ma non riuscirò mai spiegarlo con precisione. Le dimensioni di questo cambiamento erano paragonabili a quando una persona cieca fin dalla nascita recupera la vista. Era come se mi fossi svegliato da un sogno durato trentasei anni.

Alle 5.30 del mattino suonò la sveglia. Il risveglio fu lento, ero frastornato e confuso. Mi misi a sedere sul bordo del letto e percepii che qualcosa era cambiato radicalmente. *Sento una grande pace. Non sono preoccupato o stressato come al solito per la giornata che mi aspetta. La tensione sembra essere scomparsa e non sento più quel peso che prima mi opprimeva,* pensavo.

Nella stanza ancora buia, mi alzai dal letto e andai in bagno a farmi una doccia. L'acqua calda mi picchiettava sulla testa per poi scendere sul torace. *Cos'è cambiato?* Mi insaponai ben bene, quindi chiusi gli occhi e lasciai che l'acqua sciacquasse via tutto. Ad un tratto capii cos'era successo: *C'era silenzio nella mia mente!* Il solito "ingorgo" di pensieri e ansietà era sparito!

In quel momento, mi resi conto che tutte le mattine la mia mente iniziava ad affollarsi con ogni tipo di preoccupazione e pensiero e questo era successo per gran parte della mia vita. *C'è da pagare la rata del mutuo, i bambini sono ammalati, i miei investimenti stanno perdendo valore, devo andare in banca, devo ritirare gli abiti in lavanderia, devo andare in palestra, devo preparare la presentazione per la conferenza, devo far aggiustare il rubinetto del lavandino, devo andare a farmi cambiare l'olio alla macchina...*

Da anni, ogni santo giorno, tutti questi pensieri mi bombardavano non appena aprivo gli occhi, ma stamattina non c'erano! Per la prima volta da che ricordassi, non stavo pensando alla confusione, allo stress e alle frustrazioni di una vita frenetica e mi sentivo in gran forma! La mia mente, di solito piena di pensieri, era tranquilla, calma e vuota. "È una sensazione strana, ma è meravigliosa," mormorai tra me e me.

Iniziai poi a lavarmi i denti, perché avevo l'abitudine di spazzolarli sotto la doccia. Mentre l'acqua calda continuava a picchiettarmi sulla testa, feci un'altra osservazione che mi lasciò sorpreso: *Mi sento appagato, ma perché?* In cuor mio provavo un senso di felicità a me nuovo, ma inspiegabile. *Mi sono appena alzato. Non ho comprato niente e non mi è successo nulla per sentirmi in questo modo. Com'è possibile?* Avevo già avuto questa sensazione, ma in un contesto diverso.

Mi sento come la prima volta in cui mi sono seduto al volante della mia nuova auto sportiva. Ero entusiasta di quel gioiellino dell'ingegneria automobilistica, come lo è un bambino quando tiene in mano un giocattolo nuovo. Non vedevo l'ora di poterla guidare e farmi vedere in giro. Il problema era che quella sensazione durò soltanto qualche settimana, per poi svanire nel nulla.

Adesso però, provo quella stessa sensazione a pochi minuti dal risveglio, chissà perché! Normalmente, quando mi alzavo dal letto, ero scorbutico, disilluso dalla vita e persino spaventato al pensiero di un'altra giornata di lavoro. Questa sensazione era strana ma, lo confesso, mi piaceva molto, proprio come avere la mente vuota e calma.

L'ultima parte della mia routine mattiniera consisteva nel farmi la barba. Iniziai a passare il rasoio su ogni lato del viso e a batterlo su una piastrella per pulirlo. Mi meravigliavo nel notare come ora ogni cosa era diversa. In passato avevo provato qualcosa di simile, ma sempre e solo in relazione a un oggetto acquistato, vinto o ricevuto in regalo, insomma a qualcosa di materiale.

Mi venne subito in mente un'altra sensazione molto simile alla precedente. *È come quell'appagamento che provo dopo aver buttato giù qualche bicchiere di buon vino, anzi, i primi due!* Ero rilassato, leggermente euforico ed eccitato, proprio come quando bevevo del buon vino. *Non mi sembra però il momento più adatto per sentirmi in questo modo... Sto soltanto facendo una doccia!*

Il vino era sempre riuscito ad allentare la tensione, a farmi dimenticare le preoccupazioni e provare un po' di felicità e gioia. Sembrava che riuscisse a riempire il vuoto che c'era nella mia vita, ma l'effetto non durava mai abbastanza. Ad aggravare la situazione poi c'erano il mal di testa e i postumi della sbornia da smaltire il giorno dopo. Oggi, però, c'era qualcosa di diverso: durante la solita doccia del mattino, mi sentivo in gran forma senza saperne il motivo. Che strano!

Eppure non ho bevuto nulla, mi sono soltanto svegliato e alzato dal letto. Ed era solo l'inizio della settimana, non era venerdì, giorno in cui di solito iniziavo a pregustare il week-end in arrivo. Non c'era alcuna auto nuova in garage ad aspettarmi e non ci stavamo preparando a partire per le vacanze. *Forse ho bisogno soltanto di un buon caffè*, pensavo. *Una bella dose di caffeina mi aiuterà a fare ordine nella mente, così potrò capire meglio cosa mi sta succedendo.*

Uscii dalla doccia, mi vestii e scesi al piano di sotto. Continuavo ad aspettare il momento in cui la mente si sarebbe riempita di pensieri fino a scoppiarmi, ma non successe nulla. Mi preparai un caffè e, dopo averlo bevuto, rimasi fermo lì per un paio di minuti, in attesa che la caffeina mi risvegliasse da questo piacevole ma stranissimo stato di "beatitudine". Non cambiò nulla. Me ne preparai subito un altro, lo buttai giù, presi la mia roba e salii in macchina. Mi sentii come se stessi per partire per un viaggio che aspettavo da un anno intero, ma stavo semplicemente andando al lavoro, non a Las Vegas. Un'euforia, una gioia e un eccitamento simili mi venivano sempre poco prima di una Grande Vacanza.

IL PRIMO GIORNO DI LAVORO

Salii in macchina e andai al lavoro. La voglia di correre come un pazzo in strada era sparita. Nonostante il traffico, rimasi tranquillo e, persino davanti a un tizio che mi tagliò la strada, non mi scomposi. Avevo dimenticato il cellulare a casa, ma la cosa non mi pesò. Quando arrivai al semaforo rosso, non sentii l'impulso di sgasare per superare l'auto a fianco a me. "Che strano," dissi a voce alta. Michael Schumacher si era trasformato in Piero Angela?

Una volta arrivato al lavoro, questi sentimenti divennero ancora più intensi e gli inspiegabili cambiamenti della mia personalità si fecero più evidenti. La giornata era strapiena di appuntamenti, ma la cosa non mi preoccupò né mi lamentai con le infermiere; visitai persino una paziente difficile che mi fece mille domande, senza perdere minimamente la pazienza.

Era il primo appuntamento della giornata. Quando aprii la porta, vidi una vecchietta seduta sulla poltrona da visita con ben stretto in mano un foglietto. Mi fissava in modo assillante e, dal primo momento in cui entrai nella stanza, fu lei a guidare la nostra conversazione.

"Senta, dottor Viehman, ho una lista di cose che vorrei chiederle," disse con tono presuntuoso agitando il foglietto verso di me. Per un dottore quelle liste sono sempre un brutto segno. Ma invece di pensare, *Oh no! Una lista!* dissi: "Certo, mi dica pure". La cosa strana è che mi resi conto di essere davvero sincero verso questa donna: non ero irritato, stizzito o scocciato, anzi volevo davvero aiutarla e rispondere alle sue domande!

Provai profondo affetto e tanta premura nei suoi confronti. Era come se qualcosa dentro di me mi permettesse di essere gentile con questa paziente difficile ed esigente. Non dovevo fare finta, era tutto vero! Di solito *facevo il gentile* per quanto mi era possibile, ma in cuor mio pensavo *Fatemi uscire di qui!* Invece, ora ero confuso. *Perché non sono infastidito da questa donna?*

L'infermiera notò in me qualcosa di diverso e mi lanciò un'occhiata come a chiedermi "Dottore, cosa le sta succedendo?" Non mi stavo comportando come facevo di solito, eppure ero io. Mi pareva strano sentirmi all'improvviso una nuova persona, anche se il corpo era sempre lo stesso.

A fine giornata, tornai a casa molto confuso. Non sentivo più sulle spalle quel peso quotidiano fatto di ansia, frustrazione, vuoto, impazienza, amarezza ed egoismo che avevo di solito, era come se me lo avessero tolto. Mi sentivo appagato, senza alcun motivo. In passato, mi serviva qualcosa o qualcuno per sentirmi tale; ora però il mio cuore era felice per la vita che avevo, senza una ragione precisa. Ero stranamente convinto che in qualche modo il vuoto e la bramosia che provavo verso qualcosa di più grande, di migliore o di più abbondante fossero spariti. Com'era possibile?

Al mattino uscivo presto, prima che gli altri si svegliassero. Quando tornai a casa, vidi Ruth per la prima volta dopo quello che mi era successo. Entrai passando dal garage e la trovai indaffarata in cucina.

LA PRIMA SERA A CASA

"Ciao, tesoro. Sono tornato," dissi. Stava preparando la cena mentre i bambini giocavano sul pavimento. Quando si voltò e mi guardò, la vidi sotto una luce completamente diversa. Sentii il desiderio di trascorrere del tempo insieme a mia moglie e di parlare con lei, cosa che di solito non succedeva. Non l'avevo mai ringraziata abbastanza, ma ora provavo verso di lei un sentimento nuovo: la riconoscenza. Tutto questo avvenne nel giro di un istante.

La stessa cosa successe quando vidi i bambini. "Papà!" gridarono correndomi incontro. Li abbracciai e all'improvviso mi resi conto del mio ruolo di *padre*. I miei pensieri si focalizzarono sui miei bellissimi figli e sulle loro esigenze, non più su di me come facevo egoisticamente di solito.

Ebbi poi altri pensieri, profondi e insoliti. I bambini tornarono ai loro giochi, mentre Ruth continuò a preparare la cena. Mi sedetti tranquillo in cucina e mi misi a osservare per un momento la situazione intorno a me: per la prima volta vedevo la mia famiglia e il mio ruolo da una nuova prospettiva che andava oltre la quotidianità. Era quasi come se qualcuno stesse mostrandomi la mia vita nella sua brevità e fragilità. Sentii il desiderio di godermi ogni momento invece di sprecarlo ed ecco che mi si accese una lampadina: *Mi sento come la Emily Gibbs di* Piccola città *o come l'Ebenezer Scrooge di* Canto di Natale! Era come se stessi guardando la vita dall'alto apprezzandone finalmente la quotidianità che con tanta facilità viene data per scontata. *Vado per i quaranta e la mia vita è volata in un attimo. Non riesco a credere con quanta leggerezza abbia preso la vita e la famiglia*, mormorai dentro di me. Mai avevo pensato di aver disprezzato quei bei momenti passati insieme, ma ora avevo davanti agli occhi la verità nuda e cruda. Mi si strinse il cuore; riuscivo soltanto a osservare incantato la mia famiglia.

Mentre stavamo cenando, i pensieri erano un fiume in piena nella mia mente e all'improvviso fui preso da uno spavento. Un senso di colpa misto a vergogna e dispiacere mi riempì il cuore mentre guardavo Ruth e i bambini seduti a tavola con me: come avevo fatto a non godermi il grande miracolo di una cosa semplice come una cena tutti insieme? *Perché ho questi pensieri? Cosa mi è successo?* mi domandai. Continuai a fissarli mentre rimanevo estraniato da tutto e da tutti. Iniziai a ripensare al passato ed ecco che una nuova serie di flashback cominciò a farsi spazio nella mia mente. Eravamo lì tutti e quattro, ma io ero l'unico che potesse vedere queste immagini accusatorie.

"Greg, questo week-end andiamo a trovare la nonna," mi disse mia madre quando ero alle superiori.

"Non ci vengo. Vado a dormire da JB," risposi.

"Dovresti venire, invece. Sta invecchiando e potresti non avere più tante occasioni per vederla".

"No, non voglio andarci. Mi annoio a stare là".

"Greg, la nonna è morta. Faranno il funerale questo week-end," mi disse mia madre al telefono. Ero a Durham per il mio internato in dermatologia.

"Non posso venire. Ho da fare e la strada è lunga," dissi.

"Ma Greg! È tua nonna".

Volevo andarci ma non avevo voglia di vedere un altro cadavere. Non volevo vedere la sua casa vuota che per anni mi aveva riempito di ricordi. Egoisticamente, rifuggii dalla morte e non ci andai.

"Tesoro, vieni dentro ché stiamo un po' assieme e parliamo," mi disse Ruth a una festa.

"No, resto qui con i miei amici. Tu torna pure dentro. Noi ci stiamo facendo due risate," replicai immediatamente e rientrò. "Accidenti! Non si può avere un attimo di pace!" dissi agli altri scolandomi una birra.

"Già. Le mogli sono una gran rottura di p..." disse uno ridacchiando. E tutti noi ridemmo con lui.

"Greg, scusami, ma ho dimenticato di ritirarti i vestiti in lavanderia," mi disse Ruth con imbarazzo.

"Cosa c... ti succede? Non riesci nemmeno a fare quello che ti chiedo? Stai a casa tutto il giorno a fare cosa?!" inveii contro di lei.

"Quanti hot dog vuoi per cena?" Ruth mi chiese mentre ero impegnatissimo a studiare per l'esame di abilitazione in dermatologia.

"Ma che me ne frega? Fammene qualcuno e basta. Devo studiare," scattai.

"Non puoi dirmi soltanto quanti ne vuoi?" mi pregò.

"Senti, non mi interessa, sono occupato. Evita di chiedermelo ancora, chiaro?!" dissi io digrignando i denti e stringendo convulsamente in mano una tazzina di caffè.

"Greg, stai calmo. Voglio solo sapere quanti ne vuoi mangiare," rispose con gentilezza.

Mi alzai in piedi furibondo. "Se me lo chiedi un'altra volta questo caffè finirà sul tuo bel tappeto bianco!"

Non batté ciglio. "Allora, quanti hot dog?" chiese tranquilla.

La guardai dritto negli occhi e versai il caffè sul tappeto. Scivolò giù come una cascata, nero come la pece. "Te l'avevo detto di non provocarmi!" le urlai.

"Papà, ti va di giocare con i camion?" mi chiese mio figlio di tre anni.

"No, non stasera, tesoro. Io e la mamma usciamo con degli amici."

"Pa-pa, vieni e giochi con la sabbia?" mi chiese mio figlio di due anni.

"Non ora. Oggi devo andare a correre".

Le immagini del passato scomparvero e all'improvviso non ebbi più fame, anche se avevo mangiato poco. Mi bastarono pochi secondi per capire quanto ero stato incredibilmente insensibile, arrogante, egoista ed esigente per tanti anni. Il mio cuore affondava e gli occhi iniziarono a riempirsi di lacrime. Cercai di respingerle alzandomi da tavola e mettendo il piatto nel lavandino. Trascorsi il resto della serata a giocare con i nostri due figli e a parlare con Ruth e la cosa mi fece stare meglio.

Tutti andarono a dormire mentre io mi trattenni fino a tardi nell'ufficio, che poi era una camera da letto per gli ospiti. Fui sorpreso per tutto quello che mi era successo in un solo giorno. *Mi sento come se mi avessero drogato, come se il mio vecchio io fosse morto per poi resuscitare come una persona nuova. Cosa mi sta succedendo?* Ero confuso e un po' spaventato, ma ero anche felice. *Ho una famiglia giovane. Io sono ancora giovane. Non è troppo tardi! Posso ancora cambiare la mia vita,* promisi a me stesso.

I TRE GIORNI SUCCESSIVI

Andai a letto e dormii serenamente per la seconda notte di fila. Il giorno dopo fu uguale al precedente. Mi sentivo comunque più a mio agio ed ero più abituato ad alcuni cambiamenti. Volevo godermi appieno quel senso di pace e serenità perché in passato ero stato sempre molto teso. Mi era ancora difficile credere di non essere in un sogno; tutto era indubbiamente reale. Il terzo giorno iniziai a svegliarmi spaventato, perché temevo di tornare al mio vecchio io: qualsiasi cosa fosse, pensavo che non sarebbe potuta durare ancora per molto.

La sveglia suonò alle 5:30 del mattino. Mezzo assonnato, allungai la mano per spegnere quel rumore orribile. *Sento ancora quella sensazione di pace? Sono ancora un uomo diverso?* Pensai immediatamente al mio risveglio. *E se fosse sparita? E se ora fossi tornato alle mie vecchie abitudini e al mio vecchio io? Cosa farò?* mi domandai preoccupato.

Mi alzai, andai in bagno e mi guardai allo specchio. Avevo la casacca del pigiama al contrario e i capelli erano così scompigliati che sembravo un punk. Ma la cosa non mi turbò affatto. *Sento pace dentro di me e non ho l'ansia di andare al lavoro. È un buon segno*, pensavo.

Mi resi subito conto di essere ancora un uomo nuovo. "Sì!" esclamai. "Evvai!"

Ogni mattina aspettavo che *lui* ritornasse, quel vecchio uomo che non mi piaceva più, ma non tornò mai più. *Cosa starà facendo?*

UN NUOVO LINGUAGGIO

Il quarto giorno mi resi conto di un cambiamento molto profondo, che non avevo notato nei primi tre giorni perché ero in preda alla confusione. Era mattino presto e mi stavo preparando per andare a lavorare. Buttai giù il solito caffè e iniziai a infilare le cose nello zaino. "Il portafogli! Dov'è il mio portafogli?!" dissi ad alta voce, disperato. Buttai in aria la casa e la macchina, ma non c'era da nessuna parte! Frugai nello zaino, nelle giacche, nei vestiti e misi sottosopra la cucina, dove solitamente posavo le chiavi e il portafogli.

Ho sempre detestato perdere il portafogli o le chiavi, era una cosa che mi mandava in bestia. Stavolta, però, andò diversamente. Non ne ero turbato, ma non era questo il fatto che catturò la mia attenzione. Per qualche ragione, non stavo imprecando. La mia lingua da scaricatore di porto rimase in silenzio quando invece di solito avrebbe sparato una serie di parolacce. Interruppi improvvisamente la mia ricerca psicotica e rimasi in silenzio per un secondo. Ripercorsi mentalmente gli ultimi tre giorni e mi resi conto di non aver pronunciato nemmeno un'imprecazione! Ero così scioccato che entrai in macchina e andai al lavoro senza più preoccuparmi del portafogli.

Le imprecazioni facevano parte del mio vocabolario quotidiano fin da giovanissimo. Le imparai in gran parte al campeggio estivo "cristiano", a cui riandarono i miei pensieri.

"Ehi, Andy, passami quei c... di piselli, per favore!" Mangiavamo in una grande sala da pranzo con tavoli da otto persone. Tutti i bambini di uno stesso bungalow mangiavano assieme allo stesso tavolo.

"C..., Viehman. Prenditeli da solo!" mi rispose.

"E va bene, c...," inveii.

"Bada a come parli, Viehman, se no ti faccio un c... tanto!" mi rispose l'istruttore del campeggio.

Dicevo parolacce a ogni frase, per *tutto* il tempo. Ero arrivato a un livello in cui non ci badavo neanche più. Quando qualcosa andava storto, imprecavo usando la parola "Dio" o "Gesù", anche se non credevo in Dio. Le parole mi venivano fuori in modo automatico, senza pensare a quello che stavo dicendo.

La Trasformazione

Quando arrivai a lavoro, mi sedetti alla scrivania. Mossi lievemente il mouse per attivare lo schermo del computer, ma non successe nulla. Di solito avrei detto subito qualche parolaccia o pronunciato con sprezzo il nome di Gesù, invece rimasi in silenzio.

Andai sotto la scrivania per cercare di capire cosa non andava e nel rialzarmi picchiai la testa. Era come se mi avessero dato una bastonata. "Ahi!" gridai per il dolore, senza però le solite imprecazioni. Ad un tratto mi resi conto che non stavo nemmeno trattenendo volontariamente le parole. Non mi stavo mordendo la lingua e non ero concentrato a non dire parolacce: erano semplicemente scomparse dal mio vocabolario dopo averle utilizzate per ventitré anni!

Mi sfregai la testa, rimanendo accovacciato sul pavimento, e mi domandai cosa fosse successo. Ero ancora sotto la scrivania, ma non mi meravigliai minimamente di non essermi alzato. "Cosa mi è successo? Com'è possibile?" bisbigliai tra me e me. Provai a pensare alle possibili cause di tutto quello che mi era capitato negli ultimi quattro giorni. *Perché mi sento appagato? Perché sono sparite le parolacce? Perché mi comporto bene e con sincerità verso persone che normalmente mi irriterebbero? Perché provo un senso di pace e tranquillità?* Nella mia mente sfrecciava una domanda dopo l'altra. Rimasi sotto la scrivania per almeno cinque minuti, riflettendo su ogni cosa e cercando risposte.

Di primo acchito, pensai che questa nuova personalità fosse il frutto di un'euforia autoindotta dopo un bel pianto. *Forse mi sento così perché ho tolto un bel po' di schifezze dal mio cuore quando ho avuto quella "crisi".* Ricordai che spesso, dopo un bel pianto, mi sentivo meglio e più rilassato. Non mi era successo molte volte nella vita, ma quei pochi pianti che avevo fatto sembravano riuscire a risollevarmi il morale. I cambiamenti e le mie nuove sensazioni, però, erano troppo radicali perché questa spiegazione avesse senso.

Pensai allora che fosse un problema farmacologico. *Forse per sbaglio è stato scambiato con il valium il betabloccante che prendo ogni giorno per l'emicrania,* pensai. L'ipotesi poteva sembrare buona, ma con quanta probabilità il farmacista aveva potuto prendere una cantonata del genere? Il valium è un medicinale che può calmare, dare un senso di pace e persino una leggera euforia. L'avevo preso una sola volta in tutta la mia vita, prima di essere operato agli occhi per correggere la miopia e non dover più indossare gli occhiali. A causa del valium farfugliavo e i miei movimenti erano un po' lenti, eppure non erano quelli i sintomi che avevo, quindi questa ipotesi era da scartare.

Non riuscivo però a pensare ad alcun'altra cosa che riuscisse a incidere così tanto su di me. Per tutta la giornata, cercai di trovare altre spiegazioni, ma non mi venne in mente nient'altro.

Quando tornai a casa, corsi subito su per le scale per andare a controllare la boccetta del medicinale e vedere se le pastiglie erano state scambiate accidentalmente, perché era la migliore ipotesi che avessi. Mi precipitai in bagno e aprii l'armadietto. Armeggiai con trepidazione tra le boccette. Presi quella che mi serviva e l'aprii velocemente. La svuotai su un piano per esaminarne le pastiglie e nella fretta qualcuna cadde pure a terra. Mi chinai per osservare da vicino l'incisione presente su alcune pastiglie. Erano betabloccanti, non valium! Ero mezzo deluso e mezzo contento. Desideravo una risposta, ma non volevo che il mio nuovo atteggiamento fosse soltanto dovuto all'effetto di qualche medicinale.

Rimasi lì in piedi per qualche minuto con la boccetta in mano. L'ipotesi migliore a cui ero arrivato per spiegare ogni cosa era caduta. Anche se ero un dottore, non avevo una diagnosi per la mia condizione. Ero allibito. Alla mia età avrei dovuto conoscermi bene, o almeno abbastanza bene da capire i cambiamenti repentini che mi erano accaduti, no?

Pensai alla Bibbia, ma anche al fatto che dei cambiamenti così radicali non potevano avere niente a che fare con la religione. Com'era possibile? Avevo deciso di credere in Gesù e di andare in chiesa, ma questa decisione non poteva spiegare i miei cambiamenti. Cosa c'entravano l'esistenza di Dio e la morte di Gesù per i peccati dell'umanità avvenuta duemila anni prima con me che vivo nel 2003? Come potevano giustificare quello che mi stava succedendo?

LA PROVA

OK, Greg, è ora di mettere in moto la tua mente scientifica, mi dissi obbligandomi a pensare. *Come faccio a scegliere un cambiamento specifico tra quelli che ho subìto e metterlo alla prova?* Misi giù la boccetta, riflettei per un momento ed ebbi un'idea: avrei messo duramente alla prova il mio cambiamento nel linguaggio.

La televisione

Andai al piano di sotto, accesi la televisione e cercai un canale con una partita di football. Era uno sport che mi piaceva tanto guardare e le partite mi prendevano non poco, anche se non giocava la mia squadra preferita. Ero abituato a imprecare e gridare verso il televisore, quando la squadra per cui tifavo perdeva o si era fatta sfuggire qualche bella occasione. Per fortuna, quella volta giocava una squadra che mi piaceva molto. Stavano già perdendo al primo quarto, ma nulla di sconveniente uscì dalla mia bocca. La squadra di attacco non si muoveva, eppure rimasi seduto senza dire una parola! Non avevo alcun desiderio di inveire sul quarterback.

Nel secondo quarto, fecero un passaggio in avanti che fu intercettato dalla squadra avversaria, ma non ebbi reazione alcuna. Roba da matti! Gli impulsi, la rabbia e le parolacce erano spariti. Provai persino a richiamarli, ma non ci riuscii. Non erano più dentro di me. Mi sembrava che ci fosse qualcun altro a guardare la partita insieme a me.

Il vicino antipatico

Anche i giorni seguenti furono strani. Il mio vecchio io non era tornato indietro e mi era difficile trovare una spiegazione. Per riflettere un po', decisi di portare fuori Daisy, il nostro labrador.

"Forza, bella. Andiamo a fare un giretto. Ti va di fare un giretto?" le dissi. Era sdraiata a terra, ma quando sentì la parola "giretto" si drizzò subito in piedi. La seconda volta che dissi "giretto", piegò la testa verso di me, poi iniziò a scodinzolare. Andò dritta verso la porta. "Andiamo, Daisy," le dissi e uscimmo di casa.

Volevo stare solo con Daisy, soprattutto per riflettere, ma di punto in bianco incontrammo un vicino di casa, uno che mi era antipatico. In precedenza, ogni volta che vedevo questo tizio provavo una profonda avversione nei suoi confronti e volevo evitarlo. Camminavo assorto nei miei pensieri quando, ad un tratto, me lo trovai davanti.

"Ciao Greg. Come va?" mi chiese sorridente. Lo fissai a lungo. Non riuscivo a capire perché non mi fossi arrabbiato, non fossi ostile o non stessi imprecando contro di lui nella mia mente. La cosa sconcertante è che andò ancora peggio! *Oh, no! Provo un senso di amicizia verso quest'uomo, come se ci fosse un legame fra noi, e senza alcun motivo!* Cercai di suscitare in me un po' di invidia o di cattiveria, per far venire fuori in me quei sentimenti che di solito provavo nei suoi

confronti, ma niente. *Ora questo tizio mi è simpatico,* mi dissi sorpreso. *Ma dai! Ma se mi è sempre stato antipatico!*
   Quindici minuti dopo stavamo ancora conversando piacevolmente. Quando ci lasciammo, mi sentii un pesce fuor d'acqua. *Mi son fatto prendere dal sentimentalismo? Sono diventato uno sfigato, tutto chiacchiere e sorrisi, a cui piace passare del tempo con la gente?* Non avevo intenzione di dire a nessuno quello che mi stava accadendo, altrimenti avrebbero pensato che fossi pazzo. Temevo che il consiglio sanitario mi potesse togliere l'abilitazione alla professione medica, adducendo come motivazioni la schizofrenia o un'altra malattia psicologica.

Lo shopping su Internet
   Il giorno dopo mi resi conto che il mio desiderio di cercare costantemente e acquistare oggetti era sparito. Quell'impulso di avere sempre qualcosa di nuovo nella cassetta della posta era sparito. In precedenza passavo ore e ore a fare acquisti su Internet in cerca delle ultime novità; o ero in attesa della consegna di qualcosa oppure ero alla ricerca di un nuovo oggetto da acquistare. Decisi di mettere alla prova le mie nuove sensazioni navigando sul Web. Accesi il computer e andai sul sito del mio negozio preferito.
   Bene! Era uscita una nuova polo blu, ma non la volevo, non ne ero attirato. C'erano in offerta alcune polo personalizzate, ma non mi interessavano. Le scarpe erano scontate del 25%, ma non feci clic sull'icona della promozione. Non importava cosa stessi guardando: non sentii nessuna spinta all'acquisto né alcun tipo di entusiasmo. "Roba da matti!" dissi. "So bene che vorrei comprarmi qualcosa".
   Questo era quanto ero riuscito a fare. Dovevo mettermi alla prova ancora una volta. Conoscevo me stesso meglio di chiunque altro, quindi escogitai la prova finale. Se l'avessi passata, mi sarei convinto di una cosa: mi sarei sottoposto ad un auto-esame medico! Doveva per forza esserci una risposta scientifica.

Al centro commerciale
   Era il periodo di Natale e c'era grande trambusto nei negozi, sempre pieni di gente. Entrai in macchina e andai al centro commerciale più vicino. Nella mia mente mi sembrava di sentire la musica di *Mission Impossible*. Quando arrivai, c'erano auto dappertutto e i posteggi liberi parevano lontani chilometri. Di solito, davanti a una

situazione del genere, me ne sarei andato via subito, ma il traffico non mi diede alcun fastidio, non mi arrabbiai né mi sentii snervato e non imprecai nemmeno una volta. Per poco non mi tamponarono, ma non ci feci caso. Per un qualche motivo, il dito medio era paralizzato e non riuscivo a sollevarlo! Finii per parcheggiare a Canicattì e iniziai a camminare.

Feci una breve verifica su me stesso: non c'era tensione e la mia scontrosità era sparita. Non sentii nemmeno il desiderio di entrare e uscire *rapidamente* dal centro commerciale. Attraversai il parcheggio schivando persone tutte felici di aver fatto acquisti per Natale. Ero assolutamente spensierato e continuavo ad aspettare il momento in cui avrebbe fatto capolino almeno uno dei miei vecchi comportamenti, ma la cosa strana è che erano tutti sotto controllo.

Entrai in un famoso centro commerciale. C'era il caos! Ovunque si vedevano lunghe code, carrelli che si scontravano, genitori che litigavano e facce stressate. Era da pazzi buttarsi tra coloro che venivano qui a fare shopping nel periodo *clou* dell'anno! Ma ecco che iniziò di nuovo la musica di *Mission Impossible*. È questa "La Prova"! Non amavo assolutamente le code e la folla e poi ero un tipo estremamente impaziente. Il vecchio io non avrebbe resistito neanche un minuto a tutto quel caos senza esplodere di rabbia e frustrazione. Si va! La baraonda all'interno cominciò immediatamente.

Fui travolto da alcuni bambini che correvano come scalmanati e mi vennero addosso persino dei carrelli. Ero circondato da voci e visi di gente frustrata e stressata. Tutto questo avrebbe dovuto far tornare a galla il mio vecchio io, ma non fu così! Non pensavo assolutamente a inveire sulla gente con parole come *Cretino!* oppure *Figlio di p...* e non dissi "Togliti di mezzo!" o "Ehi, toccami ancora che vedi!".

Rimasi lì qualche minuto, ma non esplosi. Alla fine ammisi a me stesso di aver superato una delle prove, quindi decisi di comprare qualcosa e di fare la prova della cassa. Afferrai l'oggetto meno costoso che riuscii a trovare: un pacchetto di gomme da masticare. L'area delle casse era così affollata che riuscivo a malapena a intravedere le cassiere: la fine della coda si scorgeva a fatica e la gente arrivava fin dentro al reparto di abbigliamento. Un'orda di persone si accalcava verso le casse come bestiame che rientra nelle stalle. In una situazione normale, la pressione mi si sarebbe alzata non poco, anzi sarebbe schizzata alle stelle, invece ero lì, alla fine della coda, senza darmi pena alcuna!

Niente pugni chiusi, niente denti che digrignavano e nessun sentimento d'odio immediato verso le persone in coda davanti a me. In effetti, la situazione mi divertiva così tanto che scoppiai a ridere in modo isterico, infastidendo tutti quelli che mi erano intorno. "Chi se ne importa!" dissi sorridendo davanti ai loro sguardi perplessi. "Chi se ne importa davvero!" ripetei a voce più alta. Al tizio davanti a me, invece, importava eccome, tanto che si girò, socchiuse gli occhi, arricciò le labbra e mi lanciò un'occhiataccia, ma a me non importò neanche di questo!

Dopo una mezz'ora passata in coda, uscii e mi incamminai verso l'auto. Ero stordito e confuso; non sopportavo di innervosirmi per delle sciocchezze, ma non ero neanche mai riuscito a controllarmi. *Com'era possibile che l'impazienza e l'irascibilità fossero semplicemente scomparse?*

Tornai a casa in uno stato di catalessi, estraniandomi da tutto e da tutti. Quei primi giorni dopo i cambiamenti che avevo notato furono i più strani della mia vita. Mentalmente, applicai il ragionamento scientifico per analizzare ogni cosa. *È cambiata la natura stessa della mia esistenza,* pensai. La religione, le emozioni, i sentimenti, i desideri e persino le smanie più intime non possono portare a un cambiamento del genere. Decisi che era il momento di una "Diagnosi".

Capitolo decimo
La Diagnosi Differenziale

Tornai a casa e trovai Ruth e i bambini, al piano di sopra, che guardavano la TV. "Greg, dove sei stato?" mi chiese.
"Al centro commerciale," risposi.
"E cos'hai preso?"
Esitai a rispondere subito. "Un pacchetto di cicche".
"Un pacchetto di cicche?" domandò.
"È una lunga storia".
"Greg, sei un po' strano. Cosa c'è? Ultimamente sei tranquillo, gentile e parli di più, ma passi anche molto tempo da solo. Tutto bene?"
"Sì, sto bene. Ho solo tante cose in testa. Vado nello studio per un po'".

Ruth aveva notato qualche cambiamento in me, ma non sapeva cosa mi stesse succedendo davvero e io non mi sentivo ancora pronto per parlarne; volevo prima trovare una diagnosi e per rifletterci sopra dovevo stare da solo. Entrai nello studio e mi sedetti su una sedia. Tirai fuori un taccuino ed una penna e li posai sulla scrivania.

La mia mente scientifica ed analitica iniziò a darsi da fare. Decisi di esaminare la situazione come una qualsiasi altra malattia. In medicina, per stabilire una diagnosi per prima cosa si stila un'anamnesi esauriente in cui si riportano i segni, i sintomi e le circostanze della malattia. Si passa quindi all'esame obiettivo, durante il quale si cercano indizi e prove che aiutino a inquadrare la diagnosi. Dopo l'anamnesi ed un esame obiettivo accurati, viene formulata la diagnosi differenziale, ovvero un elenco di possibili malattie o cause dei sintomi riferiti dal paziente. È poi possibile richiedere degli esami di laboratorio specifici per perfezionare ulteriormente la diagnosi.

Mi trasformai nel paziente di me stesso e decisi di sottopormi alla procedura diagnostica per scoprire cosa mi stesse succedendo. I segni e i sintomi che avevo erano così strani che dovevo procedere da solo. Temevo che se mi avesse visitato un collega non mi avrebbe creduto o che addirittura avrebbe potuto segnalarmi alla commissione medica perché ero diventato pazzo. Segnai i risultati e le scoperte che riscontravo a ogni fase della procedura, iniziando dall'anamnesi.

L'ANAMNESI

I sintomi si erano presentati di punto in bianco due settimane prima, al risveglio da una notte di fortissime emozioni interiori. All'inizio, provai una pace, un appagamento e una soddisfazione inspiegabili, a prescindere dalle circostanze. Quel mattino, scoprii che per sentirmi in quel modo non avevo più bisogno di un oggetto o di una persona; il vuoto e la solitudine che avevo sempre provato erano scomparsi, senza alcuna ragione comprensibile. Da quel momento, iniziai a sentirmi felice di vivere ogni giorno della mia vita, anche se non ce n'era motivo. In passato, avevo sempre cercato questa stessa felicità negli oggetti che ricevevo o in eventi particolari che dovevano succedermi. Ora, quella felicità era sempre dentro di me; il desiderio continuo di acquistare e di accumulare era svanito. La pace e la felicità che ora sentivo erano subentrate a quei desideri intensi.

Anche la tensione, lo stress, la preoccupazione e l'ansia che provavo di solito erano svaniti. Non ero più una persona cinica e acida; la depressione, l'infelicità e l'irritabilità avevano ceduto il posto ad una pace che trascendeva la mia comprensione.

Quel mattino notai anche che, davanti a situazioni che solitamente mi avrebbero innervosito, ero paziente e non mi sentivo frustrato. Provavo persino affetto sincero nei confronti di quelle persone che non mi piacevano o che fino ad allora avevo mal sopportato perché strambe. E non era nemmeno una mera questione di buon *comportamento* o di gentilezza: era qualcosa di autentico che veniva dal mio cuore, come se in qualche modo ne avessi uno nuovo; volevo fare la cosa giusta anche a costo di rimetterci. La mia inclinazione a punzecchiare, sminuire, rimproverare e criticare duramente gli altri era sparita ed io non ci pensai minimamente, se non per chiedermi che fine avesse fatto.

Avvertii una spiccata sensibilità nei confronti di Ruth e dei nostri figli, del tutto nuova e in grado di cambiare radicalmente la vita. Mi resi conto, all'improvviso, di come li avessi trascurati e, con fare da egoista, avessi sprecato momenti importanti. Questa cosa mi affliggeva profondamente e provai un forte desiderio di cambiare per essere un marito e un padre migliore. Adesso, volevo dare più attenzioni a loro, invece che a me stesso e, con mia sorpresa, nella mia coscienza scoprii anche le astute motivazioni che mi avevano portato a comportarmi con egoismo e ipocrisia.

Per tutta la vita ero stato un egoista, sia nel dare che nel ricevere. All'apparenza potevo anche sembrare una persona gentile, ma in realtà ero mosso dall'egoismo; ero un calcolatore e facevo ogni cosa per interesse, per ottenere dalla vita quello che desideravo, nel modo a me più congeniale, senza curarmi delle persone che ci avrebbero rimesso. Tutto era incentrato su di me.

Quella parte di me ora sembrava non esserci più. Per la prima volta mi resi subito conto di quanto fossi egoista e per questo provai grande dolore. In passato me ne accorgevo inconsciamente, ma andavo avanti comunque per la mia strada. Non solo questi comportamenti ora mi infastidivano, ma ero in grado di fermarli e di cambiare. Scoprii di riuscire a fare qualcosa di inspiegabile per me: essere altruista.

La prima sera in cui venni a casa, ad esempio, passai del tempo con mia moglie e i miei figli, invece di sprecarlo da solo davanti al computer o alla televisione. Non lo feci per evitare di litigare con Ruth o per dedicarmi al mio ruolo di padre e sentirmi a posto con la coscienza, ma perché nel mio cuore lo desideravo veramente.

Questa attenzione, insieme alla consapevolezza del mio egoismo, era presente anche quando sbagliavo. Pur essendo il mio un cambiamento drastico, ero ben lontano dalla perfezione. A volte i brutti pensieri tornavano a tormentarmi e non sempre facevo la cosa giusta. Ero migliorato notevolmente, ma avevo ancora tanti problemi. La differenza stava nel fatto che ora ero *consapevole* del riprovevole comportamento avuto in passato, perché prima non solo non lo vedevo, ma ne andavo persino fiero. Adesso invece, se dicevo o facevo qualcosa di sbagliato, la paura mi assaliva, fino a quando non correggevo il mio comportamento o chiedevo scusa. Ora mi era molto più facile dire "Mi dispiace" e "Perdonami", mentre prima queste parole le avevo pronunciate raramente.

Il segno più sconcertante, però, era l'assenza assoluta delle parolacce. Di solito le usavo sempre, in ogni mia frase, ogni due parole. Mi uscivano spontaneamente, mentre adesso non mi venivano nemmeno nelle situazioni più stressanti. Tutti questi segni e sintomi comparvero all'improvviso e contemporaneamente.

Non stavo male, non mi sentivo stanco o ammalato; anzi, il mio vigore e il mio benessere generali erano effettivamente migliorati. Non davo segni di malattie mentali, problemi cognitivi e non avevo pensieri o atteggiamenti strani, oltre ai cambiamenti positivi che avevo notato. L'unico medicinale che prendevo ogni giorno per l'emicrania non era stato scambiato per errore dal farmacista. Non avevo cambiato le mie abitudini alimentari né modificato il consumo di bevande alcoliche.

Non avevo fatto alcun viaggio né mi ero esposto a sostanze o a condizioni ambientali strane. Non avevo assunto droghe illegali o integratori. Nessuno però, né in famiglia né al lavoro, aveva riportato sintomi simili ai miei.

L'unica cosa diversa prima della comparsa dei sintomi era il mio recente interesse nella Bibbia e in Gesù Cristo: avevo trascorso tantissime ore a studiare e a trovare una risposta a ogni domanda che mi veniva in mente mentre esaminavo la veridicità della Bibbia. E poco prima della comparsa dei sintomi, avevo preso la decisione di diventare cristiano.

La sera precedente alla comparsa dei sintomi, ebbi una crisi emotiva e gridai a Dio chiedendogli aiuto e perdono. Fu un momento di auto-analisi e di presa di coscienza dei miei peccati. Avevo deciso consapevolmente di credere che Gesù Cristo era Dio, che era morto per i miei peccati e che era effettivamente risorto. Ci riflettei sopra e ricordai che quella sera avevo invocato personalmente Gesù implorandolo di cambiarmi e di perdonarmi.

In quel momento, però, non avevo notato né sentito nulla di diverso in me, anzi pensai di essere diventato una persona emotiva dopo tutto quello studio della Bibbia. Quella notte, per la prima volta in tanti anni, dormii saporitamente. I sintomi comparvero all'improvviso il mattino successivo.

Segni e sintomi non sembrarono temporanei, ma durarono due settimane senza alcun cambiamento evidente. Non miglioravano né peggioravano, erano stabili. E non erano discontinui ma permanenti. Erano assolutamente autentici e mai sperimentati, prima di allora, in vita mia. Anche altre persone, specialmente i colleghi di lavoro, davanti ai quali il carattere di una persona non passa inosservato, anzi è spesso criticato, poterono dire che in me c'era qualcosa di diverso.

L'ESAME OBIETTIVO

La seconda fase del processo diagnostico era l'esame obiettivo, ovvero l'esame fisico del corpo per trovare indizi utili alla diagnosi. In casa avevo un armadietto dove tenevo un set di strumenti medici, che mi erano utili quando ero in reperibilità.

Mi auto-esaminai perché non potevo e non volevo dire a nessuno cosa mi stava succedendo e l'esame obiettivo diede risultati assolutamente normali: pressione del sangue, temperatura corporea e battito cardiaco avevano valori nella norma; i linfonodi non si erano ingrossati e la tiroide non era palpabile (quindi, normale). Cuore e polmoni erano a posto e non trovai alcun riscontro sull'addome, né rinvenni sfoghi cutanei, zone sensibili o altri segni evidenti. Anche l'esame obiettivo neurologico che svolsi su di me diede risultati assolutamente normali; la valutazione dei riflessi, dell'equilibrio e altri test neurologici non diedero riscontri anomali. I risultati dell'esame obiettivo erano tutti nella norma.

GLI ESAMI DI LABORATORIO

La fase successiva prevedeva l'esecuzione di esami di laboratorio a cui si ricorre per riprodurre i segni e i sintomi descritti dal paziente o per misurare e analizzare direttamente le parti del corpo interessate. Non volevo farmi visitare dal medico di famiglia e sentirmi obbligato a dirgli cosa mi stesse succedendo perché ero certo che mi avrebbe dato del pazzo, quindi non potevo chiedergli di prescrivermi esami del sangue o radiografie. Avrei voluto sottopormi a una risonanza magnetica del cervello, per capire se avessi un tumore, ma dovetti rinunciarci.

Ciò nonostante, avevo già testato ogni singolo sintomo per capire se fosse riproducibile e costante. La prova al centro commerciale aveva messo in evidenza diverse cose: avevo pazienza, un aspetto alquanto nuovo per me, e non mi ero lasciato irritare dalle lunghe code o dalla ressa degli acquisti di Natale. Rabbia, odio, frustrazione e irascibilità non erano affiorati nemmeno in circostanze snervanti.

Durante la diagnosi imparai anche a conoscermi meglio. Capii, infatti, di essere un egoista e che la mia impazienza era la sincera manifestazione di un cuore egoista. Mi dicevo con convinzione: "Sono speciale e non è giusto che debba aspettare" oppure "Voglio essere servito immediatamente!". Anche la rabbia, la frustrazione, l'odio e l'irascibilità erano tutti sentimenti legati al mio egocentrismo. Odiavo le persone che erano in coda davanti a me perché mi facevano aspettare. Similmente, la frustrazione e la rabbia erano espressioni di egoismo quando non venivo servito e soddisfatto subito. Per la prima volta mi resi conto che queste caratteristiche erano tutte legate alla mia personalità narcisista, secondo la quale tutto ruotava attorno a me.

La prova del vicino antipatico fu la dimostrazione che ero in grado di provare affetto e interessamento per persone che in precedenza non mi erano mai piaciute. La mia reazione a una vecchietta esigente, che si era presentata in clinica con una "lista" in mano, fu la conferma del mio nuovo atteggiamento nei confronti degli altri, un atteggiamento che non era assolutamente tipico per me. Provavo affetto per chi non si faceva voler bene ed ero imperturbabile davanti a persone o situazioni irritanti.

La scomparsa delle parolacce dal mio linguaggio era stata messa alla prova dal colpo preso in testa sotto la scrivania dell'ufficio, dalla perdita del portafogli e dalla sconfitta subita dalla mia squadra preferita durante la partita che avevo visto in TV. Nessuna di queste situazioni mi aveva strappato una sola parola scurrile.

Dentro di me sentivo ancora pace, calma, un senso di serenità e appagamento. Bambini urlanti, infermiere petulanti e persino automobilisti arroganti, che mi avevano tagliato la strada, non erano riusciti a richiamare il mio vecchio io dal silenzio in cui ora giaceva. In realtà, ero costantemente messo alla prova, ma ne uscivo sempre vincitore e quasi ogni situazione della vita confermava l'uomo nuovo che ero diventato.

Infine, la prova dello shopping su Internet non aveva stimolato in me il benché minimo desiderio di fare acquisti. La smania che avevo di solito era stranamente sparita.

Era giunto ormai il momento di analizzare i dati raccolti. Andai al piano di sotto a prepararmi un caffè, così avrei potuto lavorarci fino a tardi. Mi diressi nel seminterrato e chiusi la porta dietro di me per non svegliare Ruth e i bambini, che ormai stavano dormendo. Presi con me il manuale sulle malattie medico-chirurgiche per consultarlo.

L'ANALISI DEI SINTOMI

L'analisi del problema era sconcertante perché, a prima vista, tutti i cambiamenti che avevo notato sembravano desiderabili. Volevo cercare di identificare la possibile causa del mio repentino quanto drastico cambiamento per il meglio.

Cominciai ad analizzare approfonditamente i sintomi, mettendoli tutti nero su bianco e cercando di raggrupparli secondo determinati criteri. Nel fare questo si erano formate due categorie: quella dei sintomi nuovi apparsi all'improvviso e quella dei sintomi vecchi scomparsi all'improvviso.

Non avevo soltanto "perso" dei cattivi comportamenti, ma al contempo ne avevo "assunti" di nuovi e di buoni. Fino ad allora non mi era mai capitato di considerare i miei vecchi comportamenti come dei sintomi, anzi ho sempre pensato che preoccupazione, ansia, rabbia e vuoto interiore fossero sentimenti normali. Ora che erano scomparsi, però, ritenevo fosse importante prenderli in considerazione per giungere alla diagnosi corretta. Può capitare che in alcune malattie certi sintomi si protraggano così a lungo da essere accettati come normali, ma una volta che scompaiono dopo aver curato il disturbo, diventa evidente che fin dall'inizio si era trattato di sintomi. Tutti i cambiamenti, vecchi e nuovi, che avevo riscontrato, andavano ora a comporre quel puzzle da risolvere che era la diagnosi.

Elencai ogni singolo aspetto in cui avevo notato un cambiamento. Rimuginai la lista per un po' e mi resi conto che potevo suddividerli in altre due categorie: i sintomi che avevano colpito e interessato altre persone e quelli che avevano interessato principalmente me stesso o che provavo dentro di me.

Organizzai tutto in una tabella per facilitare il processo diagnostico; in fondo alla tabella segnai la somma di tutti i vecchi sintomi e di quelli nuovi per quantificare i cambiamenti.

Riporto la tabella nella pagina successiva.

I. Sintomi legati a me stesso	
Sintomi vecchi scomparsi:	**Sintomi nuovi apparsi:**
Senso di vuoto interiore, insoddisfazione, infelicità, disillusione (vanità della vita)	Pace, appagamento (pienezza della vita), soddisfazione, felicità
Solitudine, abbandono	Amore, pace
Disagio, depressione, scoraggiamento, cinismo	Gioia
Preoccupazione, ansia, tensione, pressione	Serenità, calma
Impazienza, durezza, intolleranza	Pazienza
Bramosia, avidità (comprare per sé), compiacimento, ingordigia	Generosità (dare agli altri), tranquillità
Negatività, pessimismo	Positività, ottimismo
II. Sintomi legati agli altri	
Sintomi vecchi scomparsi:	**Sintomi nuovi apparsi:**
Rabbia, irascibilità/scatti d'ira, irritabilità	Gioia, autocontrollo
Insensibilità, crudeltà, indifferenza, insolenza, scortesia, sgarbatezza	Gentilezza, premurosità, interessamento
Odio, antipatia, invidia, gelosia, disprezzo, sdegno, superbia, altezzosità, scherno, svilimento, cattiveria, maleducazione, freddezza, ostilità, antagonismo, rancore, fastidio, inflessibilità, denigrazione	Amore
Ingratitudine, irriconoscenza, disistima	Bontà
Astio, irritabilità	Affetto, affabilità
Ostinatezza, caparbietà	Amore
Spirito di competizione dettato dall'orgoglio (desiderio di essere superiore agli altri)	Umiltà senza antagonismo (desiderio di stare bene con gli altri)
Totale dei sintomi diversi: 60	**Totale dei sintomi diversi: 22**

Osservando la tabella, notai innanzitutto che i vecchi sintomi erano malvagi e dannosi, mentre quelli nuovi erano buoni e benefici. A un'analisi più approfondita, i vecchi sintomi erano più complessi e numerosi rispetto a quelli nuovi, che erano in minor numero e più semplici.

Per fare qualche esempio: avevo provato disagio, depressione, rabbia, negatività, irascibilità e infelicità, ma ora la gioia da sola aveva preso il posto di tutti quei sentimenti; preoccupazione, ansia, tensione, frustrazione, solitudine, vuoto, insoddisfazione e disillusione furono sostituiti da una pace indescrivibile che trascendeva la mia comprensione. Due sintomi nuovi erano andati a sostituire una corposa serie di sintomi vecchi.

Incredibile a dirsi, lo stesso accadeva per quasi tutte le categorie. Pareva che ci fossero molti più modi di sbagliare o vivere la vita con negatività rispetto al contrario. Vivere era più semplice con i sintomi nuovi! Una parte della pace che provavo sembrava provenire dalla semplicità che avevo nella mente, nel cuore e nei rapporti con gli altri.

Erano tutte informazioni importanti, eppure sentivo che quella tabella poteva farmi capire ben altro. La esaminai per un'altra mezz'ora cercandovi delle risposte; ebbi la sensazione di trovarmi davanti a un puzzle formato da tanti pezzi (sintomi) diversi fra loro che, però, in qualche modo, potevano essere incastrati per bene fino a restituirmi un'immagine completa. La tabella mi permetteva di organizzare i vari pezzi del puzzle, ma non di metterli assieme nel giusto ordine; sentivo che c'era come una relazione fra i sintomi, ma non ero ancora in grado di "incastrarli" tra loro.

I sintomi vecchi mi avevano accompagnato per molti anni della mia vita, mentre quelli nuovi erano comparsi soltanto da un paio di settimane. E, dentro di me, sapevo che la scomparsa dei primi era in qualche modo direttamente legata alla comparsa dei secondi. Finalmente mi si accese una lampadina che gettò luce sul mistero e mi permise di ricomporre il puzzle.

LA RIVELAZIONE DEI SINTOMI

La soluzione stava nel primo gruppo di sintomi vecchi riportati nella tabella. Il vuoto interiore e la sensazione che la vita fosse vana erano alla base di tutti gli altri sintomi vecchi, sia nella sfera personale che in quella sociale. Tutto traeva origine da quel primo gruppo. Iniziai a tracciare un grafico per collegarli e metterli in relazione. Ora i pezzi del puzzle si incastravano perfettamente.

Il vuoto interiore mi aveva portato a desiderare e cercare con avidità i beni materiali perché pensavo che essi, insieme a certe esperienze della vita, mi potessero dare sollievo. Erano però beni così costosi che di fatto mi spingevano a concentrarmi sulla carriera e sulla realizzazione personale: grazie a un lavoro ben retribuito, avrei potuto comprare e godermi ciò che mi mancava e riempire il vuoto dentro me. Non appena ottenevo tali beni, tornavo a sentirmi frustrato, irritabile e astioso perché, contrariamente a quanto avevo pensato, il mio cuore rimaneva vuoto. Scattava quindi in me il desiderio di avere di più, ancora di più, sempre di più, senza rendermi conto che così facendo la mia condizione peggiorava.

La mia bramosia di beni più grandi, migliori e abbondanti richiedeva denaro, in quantità sempre maggiore. Ogni volta che questi beni non riuscivano a rendermi felice, finivo per essere più agitato, frustrato e insoddisfatto. Entrai presto in un circolo vizioso senza fine, che dava impulso a ogni hobby, vacanza, auto, vestito, desiderio e interesse della mia vita. Ogni cosa era, direttamente o indirettamente, la conseguenza del senso di desolazione e insoddisfazione che provavo interiormente. E fino a quel momento non me ne ero mai accorto.

Questo infinito e futile circolo vizioso, messo in atto per riempire il vuoto che avevo nel cuore, mi portò a vivere in modo egocentrico e autocompiacente fino a trasformarmi in una persona insensibile e indifferente nei confronti degli altri; non avevo tempo, energia o spazio da dedicare a nessuno, se non a me stesso.

Una volta raggiunto un certo livello di benessere, iniziai a sentirmi preoccupato, impaurito e ad andare in ansia, ma solo adesso ne capivo il motivo. La mia intera ricerca della felicità nella vita attraverso la soddisfazione dei miei desideri, l'autorealizzazione e l'autocompiacimento erano come un fuoco divampante che dovevo alimentare con costanza. E più lo alimentavo, più si ingrandiva. A un certo punto mi resi conto che se fosse successo qualcosa a me, alla mia carriera o ai miei soldi, non sarei più riuscito ad alimentare quel fuoco e il mio vuoto interiore sarebbe venuto allo scoperto. Dovevo affrontare la realtà: nonostante avessi tutto dalla vita, mi sentivo insoddisfatto. La mia paura aveva origine dal vuoto e dalla vanità e per dimenticare la breccia che avevo nel cuore e tenere occupata la mia mente, continuavo ad alimentare quel fuoco.

Questo circolo vizioso, insieme alle sue conseguenze, produsse in me tensione, depressione, cinismo e astio. Avevo lavorato tutta una vita per raggiungere l'apice, ma quando vi arrivai, scoprii di essere più vuoto di prima. Nonostante i successi conseguiti, non riuscivo ad appassionarmi a qualcosa e a colmare quel vuoto interiore. Bramavo tutti gli oggetti che un giorno mi sarei comprato e tutte le esperienze che prima o poi avrei vissuto ma, una volta ottenuto quanto desiderato, il mio cuore restava irrimediabilmente vuoto e insoddisfatto. Paradossalmente, il successo aveva prodotto infelicità.

Il mio conflitto interiore incideva moltissimo sui miei rapporti interpersonali. Ogni singolo lato malvagio del carattere che mostravo agli altri proveniva dalla mia infelicità: manifestavo rabbia, irascibilità e sarcasmo perché scaricavo sugli altri la mia afflizione; usavo crudeltà, odio e biasimo per distruggere altre persone e far avanzare me stesso. Con spirito di competizione, dettato dall'orgoglio, cercavo di confrontarmi con gli altri, di sorpassarli e di sentirmi superiore a loro per mettere a tacere il mio dolore interiore. Continuavo a incastrare tra loro i pezzi. Il vuoto e la vanità erano all'origine di ogni cosa, erano la causa ultima.

Rimasi sorpreso dalla facilità con cui adesso capivo dove tutto era iniziato e come mi ero trasformato in un vero e proprio "mostro". I sintomi nuovi gettarono luce sui legami esistenti tra tutti i sintomi vecchi: se all'origine della malvagità c'era uno senso di vuoto interiore, il mio nuovo stato d'animo compensò ed eliminò completamente la causa ultima di tutti gli altri, interrompendo quel circolo vizioso ben prima che potesse iniziare. Dalla tabella ero in grado di notare come un cambiamento intimo avesse inciso su tutto il resto, sia dentro di me che nei rapporti con gli altri.

Ora che provavo gioia, pace e felicità per la vita, non avevo più bisogno di inseguire cose, persone, denaro o esperienze; non sentivo più quella frustrazione, quell'astio e quell'infelicità che provavo continuamente a causa dell'insoddisfazione che mi davano i beni materiali. Ero uscito da quel circolo vizioso, mi ero allontanato da quel fuoco divampante fatto di bramosia, avidità e auto-compiacimento che aveva usurpato tutto il mio tempo ed esaurito tutte le mie energie; era spento, non c'era più bisogno di alimentarlo. Dalle mie spalle era caduto un enorme fardello, insieme a tanta tensione. Grazie a questi cambiamenti la mia vita si era semplificata, di punto in bianco, in sole due settimane.

Anche l'euforia interiore, che ora sentivo a prescindere dalla mia situazione e che chiamavo gioia, ebbe notevoli ripercussioni sui miei rapporti con gli altri, anzi li trasformò completamente. Non dovevo più sfogarmi su nessuno, distruggere nessuno o sentirmi superiore a nessuno perché ora ero felice! Non avevo più bisogno di dare attenzioni a me stesso, riuscivo tranquillamente a darle agli altri, specialmente a Ruth e ai nostri figli. La pace e l'appagamento che sentivo dentro di me avevano eliminato l'origine di quella squallida parte del mio carattere.

I pezzi del "puzzle dei sintomi" si erano incastrati perfettamente; nel metterli assieme, si era via via delineata l'immagine che si vede sotto, dov'ero riuscito a mettere in relazione fra loro tutti i sintomi vecchi. Era l'immagine del mio cuore. Dallo schema potevo capire che cosa mi spingeva a comportarmi in un certo modo in ogni aspetto della vita. Sintomi e cambiamenti riguardavano il mio atteggiamento, le mie motivazioni, i miei desideri, i miei pensieri, i miei sentimenti, le mie sensazioni e la mia coscienza. Ogni aspetto della mia vita, della mia personalità e del mio carattere era stato cambiato. Significava che avevo un cuore nuovo fin dal giorno in cui mi svegliai come una persona nuova. Com'era possibile? Qualunque diagnosi avrebbe dovuto dare una spiegazione a tutto questo. Dentro di me sapevo che non ci sarebbe stata una risposta scientifica, ma volevo comunque considerare ogni possibilità ed escluderle una a una.

LA DIAGNOSI DIFFERENZIALE

Stilai un elenco delle possibili diagnosi, includendone alcune improbabili per assicurarmi che l'analisi fosse completa.

Nella diagnosi differenziale avevo pertanto incluso: malattia psichiatrica, euforia autoindotta in seguito a crisi emotiva, assunzione di droghe o di sostanze estranee, squilibrio ormonale dovuto a patologie del sistema endocrino o a cancro, tumore al cervello.

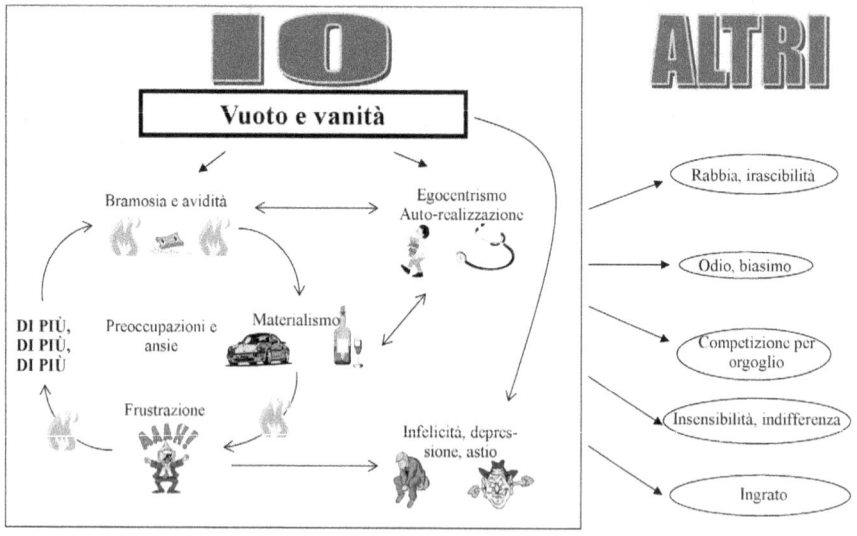

Considerare la malattia psichiatrica non aveva alcun senso perché la mia capacità cognitiva, i miei pensieri, le mie emozioni ed azioni erano normali. Non ero agitato, sovraeccitato o iperattivo e non parlavo in modo veloce o frammentario, tutti segni tipici di chi invece soffre di un disturbo mentale.

L'euforia autoindotta sembrava dapprima una buona candidata, fino a quando iniziai a riflettere sul tipo di sintomi che avevo avuto. *Non si può cambiare così, di punto in bianco,* dissi a me stesso. Emozioni, sentimenti e reazioni alle situazioni (come la rabbia, ad esempio) sono profondamente insite nel cervello e nel sistema nervoso e vengono scatenate da sostanze chimiche e ormoni. Essendo medico sapevo che i cambiamenti radicali che stavo vivendo erano uguali a quelli che avvenivano a livello di cervello, sistema nervoso e chimica corporea. Questi processi avvengono nelle molecole e nelle cellule del corpo. Mi serviva una diagnosi che combaciasse con i sintomi e una che potesse chiarire i cambiamenti nella chimica corporea e nell'attività neurale.

Droghe, alcool e altre sostanze in grado di modificare l'umore e far provare un falso senso di pace e rilassatezza funzionano a livello cellulare. Ed era proprio questo il motivo per cui sospettai di un medicinale o di una sostanza estranea all'inizio della mia indagine sul mio nuovo io. Il valium poteva essere un buon candidato, ma non ne avevo preso neanche un po'. Controllai il medicinale che ero solito assumere ogni giorno, un beta-bloccante per emicranie, ma non poteva essere questa la causa dei miei sintomi. Inoltre, era stato prescritto correttamente e il farmacista che me l'aveva venduto non l'aveva scambiato per errore con un altro. Anche la marijuana avrebbe potuto produrre temporaneamente alcuni di questi sintomi, ma non ne avevo fatto uso.

Se ero davvero cambiato in assenza di agenti esterni introdottisi nel mio corpo, dopo aver eliminato tutto quanto fosse rilevante, giunsi alla conclusione che l'analisi doveva passare alle sostanze prodotte dal corpo stesso.

I cambiamenti nel corpo potevano essere causati da squilibri chimici e ormonali dovuti a patologie endocrine o a cancro, ma capii che anche queste cause non c'entravano nulla perché i sintomi erano comparsi all'improvviso, in grande quantità e in modo molto evidente. Le patologie legate a organi come la tiroide, le ghiandole surrenali o l'ipofisi possono dare sintomi emotivi e psicologici, ma non all'improvviso o in così gran numero. Non aveva senso pensare che un semplice ormone o una sola sostanza cancerogena avesse ripercussioni su così tante emozioni e tanti tratti della personalità. Di certo non spiegava l'affetto che provavo verso persone che detestavo. *Com'era possibile che qualcosa andasse a colpire in modo selettivo le parolacce?* mi domandai.

Per le stesse ragioni, anche il tumore al cervello era un'ipotesi estremamente improbabile, visto che non avevo mal di testa o altri sintomi neurologici.

Dopo tutta questa analisi, non avevo ancora trovato una diagnosi e non mi erano rimaste altre potenziali ipotesi da prendere in considerazione. Che fare, dunque? Avevo un cuore nuovo, ma non avevo idea di come l'avessi ricevuto. Non sapevo cosa fare o cosa pensare.

Capitolo undicesimo

La Diagnosi Preliminare

Erano le undici di sera. Tutti stavano dormendo mentre io ero rimasto alzato nello studio. Fissai la strada vuota fuori dalla finestra. Ero un medico orgoglioso che conosceva benissimo il corpo umano, ma non aveva la minima idea di cosa stava succedendo nella sua vita. Il mio cuore era in preda all'agitazione e confuso davanti a questo mistero. Ero stanco e volevo andare a letto, ma sentivo che mi mancava qualcosa. Ero affascinato dal modo in cui tutti i miei sintomi si incastravano perfettamente, anche se non avevo ancora in mano una diagnosi definitiva. Decisi di rimanere alzato fino a mezzanotte per pensarci, dopodiché ci avrei messo una pietra sopra. Tornai ai fondamenti della diagnosi medica. La storia clinica è essenziale, sempre. Pensai che fosse importante considerare nuovamente le circostanze in cui erano comparsi i sintomi perché magari mi ero perso qualcosa.

L'ultima volta in cui ero "normale" o c'era ancora il mio vecchio io fu quando andai a letto quella sera dopo aver gridato a Dio, pensai. La Bibbia e il Cristianesimo erano le sole cose nuove introdotte nella mia vita, ma non le avevo prese in considerazione nella diagnosi differenziale. Decisi di prendere in mano la Bibbia e di leggerne qualche pagina. Era la prima volta che tornavo a leggerla dopo la comparsa dei sintomi, ovvero dopo due settimane. Aprii a caso il Nuovo Testamento al capitolo sei di Romani e iniziai a leggere.

Notai subito che la Bibbia era più chiara, comprensibile e interessante. Tante parti che avevo scorso la prima volta mi erano sembrate oscure o irrilevanti; ora, però, sentivo di riuscire a comprendere gli insegnamenti biblici: le parole prendevano vita e il loro messaggio era più chiaro. Metterle in pratica nella mia vita era una novità. Provavo una sensazione, strana e intangibile, simile a quella che si prova quando si indossa il primo paio di occhiali. Ora potevo "vedere" e leggere con maggiore chiarezza di prima. Che cosa strana. Una volta iniziata la lettura, non riuscii più a smettere. Avevo un nuovo desiderio: leggere del continuo le Scritture.

Ne fui immediatamente incuriosito perché il capitolo sei dell'epistola ai Romani insegna che quando una persona si converte succede realmente qualcosa in lei. L'apostolo Paolo, autore dell'epistola, affermò che "il vecchio uomo è stato crocifisso" e che un cristiano è "libero dal peccato". Continuai a leggere questo capitolo perché mi aveva colpito e le sue affermazioni mi erano familiari. Avevo già sperimentato la liberazione dal peccato fin dal primo momento in cui in me avvenne il cambiamento. Sentii che il mio vecchio io era scomparso o morto. Nella settimana precedente ero stato una persona diversa sotto ogni possibile aspetto. Il vecchio Greg Viehman era ormai praticamente morto. Paolo approfondì questo concetto dichiarando che il vecchio uomo era stato "crocifisso con lui [Gesù]" e "risuscitato [... per camminare] in novità di vita". Fui sorpreso nel ritrovare i miei stessi sintomi in questa descrizione. Cosa voleva dire Paolo? Quella descrizione era la risposta che cercavo?

Il cuore mi batteva all'impazzata e avevo le mani sudate. Sentii dentro di me di essere davanti a una scoperta importante. Ciò che stavo leggendo sembrava descrivere perfettamente quello che stavo vivendo. Lessi anche i capitoli sette e otto per cercare altre informazioni. Il capitolo sette insegna che Gesù è la risposta per coloro che combattono i comportamenti malvagi che di solito non si riuscirebbero a controllare. Questo concetto corrispondeva ai miei sintomi, ma non capivo cosa c'entrasse Gesù fino a quando non arrivai al capitolo otto.

Nel capitolo otto di Romani Paolo continuava a dire che lo Spirito di Dio vive *dentro* al cristiano, anzi definiva vero cristiano colui nel quale abita lo Spirito di Dio. Lessi e rilessi più volte questo passaggio biblico:

"Voi però non siete nella carne ma nello Spirito, se lo Spirito di Dio abita veramente in voi. Se qualcuno non ha lo Spirito di Cristo, egli non appartiene a lui. Ma se Cristo è in voi, nonostante il corpo sia morto a causa del peccato, lo Spirito dà vita a causa della giustificazione. Se lo Spirito di colui che ha risuscitato Gesù dai morti abita in voi, colui che ha risuscitato Cristo Gesù dai morti vivificherà anche i vostri corpi mortali per mezzo del suo Spirito che abita in voi.
Così dunque, fratelli, non siamo debitori alla carne per vivere secondo la carne; perché se vivete secondo la carne voi morrete; ma se mediante lo Spirito fate morire le opere del corpo, voi vivrete; infatti tutti quelli che sono guidati dallo

Spirito di Dio, sono figli di Dio. E voi non avete ricevuto uno spirito di servitù per ricadere nella paura, ma avete ricevuto lo Spirito di adozione, mediante il quale gridiamo: «Abbà! Padre!» Lo Spirito stesso attesta insieme con il nostro spirito che siamo figli di Dio. (Romani 8:9-16)

Cosa significa "lo Spirito abita in voi"? Com'era possibile? Cercai altri versetti e trovai questo (la mia Bibbia da studio contiene riferimenti a versetti che riguardano argomenti simili, cosa che mi ha facilitato la ricerca):

In lui voi pure, dopo aver ascoltato la parola della verità, il vangelo della vostra salvezza, e avendo creduto in lui, avete ricevuto il sigillo dello Spirito Santo che era stato promesso, il quale è pegno della nostra eredità fino alla piena redenzione di quelli che Dio si è acquistati a lode della sua gloria. (Efesini 1:13-14)

Lessi questo passo più e più volte e provai ad applicarlo a me stesso. Focalizzai la mia attenzione sulla parte più cruciale della frase: "avendo creduto in lui [Cristo]". Il momento in cui si crede in Cristo sembrava essere un momento importante di quando un cristiano riceve lo Spirito Santo, qualsiasi cosa volesse dire. Analizzai il mio "percorso di credente" alla ricerca di indizi.

Avevo dapprima creduto in Gesù *razionalmente*, poi una settimana dopo gridai a lui chiedendogli perdono e di cambiarmi. Non mi sentivo tanto diverso dopo aver creduto con la mente, ma mi svegliai che ero una persona diversa dopo essermi pentito e arreso a Gesù con tutto il mio cuore la notte precedente. *Questo significa che lo Spirito di Dio abita in me?! È davvero possibile? Allora il Cristianesimo è una realtà ancora oggi? Che sia questa la spiegazione del mio cambiamento?* mi chiedevo. Il cuore mi batteva forte per l'eccitazione. Continuai la mia ricerca e trovai un altro versetto in cui Gesù parlava dello Spirito Santo:

"Se mi amate, osservate i miei comandamenti. Ed io pregherò il Padre ed egli vi darà un altro Consolatore, che rimanga con voi per sempre, lo Spirito della verità, che il mondo non può ricevere, perché non lo vede e non lo conosce; ma voi lo conoscete, perché dimora con voi e <u>sarà in voi</u>." (Giovanni 14:15-17, Nuova Diodati, sottolineato aggiunto)

La Bibbia stava dicendo espressamente che ero stato salvato e che lo Spirito Santo di Dio ora abitava in me. Era una possibilità strabiliante. *Se la salvezza porta realmente a un cambiamento vero e proprio nella vita di una persona, allora questa potrebbe essere la risposta che cerco*, pensai. Avevo in mano una diagnosi preliminare del concetto di "salvato", ma dovevo capire come funzionava e se poteva spiegare i miei sintomi. Cosa voleva dire "salvato"? Come ero stato salvato? Gesù parlò dello Spirito Santo usando il pronome "lui", come se fosse una persona. Accipicchia! Come faceva "lui" a essere dentro di me? Chi è lo Spirito Santo? Come faceva a spiegare i miei sintomi?

Si era fatto molto tardi e avevo bisogno di dormire. Ero così affascinato che volevo approfondire la questione, ma gli occhi mi si chiudevano per la grande stanchezza della giornata. Andai a letto. Nella mia mente sfrecciavano tanti pensieri e tante domande. Non vedevo l'ora che giungesse il giorno seguente. Sapevo di aver intuito qualcosa di grosso, ma non avevo assolutamente idea di quanto fosse misteriosamente colossale.

Capitolo dodicesimo
La Malattia del Peccato

Il mattino seguente lavorai soltanto mezza giornata. Appena ebbi finito in clinica, andai in una libreria lì vicino perché volevo sapere di più sullo Spirito Santo. Entrai e mi diressi verso la sezione Religione. Fui contentissimo di trovare un libro dal titolo *Lo Spirito Santo*, scritto da Billy Graham.[69] Lo acquistai e corsi a casa a studiarmelo. Era mezzogiorno passato, i bambini non sarebbero tornati fino alle tre del pomeriggio e mia moglie non c'era, quindi potevo godermi la solitudine della mia casa. Mi chiusi nello studio ed esaminai ogni cosa che avevo scoperto il giorno precedente, prendendo qualche appunto veloce in vista della lettura.

Aprii il libro che avevo appena comprato e iniziai a scorrere rapidamente i capitoli in cerca delle informazioni che mi servivano. Alla facoltà di medicina ci avevano insegnato a trovare e assimilare velocemente le informazioni ed io ero troppo entusiasta di iniziare la lettura di questo libro. Trovai subito qualche nuovo concetto che cambiò ogni cosa.

Graham affermava che il problema fondamentale di tutta l'umanità era il peccato e che quando una persona è "salvata", viene tolta da una condizione di peccato. Non capivo completamente cosa intendesse per "peccato", ma mi resi conto che stava insinuando che il peccato spingeva la gente a comportarsi con malvagità. Gesù era una sorta di "cura" per la "malattia" del peccato. Se Graham aveva ragione, allora a me era capitato di ricevere una vera e propria cura e non di prendere una strana malattia. E se le cose stavano così, era necessario rifare l'analisi; se la Bibbia era vera, avevo sbagliato completamente il metodo con cui stavo arrivando alla diagnosi.

Prima della mia Trasformazione, pensavo di essere una persona normale e in salute. La mattina in cui mi svegliai per la prima volta come una persona nuova, temetti invece di avere una qualche malattia o, visti i sintomi che avevo, che ci fosse qualcosa di strano. Credevo che l'avere un nuovo comportamento, una nuova personalità e coscienza fosse indice di uno stato patologico perché tutto si era manifestato all'improvviso, in modo radicale e inspiegabile. Provai a diagnosticare ciò che c'era di sbagliato in me partendo dai sintomi che avevo.

Tuttavia, se quanto sostenuto da Billy Graham era vero, avevo sbagliato tutta la procedura diagnostica. Prima di essere salvato vivevo, senza saperlo, in una condizione di "malattia" a causa del peccato. I sintomi post-Trasformazione erano veri e propri segni della cura ricevuta da Gesù Cristo, mentre io li avevo esaminati come se fossi in preda a una qualche malattia, senza sapere di aver ricevuto la salvezza e di cosa si trattasse realmente!

Se il peccato è una malattia, allora ero effettivamente partito da una condizione patologica dovuta al peccato pensando che fosse una cosa normale, per finire con l'essere guarito e salvato senza saperlo, anche se avevo interpretato questo cambiamento come qualcosa di anomalo! Possibile che avessi vissuto un'intera vita con la malattia del peccato, mai diagnosticata, pensando di essere normale? Era quindi possibile che fossi stato salvato e guarito dal peccato senza saperlo, anzi pensando di essere anormale? Si trattava di una possibilità così lontana da ogni mia aspettativa o comprensione da rimanerne sciocato. Se era vero, la mia intera concezione della vita era stata sbagliata sin da bambino ed io dovevo scoprirlo, analizzando approfonditamente la mia condizione pre-Trasformazione, quando (come ora la intendevo) si presumeva che avessi la malattia del peccato.

Cambiai la diagnosi preliminare in "salvato" dalla malattia del peccato, ma non ero ancora sicuro se questa diagnosi poteva veramente avere senso e spiegare ogni cosa fino al punto da essere credibile. Mi immersi a capofitto nella lettura del libro di Graham e della Bibbia alla ricerca di risposte e informazioni e ne trovai tantissime che mi aiutarono a perfezionare la procedura diagnostica. Dovevo ridefinire la malattia, i sintomi, la cura, i suoi meccanismi e risultati; una volta avuto davanti agli occhi il quadro completo, avrei potuto confrontarlo con la mia situazione e vedere se riusciva a dare una spiegazione adeguata a quanto mi era successo.

LA NATURA DELLA MIA ESISTENZA

Secondo la Bibbia, la malattia che avevo fin dalla nascita, senza che ne fossi consapevole, era il "peccato". Ma cosa si intendeva per "peccato"? Avevo già ammesso a me stesso di essermi comportato in modo malvagio ma evidentemente, secondo la Bibbia, c'era ben altro oltre alle cattive azioni. Per poter comprendere appieno la malattia del peccato, dovevo prima capire cosa affermava la Bibbia sulla mia esistenza. Di che cosa è fatto un essere umano?

Scoprii che gli esseri umani sono presumibilmente composti da un corpo di carne e, al suo interno, da uno spirito/anima immortale. L'uomo ha pertanto sia un corpo, una parte tangibile che interagisce con il mondo fisico, sia uno spirito/anima, la parte intangibile, che è la vera natura di una persona.

Per chiarire meglio il concetto possiamo paragonare il corpo alla componente hardware di un computer, mentre lo spirito/anima alla componente software. L'hardware è l'involucro esterno, visibile, fisico che interagisce con il mondo, proprio come fa il nostro corpo. Lo spirito/anima dell'uomo, la "componente software" del computer, si manifesta abitando dentro al corpo, alla "componente hardware". L'hardware di un computer si guasta e si usura, come fa il nostro corpo, mentre il software non si guasta fisicamente e può essere inserito in un "involucro" nuovo.

Il software contiene le informazioni e il linguaggio che fanno funzionare il computer, proprio come lo spirito/anima dà origine a pensieri ed emozioni ed è sede della nostra personalità. Il software, o spirito/anima, sarebbe la vera origine della vita. Un computer con la sola componente hardware non può dirsi "vivo" senza il software, che gli permetterà di accendersi, prendere "vita" e funzionare.

Uomo = corpo di carne + spirito/anima   o   Uomo = hardware + software

La presunta parte "spirito/anima" dell'uomo era un concetto che non mi avevano mai spiegato durante la Gita in montagna o a Marco Island e che io, di mia iniziativa, non avevo mai nemmeno preso in considerazione. L'evoluzione, le lezioni di biologia e la facoltà di medicina mi avevano chiaramente insegnato che l'uomo era composto *soltanto* da materia organica altamente evoluta (il corpo) e niente di più. Ero disposto a tollerare momentaneamente il concetto di spirito/anima dentro all'uomo perché sembrava rispondere ad alcune domande che mi ero fatto sul corpo umano.

Alla facoltà di medicina, durante le lezioni di anatomia del cervello, mi ero sempre domandato come questo organo fatto esclusivamente di materia organica potesse provare amore, emozioni, ricordi, sensazioni e avere una coscienza. Per me non aveva senso né sembrava possibile ed era una domanda a cui nessuno poteva rispondere. La scienza moderna non ha idea di quale sia la relazione.

L'idea che uno spirito/anima vivesse dentro al corpo, invece, aveva senso e dava una risposta a quella difficile domanda. Anche se sembrava improbabile, paradossalmente era più plausibile che considerare delle molecole come l'unica causa delle emozioni e della personalità di una persona. Sapevo che le sostanze chimiche e i nervi all'interno del corpo *influivano* su alcuni nostri sentimenti ed emozioni, ma non potevano esserne gli unici *responsabili*. Come fa la chimica a spingermi ad amare i miei famigliari e a essere disposto a sacrificare la mia vita per loro? Come fanno i nervi e le sostanze chimiche a farmi sentire in colpa dopo aver fatto qualcosa di sbagliato?

All'improvviso, mi resi conto che se gli esseri umani avevano davvero uno spirito/anima, allora la *mia* personalità, i ricordi, i pensieri, l'amore e le emozioni che provavo provenivano dal mio spirito/anima che viveva dentro al mio corpo. Sebbene fosse un concetto estremistico, aveva senso... *se* fosse stato vero. Inoltre, mi resi conto che questo comportava che il mio *io* era eterno e non un semplice "brodo organico evoluto". Il mio cuore ne era affascinato perché era da sempre in cerca dell'eternità e di risposte. *Caspita! Potrei davvero essere uno spirito eterno?* riflettevo sbalordito.

Ora che avevo capito cosa insegnava la Bibbia sulla mia esistenza, avevo gli strumenti per capire la malattia del peccato.

LA MALATTIA DEL PECCATO

Nella mia ricerca per comprendere il peccato, mi ritrovai a prendere in considerazione la Genesi, il primo libro della Bibbia. Vi lessi che Adamo ed Eva, i primi due esseri umani, furono letteralmente creati da Dio e che quando gli disubbidirono, la loro condizione fu cambiata radicalmente e in peggio: furono separati da Dio a livello sia fisico che spirituale, il loro legame con Dio si spezzò ed essi vennero "staccati" da Lui. Questa loro disubbidienza portò inoltre a un cambiamento drastico nei loro corpi: separandosi da Dio, "caddero" in una nuova condizione di vita e la morte fisica entrò nel mondo. Il loro corpo poteva ora guastarsi, farsi male e infine morire.

Durante lo studio della Genesi iniziavo a capire che da questo punto in poi tutti gli esseri umani erano nati separati da Dio e avevano un corpo decaduto destinato a morire. Se il racconto biblico era vero, questa condizione di separazione da Dio in un "corpo di carne decaduto" era una condizione di peccato o "natura peccaminosa". La Bibbia definisce questa separazione da Dio come uno stato di morte spirituale. Se le cose stavano così, significava che ero nato spiritualmente morto e separato da Dio in una condizione di peccato.

Malattia del peccato = separazione da Dio = morte spirituale

Uomo peccatore = corpo decaduto separato da Dio + spirito/anima eterni separati da Dio

Anche qui la similitudine con il computer mi aiutò a capire la malattia del peccato. Una persona può essere paragonata a un personal computer che in origine era destinato a essere connesso all'elaboratore centrale, gigante e potentissimo (Dio), ma la cui connessione ora era stata interrotta da un virus: il peccato. Anch'io ero stato scollegato e non riuscivo a comunicare perché il virus del peccato, la causa dell'interruzione della connessione, non era ammesso alla presenza dell'elaboratore centrale. Ero stato isolato, separato da Dio; per potermi riconnettere, il virus del peccato doveva essere rimosso completamente.

Avevo ancora dei dubbi su come Adamo ed Eva avessero causato la caduta di tutta l'umanità, la separazione da Dio, e volevo capire meglio questo aspetto, perché era un concetto completamente nuovo per me. Nonostante non potessi vedere Dio fisicamente, mi facevo mille domande sulla sua presenza nella mia vita. Non mi era difficile credere di essere separato da Dio perché non lo avevo mai né visto né sentito vicino a me e di certo non ero stato molto a contatto con persone che ne parlavano, pertanto il concetto di separazione da Dio aveva perfettamente senso.

Se il peccato era la mia malattia originale prima di essere salvato, quali erano i sintomi? E questi sintomi c'erano prima della mia Trasformazione? Per cercare le risposte a queste domande dovevo esaminare i sintomi del peccato.

Dio, il mio dottore

Capitolo tredicesimo

I Sintomi del Peccato

Tutte le malattie, a un certo punto del loro decorso, presentano dei sintomi, segno della presenza di un problema di entità maggiore nel corpo. Il dolore al torace, ad esempio, è sintomo di una cardiopatia: quando le arterie che portano nutrimento al cuore si ostruiscono, questo non riceve ossigeno a sufficienza e si prova un dolore al torace, sintomo di un problema al cuore da non trascurare.

Ipotizzai che se il peccato è come una malattia, dovevano esserci anche dei sintomi. Se ciò era vero, quali erano le evidenze tangibili della separazione da Dio? I sintomi del peccato sarebbero coincisi con i sintomi che avevo prima della mia Trasformazione? Per me era necessario rispondere a queste domande importanti.

Feci ricerche nella mia Bibbia da studio e trovai un versetto che parlava proprio di questo problema:

Ora le opere della carne sono manifeste e sono: adulterio, fornicazione, impurità, dissolutezza, idolatria, magia, inimicizie, contese, gelosie, ire, risse, divisioni, sette, invidie, omicidi, ubriachezze, ghiottonerie e cose simili a queste. (Galati 5:19-21, Nuova Diodati)

Rimasi sciocato perché rispecchiava quello che era il mio vecchio io. Continuai a cercare e scoprii che rabbia, gelosia, bugie, concupiscenza, impazienza, avidità, orgoglio e molto altro erano il risultato della separazione da Dio. L'egoismo, poi, era il sintomo principale di una natura peccaminosa. La cosa mi interessava molto perché avevo già scoperto che l'egoismo era uno dei problemi principali precedenti al mio cambiamento. Il peccato e i suoi effetti collaterali sembravano combaciare perfettamente con la mia situazione.

Io, invece, avevo sempre pensato che i sintomi del peccato facessero parte della "normale natura umana" perché presenti in qualunque persona. Mi resi conto che se la "normale natura umana" era realmente una natura peccaminosa dovuta alla separazione da Dio, ogni essere umano nasceva con due grossi problemi: la separazione da Dio e la natura egoista e orgogliosa che lo portavano alla solitudine e alla morte.

La Bibbia affermava che questo mondo e la vita stessa dell'uomo erano decaduti (ovvero, non dovevano essere in questo modo). Se questo era vero, allora c'era qualcosa che in me non andava assolutamente fin dalla nascita. Era un concetto difficile da digerire. C'era sempre stato qualcosa che mi era sembrato sbagliato, ma non ero mai riuscito a dire cos'era. *Potrebbe essere questa la ragione per cui ero scoraggiato dalla vita?* mi domandai.

Ero affascinato dal fatto che i comportamenti peccaminosi erano una *conseguenza* di una condizione di peccato o di separazione da Dio. Un comportamento malvagio era sintomo della mia condizione di peccatore. Le azioni malvagie non erano la causa prima, ma i sintomi della malattia. Proprio come il dolore che viene al torace per una cardiopatia, i sintomi del peccato erano segno di qualcosa di sbagliato a livello interiore. L'iniquità era la radice e il peccato ne era il frutto. La separazione da Dio aveva i suoi effetti collaterali, come il computer che non funziona bene perché è disconnesso dall'elaboratore centrale.

Dovetti riconoscere che nessuno mi aveva insegnato a mentire o a comportarmi con egoismo quand'ero bambino ed avevo constatato personalmente la stessa condizione nei nostri figli quand'erano ancora piccoli. Erano nati con un'attitudine egoista e malvagia: ecco una prova eloquente che gli esseri umani nascevano con entrambe queste caratteristiche. Ero da sempre consapevole che questi fossero comportamenti sbagliati, ma visto che tutti si comportavano allo stesso modo, pensavo che fossimo fatti così e basta, senza mai considerare il fatto che la possibile causa potesse essere un "difetto" nella nostra esistenza.

La separazione da Dio poteva forse anche essere la ragione per cui le persone si sentivano vuote, sole e infelici. Al personal computer che doveva originariamente essere connesso all'elaboratore centrale mancava quell'interazione e quello scambio di informazioni per cui era stato progettato; poteva provare a crearsi dei programmi per ovviare alla mancanza di connessione con l'elaboratore centrale, ma non ci sarebbe mai riuscito: quel personal computer sarebbe rimasto "isolato" e "vuoto" perché disconnesso. Secondo la Bibbia le persone erano state originariamente create per vivere insieme a Dio e per adorarlo, non per vivere una vita indipendente e separata da lui.

Nonostante suonasse strano alle mie orecchie, il concetto di separazione da Dio mi aveva colpito profondamente perché giustificava e spiegava molte cose che avevano da sempre afflitto il mio cuore.

Dentro di me mi ero sentito vuoto, "disconnesso" e infelice per moltissimo tempo. Avevo tutto ma niente riusciva a farmi sentire appagato! *Perché? Com'era possibile?* mi ero rammaricato per anni. Mentre riflettevo su questo concetto, continuavo a chiedermi: *Avevo davvero scoperto il motivo della mia infelicità?* Dato che avevo provato di tutto per sentirmi appagato, forse non mi mancava "qualcosa", ma *Qualcuno*. Per la prima volta nella mia vita avevo trovato una spiegazione ai miei sentimenti.

Ripresi in mano la tabella che avevo stilato (vedi Capitolo decimo) che spiegava e metteva in relazione i sintomi che avevo prima della mia Trasformazione. La condizione di vuoto e vanità della mia vita era la causa primaria di tutti i miei problemi e sintomi, sia a livello interiore che esteriore. Se era stata la separazione da Dio a provocare quel vuoto nella vita delle persone, avevo una prova eloquente che ero stato separato da Dio per tutta la vita. Tutti i sintomi che avevo corrispondevano alla malattia del peccato. Era una sensazione strana rendersi conto che poteva esserci qualcosa di intrinsecamente sbagliato nella natura dell'esistenza vissuta fino quel momento.

A quel punto, avevo trovato una spiegazione per la malvagità delle mie azioni e per il vuoto che avevo provato fino al momento della mia Trasformazione. Ammettendo l'esistenza di uno spirito/anima immortale, era possibile spiegare perché gli esseri viventi provassero emozioni e amore, avessero una coscienza ed una personalità. Ero meravigliato dalla coerenza interna di queste dottrine bibliche e dalla loro compattezza logica; sembravano la risposta alle mie tante domande e riuscivano ad accordarsi a livelli diversi con le circostanze in cui mi trovavo, cosa questa che mi aveva letteralmente sciocccato.

Avevo davvero capito che la malattia del peccato e i suoi sintomi corrispondevano alla mia situazione, ma come potevo guarire? Se il mio nuovo io era il risultato di una guarigione dal peccato, dovevo accertarmi che spiegasse anche la mia Trasformazione. Qual era la cura? Come funzionava? Che risultati avrebbe dato? Come doveva essere messa in atto una cura? Ecco qui un'altra serie di domande a cui volevo trovare una risposta.

Dio, il mio dottore

Capitolo quattordicesimo

La Cura per guarire dal Peccato

LA CURA PER GUARIRE DAL PECCATO

Durante l'Indagine avevo preso in considerazione Gesù come soluzione contro il peccato. Per rinfrescarmi la memoria ripresi in mano le nozioni assimilate: innanzitutto avevo ammesso di essere un peccatore dopo essermi reso conto di aver mentito, rubato, ingannato e fatto tante cose brutte; a causa dei miei peccati ero condannato alla morte eterna o alla separazione eterna da Dio perché Dio, che è senza peccato ed è perfetto, non può tollerare il peccato alla sua presenza. Per andare in cielo i miei peccati avrebbero dovuto essere rimossi completamente; avrei dovuto essere in una condizione perfetta, senza peccato, proprio come Dio.

Essendo un giusto giudice, Dio deve giudicare il mio peccato, ma essendo anche un Dio d'amore, vuole perdonarmi. Attraverso la morte di Gesù, che ha preso il mio posto sulla croce, Dio può darmi il Suo perdono, ma il mio peccato va comunque punito. Dio ha quindi il potere di farmi ricominciare la vita da zero, come se non avessi mai peccato.

Durante le indagini non mi ero mai reso conto di essere *già* separato da Dio fin dalla nascita, ovvero che ero spiritualmente morto. Non capivo che le mie azioni riprovevoli erano *sintomo* della mia natura malvagia o della malattia del peccato (separazione da Dio in un corpo di carne decaduto). Il problema andava molto più in profondità e non riguardava soltanto il mio comportamento malvagio.

Per guarire dal peccato, la cura avrebbe dovuto risolvere tre grossi problemi: la condanna a morte per il peccato, la separazione da Dio e le cattive azioni che ne conseguivano. C'era un prezzo da pagare per questa condanna a morte e per permettermi di "ricollegarmi" a Dio, nonché instaurare in me una nuova natura. Era ovvio che sarebbe stato impossibile ricollegarmi a Dio fino a quando non avessi scontato la mia condanna ed eliminato il peccato dalla mia condizione malvagia.

L'indagine iniziale spiegò il primo dei problemi principali, ma non gli altri due: con la sua morte sulla croce Gesù pagò la condanna per il peccato, ovvero diede la possibilità di rimuovere ogni traccia del peccato. Ma come ha fatto Gesù a darci anche la possibilità di ricollegarci con Dio e creare una nuova natura che avesse potestà sul peccato?

Gli altri due problemi rappresentavano il "meccanismo di funzionamento" della cura e i suoi risultati che dovevo capire per verificare se la guarigione dal peccato corrispondesse alla Trasformazione.

IL MECCANISMO DELLA CURA

In presenza di una malattia, è importante comprendere, quando possibile, le modalità in cui un problema possa essere risolto da una cura affinché il medico sappia cosa deve aspettarsi e ne valuti il decorso.

Se la malattia del peccato mi separava da Dio, la cura avrebbe dovuto ricollegarmi a lui tramite Gesù, il "Cavo di ricollegamento perfetto" con Dio. Tramite questo cavo, il personal computer verrebbe appunto ricollegato all'elaboratore centrale, consentendo la comunicazione e lo scambio di informazioni tra i due terminali. Con mia sorpresa questa cura corrispondeva esattamente a quanto avevo letto nella Bibbia e nel libro di Billy Graham. Tuttavia, ciò che mi lasciò davvero stupefatto, sbigottito e anche un po' spaventato era il meccanismo di funzionamento del "Cavo di ricollegamento".

Quando una persona grida a Dio con cuore contrito, chiedendogli di cambiarla e perdonarla, e pone la propria fiducia in Gesù Cristo, in quel momento specifico succedono tantissime cose, la prima delle quali è il fatto che Dio dichiara giusta questa persona, come se non avesse mai peccato. Poiché Gesù è divenuto peccato per tutta l'umanità, Dio è in grado di dichiarare giusta una persona anche se ha peccato, pecca o peccherà.

Con questa dichiarazione divina, il personal computer può essere quindi ricollegato all'elaboratore centrale, senza più temere di esserne nuovamente separato perché il virus del peccato è stato debellato. Quello che mi aveva colpito era il fatto che il "Cavo di ricollegamento" fosse Dio in persona: lo Spirito Santo, che è Dio, entra nel corpo del credente e si unisce al suo spirito per mettere fine a quella separazione. Ciò significa che nel momento in cui si viene salvati, Dio viene ad abitare realmente nella vita del credente. È questo il vero significato dell'essere "salvato". Proprio come per le malattie, è necessario che anche questa cura entri nel corpo per dare dei risultati visibili.

Accipicchia! Ora tutto quadra, pensai. All'epoca della mia Diagnosi preliminare sulla condizione di "salvato", non avevo ancora compreso l'opera dello Spirito Santo, ma adesso sì.

Non si ottiene la salvezza soltanto con una preghiera rivolta a Dio, ma è una condizione che deriva da una vera e propria opera fatta da Lui. Il Cristianesimo non è soltanto qualcosa in cui si crede, ma qualcosa che prende forma in noi. Nel momento in cui una persona si rivolge con sincerità a Dio, questi le cambia per sempre la natura della sua esistenza. La persona è "ricollegata" a Lui, è viva ed è risanata da Dio, che dimora in lei. *Se fosse vero, sarebbe una cosa incredibile*, pensai.

Dopo che mi avevano detto che Dio non esisteva e che era impossibile conoscerlo, rimasi meravigliato al solo pensiero che potesse realmente vivere dentro di me. Caspita! Questa affermazione mi spinse ad approfondire ancora di più le mie letture e i miei studi. Se la malattia del peccato mi separava da Dio e mi rendeva una persona spiritualmente morta, grazie al "Cavo di ricollegamento" ora ero spiritualmente vivo! Ricevere in dono la vita eterna non significava soltanto vivere per sempre, ma essere ricollegati a Dio *già da adesso*. Se fosse vero, la vita eterna con Dio inizierebbe immediatamente, sin dal primo momento in cui si verrebbe salvati. Quello che segue è un versetto biblico che contiene gran parte di questi concetti:

> *Voi, che eravate morti nei peccati e nella incirconcisione della vostra carne, voi, dico, Dio ha vivificati con lui, perdonandoci tutti i nostri peccati; egli ha cancellato il documento a noi ostile, i cui comandamenti ci condannavano, e l'ha tolto di mezzo, inchiodandolo sulla croce. (Colossesi 2:13-14)*

Salvato = spiritualmente vivo = spirito dell'uomo + Spirito Santo (unione/collegamento)

Salvato = Spirito Santo in noi = vita eterna = Ricollegamento a Dio

L'aspetto decisamente allettante era il fatto che se il Cristianesimo era una realtà e se Dio adesso viveva dentro di me, tutti i cambiamenti che erano avvenuti in me, dalla sera alla mattina, potevano essere spiegati con grande facilità. Fino a quel momento non ero riuscito a comprendere come potessi essere differente finanche a livello molecolare, vista la nuova serie di emozioni e sentimenti, la nuova coscienza e persino l'affetto che provavo verso coloro che non mi piacevano; *ma* la potenza di Dio dentro di me mi portò a credere con facilità che *fosse* tutto vero.

Se davvero dentro di me dimorava lo Spirito Santo e se ero realmente passato dalla morte spirituale alla vita eterna, c'era sì da *aspettarsi* che qualcosa cambiasse in modo evidente con quest'opera che Dio aveva fatto in me. La domanda successiva era pertanto: "Quali risultati si possono osservare e toccare a livello di salvezza e presenza dello Spirito Santo in me?" Dovevo stabilire se i risultati della salvezza corrispondevano ai cambiamenti che erano avvenuti in me con la Trasformazione.

I RISULTATI DELLA CURA

Durante il mio internato in ospedale mi venne un'ulcera allo stomaco che mi provocò dolori all'addome. Dopo essermi sottoposto a una cura, però, il dolore sparì, il mio appetito aumentò, iniziai a dormire meglio e misi su un po' di peso. Grazie alla cura avevo notato dei risultati e dei cambiamenti.

Ricevendo Gesù Cristo, la cura contro la malattia del peccato, quali risultati avrei potuto notare? Presentavo qualche segno di guarigione effettiva?

Ero curioso e non vedevo l'ora di studiare e capire le conseguenze della cura, perché avrei avuto la dimostrazione che la salvezza era un'opera reale dello Spirito Santo con dei risultati visibili. La malattia, i sintomi e la cura per guarire dal peccato sono tutte dottrine bibliche soggettive, mentre i risultati sono oggettivi e tangibili. I sintomi del peccato, ad esempio, erano presenti in tutte le persone che avevo incontrato nella mia vita, pertanto mi era difficile credere che si trattasse di una condizione patologica dell'intera umanità.

Pur avendo compreso che Gesù era la cura, la certezza a cui ero giunto poteva essere considerata come un mio punto di vista o una convinzione personale ben lontana dall'essere oggettiva. Se il Cristianesimo si limitasse a etichettare le azioni quotidiane degli esseri umani come "malvagie" insieme alla convinzione mentale secondo la quale Gesù è morto per perdonare queste azioni malvagie allora, oggi come oggi, non potrei sapere se ho davvero ricevuto questo perdono. Avrei potuto benissimo sedermi in una chiesa e fidarmi delle mie ricerche sulla figura di Gesù e sulla resurrezione per sentirmi un buon cristiano, ma come avrei potuto averne la *certezza*?

La Cura per guarire dal Peccato

Se invece fosse vero che qualcosa succede dentro a un cristiano che riceve la cura di Gesù Cristo, allora sarebbe tutta un'altra storia. Se i risultati fossero autentici e osservabili, io sarei la prova vivente che la cura avrebbe funzionato per davvero; proprio come avviene in medicina, i vecchi sintomi della malattia si attenuerebbero e la cura, prima o poi, si dimostrerebbe efficace.

Ero affascinato dalla possibilità che questa cura potesse davvero avere effetto su di me, perché non me lo sarei mai aspettato. E visto che non mi ero aspettato alcun cambiamento, volevo provare a tornare in chiesa, però stavolta ero mentalmente convinto che la Bibbia fosse la verità. Avevo dato così poco spazio a Dio nella mia vita e nei miei pensieri che nemmeno sapevo se un cambiamento fosse realmente possibile. La società e il mondo in cui ero cresciuto e vivevo si limitavano a frequentare una chiesa ed io neanche immaginavo che esistesse un modo per sapere con certezza dell'esistenza di Dio o della salvezza dal peccato. Non ero ancora convinto di essere stato salvato per davvero e pensavo di dover aspettare fino al giorno della mia morte per averne certezza; se poi avessi avuto torto, beh, non ci avrei perso nulla.

Mi tornò allora in mente la testimonianza di Josh McDowell. Ricordo di aver letto di come la sua rabbia pian piano era scomparsa dopo aver accettato Gesù come Signore e Salvatore rivolto a Dio in preghiera. In quel momento, non compresi chiaramente come fosse possibile una cosa del genere. Come aveva fatto il suo carattere a cambiare con una preghiera? La mia laurea in medicina e le mie conoscenze scientifiche mi impedivano di trovare una qualsiasi relazione tra una singola preghiera e un cambiamento completo del carattere e dei sentimenti, visto che questi sono collegati direttamente al cervello e al sistema nervoso attraverso percorsi biochimici difficilmente comprensibili. Con l'acculturazione del mondo moderno era stata eliminata qualsiasi capacità di comprendere la relazione tra i due. A mio parere, doveva trattarsi di un cambiamento psicologico auto-indotto dovuto a una convinzione religiosa. Io, però, non capivo nulla dello Spirito Santo ma adesso ne ero proprio incuriosito, perché forse Josh era effettivamente cambiato da quando era stato salvato.

Per trovare le risposte consultai la Bibbia da studio e il libro di Billy Graham. Lo Spirito Santo non è solo lo strumento con cui avviene il Ricollegamento tra una persona e Dio, ma anche la fonte della potenza che cambia la vita di una persona.[70] Dio non solo venne per salvare l'umanità dalla condanna del peccato, ma volle anche dare potestà sul peccato a chi avesse creduto in Gesù *prima* di morire, cioè mentre era in vita. Billy Graham spiegò nel suo libro che Dio sapeva che perdonare i peccati soltanto non sarebbe stato sufficiente perché la persona avrebbe continuato a commettere gli stessi errori.[71] Nel mio caso, Greg Viehman avrebbe continuato a vivere con tutte le qualità negative del suo carattere inalterate. Poiché da soli non si può cambiare, Dio sapeva che all'uomo erano necessari l'aiuto, la guida e la potenza dello Spirito Santo, il quale rappresenta la soluzione a questo problema.

Se Dio che abita in me è quella potenza in grado di cambiarmi, che tipo di cambiamenti dovrei aspettarmi? mi chiesi. Questi cambiamenti dovevano corrispondere ai nuovi sintomi che avevo notato dopo la Trasformazione.

L'amore di Dio: donare con generosità

Dallo studio della Bibbia appresi che Dio è amore, ma non quell'amore a cui ero abituato. L'amore di Dio può essere definito come un dono fatto con quella generosità che mette gli altri al centro, caratteristica tipica di chi è salvato e ha Dio dentro di sé. Questo aspetto catturò subito la mia attenzione: avevo compreso di avere una nuova e inspiegabile capacità di comportarmi con generosità, non solo nelle azioni ma anche nelle *intenzioni*. Ricordo di aver sentito una potenza dentro di me che mi spronava a essere una persona diversa. Trovai un versetto in cui erano elencati alcuni dei "sintomi" che si potevano notare quando lo Spirito Santo iniziava ad abitare in una persona:

> *Ma il frutto dello Spirito è: amore, gioia, pace, pazienza, gentilezza, bontà, fede, mansuetudine, autocontrollo. Contro tali cose non vi è legge. Ora quelli che sono di Cristo hanno crocifisso la carne con le sue passioni e le sue concupiscenze. (Galati 5:22-24, Nuova Diodati)*

Ne rimasi colpito perché avevo provato e sperimentato personalmente ognuno di quei frutti: l'amore verso persone che mal sopportavo, la gioia e la pace, in un mix meraviglioso di euforia e contentezza che non riuscivo ad esprimere a parole, la pazienza di aspettare rispettando gli altri (come confermato dalla prova nel grande magazzino). Sperimentai anche la vera gentilezza, ovvero la cortesia mista all'altruismo; ripensando al passato, mi resi conto di quante volte mi ero comportato con gentilezza soltanto perché mosso dal mio egoismo.

Prima della Trasformazione il mio senso di responsabilità era dettato da motivi puramente egoistici, mentre ora sentivo di essere mosso dalla generosità. Prima di cambiare non avevo autocontrollo né gentilezza; ero impulsivo, irascibile e a volte anche collerico. Dal momento in cui mi svegliai quel giorno, dopo aver gridato a Dio, riuscivo a controllarmi. Non ero perfetto, ma ero stato profondamente rinnovato e riempito della potenza di Dio. Era una forza generosa e ordinata, diametralmente opposta al mio vecchio io che era egoista e fuori controllo.

Il comune denominatore era un sentimento di generosità nuovo e immediato nei confronti degli altri. Quando si è stati per gran parte della vita completamente assorbiti da se stessi, arrivando persino alla massima espressione di una personalità narcisistica, nel proprio intimo ci si rende conto improvvisamente di agire solo e soltanto con egoismo. Riuscivo a sentirlo arrivare da dentro di me ma non sapevo come o perché questo accadesse. Con mia sorpresa, questo breve elenco sembrava spiegare e chiarire molti dei cambiamenti che stavo provando.

Il vecchio uomo è morto

C'era dell'altro nel versetto sul frutto dello Spirito Santo. Mi colpì il riferimento alla morte della natura malvagia, che era simile a quanto avevo appreso nel capitolo 6 dell'epistola ai Romani. In questo capitolo viene, infatti, insegnato che quando una persona è salvata, la sua vecchia natura muore. Sentivo chiaramente che il mio vecchio carattere, le mie cattive abitudini e i desideri malvagi erano spariti. Ero ancora tentato di dire e fare molte delle cose che facevo prima, ma ora ero anche capace di dire "no" e fare scelte migliori. Ero anche consapevole di tali situazioni ed ero in grado di ponderarle prima di agire. Prima del mio cambiamento, non pensavo mai a quello che facevo, agivo sconsideratamente man mano che le cose mi si presentavano davanti, mentre ora avevo un'acuta consapevolezza, del tutto nuova, di quali azioni e pensieri fossero malvagi.

Risultati graduali ma costanti

Scoprii che i risultati della cura potevano sì manifestarsi in modo incredibile e immediato com'era successo a me, ma nella maggior parte delle persone il cambiamento avveniva gradualmente. Non ero diventato perfetto dalla sera alla mattina, ma la mia trasformazione era stata radicale. Non sapevo perché alcune persone cambiavano di punto in bianco e altre in modo graduale e non riuscivo a trovare risposta né nella mia Bibbia da studio né su Internet.

Era, inoltre, chiaro che fino alla morte della persona "la cura" non poteva dirsi completata. Anche se ora avevo potere di dire "no" al peccato, avrei comunque continuato a fare errori o cavolate. Nelle note della Bibbia da studio veniva spiegato che i credenti devono continuare a crescere nel loro percorso di cristiani per fare progressi in modo costante ed avere la vittoria sul peccato. Mi vennero in mente alcuni passi della Bibbia dove persino l'apostolo Paolo parlava della sua lotta contro la sua natura malvagia. Ancora non lo comprendevo appieno, ma di certo sembrava aver ragione perché non mi era mai capitato di incontrare una persona perfetta.

Sensibilità spirituale

Un altro risultato della cura era la capacità di comprendere meglio i concetti spirituali e la Bibbia. Si presume che, abitando dentro a una persona, lo Spirito Santo la renda capace di discernere e comprendere la Bibbia in un modo nuovo:

Ma l'uomo naturale non riceve le cose dello Spirito di Dio, perché esse sono pazzia per lui; e non le può conoscere, perché devono essere giudicate spiritualmente. L'uomo spirituale, invece, giudica ogni cosa ed egli stesso non è giudicato da nessuno.
Infatti «chi ha conosciuto la mente del Signore da poterlo istruire?» Ora noi abbiamo la mente di Cristo. (1 Corinzi 2:14-16)

Pensai subito a quanto fosse vero. Nel momento in cui presi in mano la Bibbia, dopo aver pregato Dio che mi perdonasse e mi cambiasse, notai una differenza: riuscivo a capirla meglio e provavo una grande voglia di leggerla. Non che prima non ci riuscissi, ma ora mi sembrava più chiara, come quando da una vista offuscata si passa ad avere una vista perfetta. E non riuscivo a smettere di leggerla, me ne nutrivo continuamente, senza che questo desiderio sparisse. Non capivo come o perché mi sentissi in quel modo. Secondo la Bibbia, si trattava di un segno della presenza dello Spirito Santo in me.

La fine del vuoto

Finalmente trovai scritto che chi veniva salvato non sentiva più dentro di sé quel vuoto, quella solitudine e quella vanità che caratterizzava la sua vita perché siamo stati creati per Dio e solo lui può riempire i nostri cuori e dare un senso alla nostra esistenza. La salvezza mette fine alla separazione, proprio come quando si rincontra una persona amata dopo esserne stati separati per molti anni. Nel momento in cui ci "ricolleghiamo", tutto cambia. Ero stupito dal fatto di aver forse trovato il motivo per cui non mi sentivo più in quel modo.

RIASSUNTO

Tutto quello che avevo studiato e scoperto nella Bibbia sulla malattia del peccato, sui sintomi, sulla cura e sui suoi risultati corrispondeva a quanto mi era effettivamente successo in quel particolare periodo della mia vita. Secondo la Bibbia, la diagnosi era questa: ero stato salvato da Gesù Cristo, il quale mi aveva permesso di ricollegarmi a Dio tramite lo Spirito Santo e di avere, di conseguenza, una nuova natura. Ero stato salvato dalla malattia del peccato.

Se dunque uno è in Cristo, egli è una nuova creatura; le cose vecchie sono passate: ecco, sono diventate nuove! (2 Corinzi 5:17)

La cura contro il peccato aveva risolto i tre problemi principali: la condanna a morte per il peccato, la separazione da Dio e le cattive azioni che ne conseguivano. Gesù Cristo ha provveduto a pagare la mia condanna a morte, mentre lo Spirito Santo, ricollegandomi a Dio, mi ha dato una nuova natura in grado di dominare sul peccato.

L'ultimo aspetto da prendere in esame erano le modalità di somministrazione della cura. Volevo assicurarmi che la mia anamnesi corrispondesse perfettamente con la definizione biblica di salvezza. Se Gesù era la cura contro il peccato, come facevo a riceverla? Mi era stata davvero somministrata la cura, secondo la Bibbia?

LA SOMMINISTRAZIONE DELLA CURA

Ricevere la cura è qualcosa di sorprendentemente facile. Anzi, lo è anche troppo: basta credere col cuore che Gesù è il vero Dio, che è morto al nostro posto per i nostri peccati e che il terzo giorno è risorto. È necessario ammettere di essere dei peccatori che hanno peccato contro Dio e appellarsi a Gesù per riceverne il perdono. Cosa più importante di tutte è il fatto che la Bibbia afferma con chiarezza che una persona debba pentirsi dei propri peccati e desiderare di cambiare. Pentirsi vuol dire abbandonare i vecchi comportamenti e incamminarsi in una nuova direzione. Non si tratta di provare un semplice rimorso o un rimpianto per le cattive azioni, ma anche un desiderio di cambiare che culmina nella trasformazione del proprio comportamento.

Mentre riflettevo, ripercorsi mentalmente quello che mi era successo. Subito dopo aver terminato l'Indagine, credetti solo *con la mente* in Gesù, ma non notai alcun cambiamento. Tramite l'analisi storica e la fede avevo trovato un Dio alla cui esistenza mi era sì possibile credere, pur avendolo relegato a un livello prettamente razionale. A quel punto, basavo la mia nuova fede sul viaggio personale che mi aveva condotto fino a un'analisi dettagliata delle prove, perché mi fidavo del mio giudizio.

Nulla di quanto avevo visto o udito nel mondo mi induceva a credere che Dio esistesse davvero e lo potessi conoscere. Crescere nella completa assenza di Dio, in una società che lo ignora, non dà alcuna prospettiva di conoscerlo, se non quella di pensare che solo chi va in chiesa sia cristiano. Ma io ci credevo realmente alla sua esistenza? Credevo davvero che Dio era venuto sulla terra sotto sembianze umane, che era morto sulla croce e che era risorto il terzo giorno? Sì, ci credevo, però erano avvenimenti così lontani dal mio tempo da non riuscire ad afferrarne la concretezza e da ritenerli irrealizzabili nella mia vita. Se la Bibbia aveva ragione, l'assenza di cambiamenti in questa prima fase era plausibile perché non mi ero ancora pentito né impegnato personalmente con Dio con tutto il cuore per avere da lui perdono e salvezza, ma continuavo a credere in Gesù soltanto con la mente.

Quella sera, però, nella solitudine del mio studio, feci tutto quello che secondo la Bibbia è necessario fare per essere salvati. Passai dalla fase mentale alla resa sincera a Dio, con tutto me stesso; credetti nella divinità di Gesù e nella sua resurrezione il terzo giorno dopo la morte. Ammisi di essere un peccatore e gridai a Gesù desiderando nel mio intimo di cambiare; ero profondamente afflitto per le mie azioni passate. Provai grande timore verso Dio e lo invocai, arrendendomi completamente nelle sue braccia. Adesso scoprivo che per Dio la fede è qualcosa di più del semplice credere nella sua esistenza: è avere una fiducia completa e totale in lui, lasciare ogni cosa ai suoi piedi e agire con fede. È come guardare una sedia e limitarsi a sapere che cos'è piuttosto che sedercisi sopra e avere fiducia che ci sostenga.

La cosa strana è che non dissi né feci niente di proposito. Quella sera le parole mi uscirono dalla bocca in modo assolutamente spontaneo. Avevo semplicemente lasciato parlare il mio cuore. E pensare che ero partito per dimostrare che i cristiani erano soltanto una massa di ipocriti religiosi! Non mi aspettavo nulla dopo quella preghiera, non immaginavo che Dio mi avrebbe ascoltato. Non mi ero accorto di aver ricevuto una cura, se era quello il caso.

Avrei anche potuto facilmente fermarmi a credere in Gesù solo a livello mentale e ad accettare soltanto le dottrine basilari del Cristianesimo. Una settimana dopo mi rivolsi in preghiera a Gesù, chiedendogli di perdonarmi e di cambiarmi. Avrei potuto continuare a vivere da cristiano "con la mente", soprattutto perché non avevo idea che ci fosse dell'altro da scoprire.

Era come avere in mano il medicinale senza mai averlo assunto. Non posso tenere in mano un antibiotico e credere mentalmente che mi possa guarire; se voglio che funzioni davvero, dovrò ingerirlo. Mi chiesi se tra i cristiani ci fossero persone in questa stessa condizione, ovvero che credevano nell'efficacia del medicinale, senza averlo mai personalmente ingerito per guarire davvero.

Ora era inequivocabile: avevo ricevuto Gesù, la cura contro il peccato, secondo gli insegnamenti della Bibbia. Tutto quadrava perfettamente.

LA REAZIONE ALLA CURA

Questi concetti erano molto radicali e dovevo rifletterci sopra. Non mi sarei mai aspettato né avrei mai pensato che una cosa del genere potesse accadere. Mentre leggevo e studiavo, dentro di me qualcosa testimoniò al mio cuore e alla mia mente della veridicità di queste cose. Mi sentivo profondamente diverso, sotto ogni aspetto. Tutti i segni e i sintomi che avevo riscontrato corrispondevano a quelli della salvezza operata da Gesù Cristo. A quel punto mi si aprirono gli occhi, mi si illuminò una lampadina. "Oh, cielo! Sono stato salvato per davvero. Ho ricevuto lo Spirito Santo di Dio!" urlai.

La sera in cui gridai a Dio, egli mi ascoltò, mi salvò e mi riempì dello Spirito Santo. "È quello che diceva sempre la signora della Bibbia!" esclamai. Tammy mi aveva, infatti, detto: "Sto pregando per te affinché lo Spirito Santo ti si riveli". Ecco spiegato l'affetto che provavo nei confronti di persone insopportabili e l'origine dell'egoismo di cui erano intrisi i miei pensieri e le mie intenzioni. Sentivo che ora lo Spirito Santo abitava dentro di me. Che cosa sorprendente!

In quel momento mi resi conto più che mai di quanto fosse reale la presenza di Dio in me e intorno a me, che Dio non solo aveva ascoltato le mie parole, ma ora dimorava per davvero dentro di me. Gli dissi: "Padre. Ci sei davvero?" Non ricevetti risposta, ma sapevo che mi diceva: "Sì, sono qui e sono sempre stato con te". Mi sembrava di essermi svegliato da un sogno durato trentasei anni. Ero molto agitato: non sapevo proprio cosa fare.

Incredibile! Ecco una prova personale che il Cristianesimo è una realtà e che non è soltanto una delle tante religioni! pensavo. *La mia fede si basa ora su un nuovo modo di vivere e non sull'accettazione a livello mentale di una dottrina.* Era scioccante e completamente inaspettato per me che vivevo nell'età moderna della ragione, dominata dalla tolleranza, dall'agnosticismo e dal naturalismo. Passai da un Dio che non poteva essere conosciuto a un Dio che era addirittura venuto ad abitare dentro di me!

La cura portò con sé una serie di ondate sconvolgenti; la mia vita, i miei pensieri e la percezione della realtà cambiavano più in fretta di quanto potessi riuscire a comprendere. Continuavo a dire tra me e me: "Accipicchia! Non pensavo che Gesù Cristo fosse *così* reale e presente. Nessuno mi ha mai detto che con la salvezza il suo Spirito viene a dimorare in noi". Tutto quello che facevo nella vita e che mi avevano insegnato fino a quel momento era molto distante dalla verità. Non riuscivo letteralmente a crederci, ma ero solo all'inizio. Presto sarei stato raggiunto da altre ondate.

Capitolo quindicesimo
La Diagnosi Finale

LA DIAGNOSI FINALE

La diagnosi a cui ero alla fine giunto era quella di essere stato salvato dalla malattia del peccato ad opera di Gesù Cristo. Sin dalla mia nascita avevo mostrato i segni e i sintomi del peccato e non avevo mai avuto il benché minimo sospetto che fossero un segno di separazione da Dio. Nel mio tentativo di dimostrare che il Cristianesimo non era altro che una dottrina religiosa piena di ipocrisia, ero finito per diventare anch'io un cristiano. L'accettazione a livello puramente mentale del Cristianesimo insieme alla decisione di frequentare ogni settimana la chiesa erano state cambiate per sempre la sera in cui gridai a Dio nella mia camera da letto. Quella che credevo una crisi emotiva per aver letto troppi libri sulla religione cristiana era stata effettivamente un'opera di importanza eterna.

Quella notte ero stato salvato e nemmeno sapevo cosa fosse la salvezza o che fosse una realtà così importante. Lo Spirito Santo si era unito al mio spirito, mi aveva "ricollegato" a Dio donandomi una nuova natura. Me ne andai a letto nella più completa inconsapevolezza di quanto fosse realmente accaduto.

Al risveglio mi ritrovai totalmente cambiato, sotto ogni aspetto e senza una spiegazione logica. Pensavo di dover diagnosticare una condizione patologica, ma i sintomi che avevo erano dovuti alla cura, non alla malattia. Io invece avevo capito il contrario, mettendo in piedi una delle più esilaranti commedie spirituali di sempre! La realtà era che soffrivo della malattia del peccato da tutta una vita e che a un certo punto ne ero guarito, senza neanche accorgermene. Cercai di analizzare quello che non andava in me, quando in realtà stavo analizzando la cura che avevo ricevuto! E poiché il mio cambiamento era stato così repentino, ero riuscito a pensare solamente al fatto che ci fosse qualcosa di sbagliato in me. Tuttavia, per la prima volta nella mia vita, mi resi conto che Dio mi aveva "messo a posto".

Dalla sera alla mattina, da distante, non conoscibile e inesistente nella mia vita, Dio diventò il mio Salvatore, che viveva dentro di me e intorno a me. Ero stato salvato dalla malattia del peccato da Gesù

Cristo e ora stavo sperimentando un inizio di vita eterna, il "ricollegamento" con Dio. Il cuore mi diceva che era tutto vero e che i miei sintomi non potevano essere spiegati in nessun altro modo noto all'essere umano. Essi combaciavano perfettamente con la malattia del peccato e il mio cambiamento ben si allineava alla salvezza biblica operata dalla cura di Gesù Cristo. Ero un miracolo vivente in una cultura che ne affermava l'inesistenza; ero la prova vivente della divinità di Gesù e del fatto che lui fosse la chiave per il paradiso e la vita eterna. Avevo in mano la diagnosi di Dio.

Ero entusiasta all'inverosimile. Non vedevo l'ora di dirlo a tutti i miei amici e di condividere con loro la Buona Notizia. Quella sera non riuscii ad addormentarmi, perché ero sicuro che tutti ne sarebbero stati felici. Non immaginavo minimamente che stessi per prendere una bella batosta!

Capitolo sedicesimo

La Confessione della Cura

"Greg! Siamo a casa. Dove sei?" mi cercò mia moglie.
 Guardai l'orologio e vidi che erano le sei passate. Avevo perso completamente la cognizione del tempo e non mi ero reso conto che erano passate più di cinque ore. La ricerca di una diagnosi per la mia condizione mi aveva assorbito completamente per diversi giorni. Avevo trascorso ogni momento libero che avevo studiando, giorno e notte.
 "Sono di sopra, nello studio. Ora vengo giù". *E adesso cosa le dico? Come faccio a spiegarle tutto quello che mi è successo?* mi domandai. *Mi avrebbe creduto?*
 "Cos'hai fatto di bello tutto il giorno?" mi chiese.
 "Te lo dirò più tardi. È una storia lunga".
 "Dai, dimmelo ora, non fare il misterioso. Sono giorni che leggi libri standotene tutto solo".
 "Te lo dico quando saremo più tranquilli, dopo che i bambini saranno andati a letto".
 "Va bene," accettò.
 Per tutta la serata rimasi meditabondo e in ansia. Sapevo che Ruth era andata a uno studio biblico, ma non sapevo quale fosse la sua condizione spirituale. Non ero sicuro se fosse stata salvata o se si era resa conto della realtà del Cristianesimo perché non ne avevamo mai parlato. Continuavo a pensare a cosa dirle. Il cuore mi batteva sempre più velocemente man mano che si avvicinava il momento della nostra conversazione. Alla fine i bambini andarono a dormire e quel momento arrivò. Avevo il cuore che mi batteva all'impazzata.
 Entrai in camera. Ruth era seduta a letto e stava leggendo. Mi infilai sotto le coperte e mi misi anch'io seduto con la schiena contro la testata, sostenendola con qualche cuscino. "Ruth, hai presente quel libro che mi hai comprato e che ho iniziato a leggere? Quello sulla Bibbia?" dissi con esitazione.
 "Sì, perché?" disse posando il libro che stava leggendo e guardandomi con attenzione.
 "Beh, l'ho finito. In realtà ho letto anche tutto il Nuovo Testamento e l'ho studiato attentamente. So di avertelo solo accennato

qualche tempo fa, ma non ti ho mai detto cosa stavo facendo con precisione".

"Va' avanti," disse con aria d'attesa.

"Beh, sono arrivato alla conclusione di poter credere in Gesù. Mi sono reso conto che posso andare in chiesa e adottare uno stile di vita cristiano".

"Ma è fantastico. Mi sembrava che ti stessi comportando un po' diversamente dal solito. Vuoi continuare ad andare nella chiesa in cui ci ha portato David?".

"Certo, ma aspetta. C'è dell'altro. Circa due settimane fa sono rimasto alzato fino a tardi nello studio. Mi sono reso conto di essere la causa dei problemi della mia vita e della mia personalità. Sono scoppiato a piangere e ho gridato a Dio chiedendogli di perdonarmi e di cambiarmi". Ruth mi fissò con attenzione. "Ruth, Dio ha fatto qualcosa in me. Ha realmente cambiato la natura della mia esistenza. Il mattino dopo mi sono svegliato che ero una persona diversa e da quel giorno ho passato ogni momento a tentare di capire cosa mi fosse successo. E ora lo so: sono stato salvato. Ho ricevuto lo Spirito Santo. Dio ora dimora in me, è incredibile, e mi sta cambiando. Ogni cosa è diversa".

Non disse nulla per qualche secondo. Studiava la mia faccia per capire se dicevo sul serio. "Accipicchia. È grandioso! Anch'io sono diventata una credente, ma non ho sperimentato quello che dici tu".

"Devi credermi. Non mi sono ammattito e non sono diventato uno di quei pazzoidi," la interruppi.

"Ti credo. Ti credo," disse, ma avvertii un pizzico di dubbio nella sua espressione.

"Mi dispiace per il modo in cui ti ho trattata," singhiozzai con le lacrime che mi riempivano gli occhi. "Ho sbagliato. Ti prego di perdonarmi. Mi dispiace tanto. Voglio farmi perdonare. Non sarò più il Greg di prima," le dissi piangendo.

Mi abbracciò e disse: "Ti perdono. Non importa".

"No! Importa eccome. Sono stato un terribile idiota, arrogante, orgoglioso ed egoista con te, con i bambini e con tante altre persone che conosco," balbettai respingendo i singhiozzi mentre parlavo. "È una cosa stranissima. Come fa Dio a essere così vicino a noi e così reale ma nessuno ne parla mai? C'è qualcosa che non va proprio, Ruth! Qualcosa che non va nella maniera più assoluta. Non credo che tante persone si rendano conto della realtà del Cristianesimo. Io non ne avevo idea, persino dopo aver saputo che Dio dimora in coloro che sono salvati. Non riesco a comprenderne la vastità del significato per la mia concezione della realtà. Ti rendi conto che ho vissuto tutta la mia vita in una condizione di morte spirituale, separato da Dio? Non gli ho mai detto una sola parola, eppure lui c'era, in ogni cosa che facevo. Ha ascoltato quello che gli ho detto quella notte. *Ha ascoltato proprio me*! Come fa Dio ad ascoltare proprio me tra i miliardi di persone che ci sono sulla terra? Pensaci bene, Ruth. Renditene conto! Non sappiamo assolutamente niente della nostra esistenza. Finora abbiamo vissuto una vita come quella dei libri delle favole, un miraggio, una facciata che ha nascosto la verità. Quasi tutto quello che mi è stato insegnato sulla verità e sullo scopo della nostra esistenza era una bugia. Credo che l'intera società in cui viviamo sia stata costruita sopra un Grande Inganno.

"Io non me l'aspettavo. È un cambiamento totale. Qui non si tratta di andare in chiesa o di fare le brave persone. Non c'entra la mia carriera o i traguardi personali. Non so cosa pensare. Credevo che fosse vero, ma mai mi sarei immaginato che Dio fosse *così tanto* vero e che operasse ancora al giorno d'oggi. Questo significa che l'ha fatto davvero lui. Gesù è venuto davvero sulla Terra come Dio ed è stato crocifisso. Com'è possibile che ci siano al mondo così tante religioni quando questa è la verità? Davanti a un fatto del genere la mia concezione della realtà cade a pezzi!".

"Greg, calmati. Sei troppo nervoso," disse Ruth.

"Non ho intenzione di calmarmi. Perché dovrei? Ma ti rendi conto di cosa ti sto dicendo? Capisci cosa significa?" esclamai asciugandomi ancora qualche lacrima.

"Penso di sì. Ma anche per me è una novità. Sono cresciuta in un ambiente cristiano, ma il tutto si limitava all'andare in chiesa e a comportarsi da brave persone".

"Devo pensarci molto, Ruth. Le implicazioni di questa cosa sono pesanti e mi sorprendono. Torno nello studio per riflettere. Mi sento sotto pressione".

"Okay. Ne parliamo meglio domani. Ti voglio bene".

"Ti voglio bene anch'io. Non dire a nessuno della nostra conversazione! Nemmeno una parola sull'argomento, non ancora. Voglio sì iniziare a raccontare alle persone quello che mi è successo, ma prima desidero raccogliere ancora qualche altra informazione. Mi serve un altro po' di tempo".

"Va bene".

Dio, il mio dottore

Capitolo diciassettesimo
Le Implicazioni della Cura

Mi sentii sollevato quando mi misi a sedere nello studio di casa. Io e Ruth dovevamo raccontarci molte altre cose, ma ero contento che non pensasse che mi ero ammattito. Mi rilassai sulla sedia e sollevai i piedi appoggiandoli sulla scrivania. Raccolsi le forze e iniziai a riflettere sulle implicazioni della cura. Volevo attenermi esclusivamente ai fatti e cominciare proprio da essi.

Dio sembrava ovviamente il punto da cui partire con le mie riflessioni, perché tutto era incentrato su di lui. Presi un pezzo di carta e iniziai a stilarvi sopra un elenco.

DIO

Gesù Cristo è Dio. Gesù è vivente. Lui mi ha ascoltato.

Mi fermai qui e meditai sulle conseguenze di queste brevi frasi. Come aveva fatto Dio ad ascoltare proprio me quando ci sono più di sei miliardi di persone sulla Terra? Come aveva fatto a sapere che ero sincero quando lo avevo invocato quella sera? Come aveva fatto a conoscere le intenzioni del mio cuore dietro alle parole che avevo pronunciato?

Poi scrissi:

Dio è onnisciente (conosce ogni cosa) *e onnipresente* (è dappertutto in ogni momento).

Ad una prima riflessione queste sembravano frasi ovvie, perché si trattava di Dio, ma più ci riflettevo sopra più la cosa si faceva profonda. Cosa rivelava questo della mia concezione della realtà? Ecco la mia conclusione:

Non so nulla della realtà della mia esistenza quando Dio mi ascolta e conosce il mio cuore.

Rimasi semplicemente a bocca aperta.

PARADISO

Il paradiso è una realtà. Io sono diretto là.

Lo scrissi con un grande sorriso sulle labbra. Il pensiero della morte mi aveva sempre preoccupato, specialmente quando abbracciavo i miei figli e li guardavo mentre dormivano. Mi ero sempre chiesto come il mio grande amore per loro potesse anche solo avere un senso e un'origine se credevo che provenisse dalla materia evoluta. Se fossero morti tragicamente, l'oggetto del mio amore avrebbe cessato di esistere e si sarebbe trasformato in una sostanza chimica in decomposizione e senza importanza. Come si può considerare come semplice materia evoluta un bambino che riempie il cuore e l'anima di un genitore?

Di conseguenza, la paura della morte era una costante, ma ora non più: grazie alla presenza di Dio dentro di me, la certezza della vita eterna aveva scacciato tante paure e preoccupazioni; ero contentissimo del fatto che io e la mia famiglia eravamo molto più che del semplice brodo organico evoluto destinato a decomporsi. Adesso mi rendevo conto perché la morte mi sembrava così sbagliata. La morte non è la fine, ma l'inizio. La morte era passata dall'essere una fredda e insignificante fase di trasformazione della materia alla porta di ingresso verso l'eternità vissuta con Dio. Non avevo mai immaginato un cambiamento tanto drastico della realtà e della concezione che avevo della vita! Il cuore mi si riempì di gioia. Mi sentivo libero. Avevo una vera speranza, una certezza che il futuro mi riservava buone cose.

INFERNO

L'inferno è una realtà. Ero destinato a quel luogo.

Mentre lo scrivevo, la mano mi tremava un po'. Se adesso avevo ricevuto la salvezza, in passato non ce l'avevo. Ricordai che nei suoi discorsi Gesù aveva parlato più dell'inferno che del paradiso. Un brivido di terrore mi percorse la schiena. Mi resi conto per la prima volta che per tutta la vita avevo battuto il sentiero che porta all'inferno. Tutti i miei traguardi, i divertimenti e il successo avuto nel mondo non avevano alcuna importanza. La cosa mi faceva perdere le staffe, ma riconoscevo che era la verità: Dio era venuto sulla terra per salvarci dai nostri peccati che, se non fosse stato per Gesù, ci avrebbero separati da Dio per sempre. Mi sentivo oppresso dal fatto che l'inferno fosse una realtà e anche molto vicina. Scoppiai a piangere e ringraziai Gesù per avermi salvato. Ero ricolmo di gratitudine. Mi asciugai le lacrime e continuai a scrivere.

MIRACOLI
Sono un miracolo vivente.

Ero stato rigenerato da cima a fondo. Ero un vero miracolo dell'epoca moderna operato da Dio, la prova vivente che Gesù Cristo è Dio ed è risorto. Lui era proprio lì nella stanza con me la sera in cui pregai. All'improvviso credetti alla veridicità di tutti i miracoli riportati nella Bibbia. Se Dio era in grado di rigenerare un essere umano e conoscere il mio cuore, allora era in grado di fare tutto ciò che voleva, come camminare sulle acque, dividere il Mar Rosso o guarire le persone cieche. Se Gesù era risorto per davvero e io confidavo in lui per la mia risurrezione, perché avrei dovuto dubitare dei miracoli riportati nella Bibbia?

LA BIBBIA
La Bibbia è la Parola di Dio.

Se Dio ascolta quello che dico e conosce il mio cuore, è consapevole di ogni minimo dettaglio della mia vita e ne è partecipe. Poiché la Bibbia è la rivelazione di Dio e del suo piano di salvezza, essa deve essere esattamente conforme al suo volere. Se fosse un Dio eccessivamente puntiglioso, avrebbe certamente protetto le sue Scritture fin nei minimi dettagli. Sapevo già che gli errori di copiatura, i cambiamenti intenzionali, le eliminazioni e le aggiunte apportati al testo biblico nel corso dei secoli non ne avevano cambiato la dottrina o il messaggio principale e che la conservazione e la precisione delle Scritture era impressionante. Dio sapeva con anticipo che, nel corso dei secoli, i manoscritti originali sarebbero stati leggermente modificati, eppure nella sua divina volontà e sovranità ha mantenuto, attraverso degli strumenti umani, il messaggio chiave e i concetti specifici che voleva preservare e veicolare fino a noi. Le Scritture contengono ancora lo strumento di accesso alla vita eterna.

Utilizzando un'analogia del campo medico, pensai al fatto che il nostro corpo e la nostra personalità sono costituiti dal DNA, un codice a cinque lettere che, concatenate fra loro, vanno a comporre la "mappa di progetto" di ogni essere umano, quelle informazioni e istruzioni che gli danno la vita. Dai miei studi di biologia avevo appreso che, col tempo, il mio DNA avrebbe accumulato piccoli errori, la maggior parte dei quali però non significativa. Ciò nonostante, sono ancora vivo e le informazioni codificate che rendono unico il mio corpo continuano a funzionare, essendo state preservate. Quei piccoli "errori/cambiamenti" accumulati non negano la mia esistenza, tanto meno quelli nella Bibbia negano che si tratti della Parola di Dio. Se Dio è in grado di conoscere il mio cuore, è in grado anche di creare un libro e farlo diventare la sua Parola. Inoltre, se è stato in grado di cambiare la mia natura, perché mettere in dubbio che sia in grado di creare e preservare un libro?

IL GRANDE INGANNO

Vivevo nell'inganno.

Una lacrima mi scese lungo la guancia quando mi misi a fissare quello che avevo appena scritto. Cominciai a rendermi conto che ogni concetto importante che avevo della realtà e dello scopo della vita era sbagliato. Il modello di vita che il mondo mi aveva insegnato e di cui mi aveva dato testimonianza in ogni circostanza era un inganno, una menzogna. Mi sentivo come se mi fossi svegliato da un sogno durato trentasei anni. Una dopo l'altra, scrissi le differenze tra la realtà precedente e quella nuova.

Senza Dio	*Dio dentro di me*
Nessuna speranza	Vita eterna
Dio non è presente	Dio mi ascolta e conosce il mio cuore
Evoluto dal "brodo cosmico"	Creato da Dio
Vita sulla terra normale	Vita sulla terra decaduta per il peccato
Sono buono per natura	Sono peccatore per natura
Ho raggiunto l'apice del successo	Ero destinato all'inferno
Ho avuto tutto dalla vita	Non avevo niente senza Gesù
Tutto ruota intorno a me e al mio volere	Tutto ruota intorno a Dio e al suo volere
Sono una brava persona, in salute, attiva e in forze	Sono un peccatore, spiritualmente morto
Non devo rendere conto a nessuno	Devo rendere conto a Dio
Indipendenza, autostima, fiducia in me stesso	Bisognoso di Dio
So tutto	Non so niente

Le lacrime scorrevano a fiumi lungo il mio viso. Com'era possibile che fossi stato così tanto ingannato? Tutta la mia vita era stata un inganno. Il mondo mi diceva di inseguire il Sogno americano e io avevo raggiunto l'apice del successo, ma il Sogno americano si era trasformato in un incubo. Per qualche momento dovetti posare la penna e mettermi a riflettere su questo punto.

FAMIGLIA E AMICI
I miei figli, i miei genitori e i miei amici non sono salvati!

Un brivido di panico e sgomento mi percorse il corpo come un fulmine. L'esistenza di Dio, del paradiso e dell'inferno mi fecero sobbalzare dalla sedia. Mi alzai in piedi in preda al panico. "Oh no, loro non hanno lo Spirito Santo. Stanno ancora vivendo quel sogno e non ne sono neanche consapevoli!" strillai. All'improvviso sentii la necessità di parlare con loro e con chiunque conoscessi.

Posai il pezzo di carta sulla scrivania e corsi in camera da letto per parlare con Ruth dei nostri figli, ma stava dormendo. La realtà del Cristianesimo mi aveva travolto: non si trattava di una *religione* che avevo deciso di accettare e seguire, bensì della realtà della mia esistenza, però non riuscivo a comprendere il motivo per cui non ne avevo sentito parlare per gran parte della mia vita. Me l'ero persa in qualche modo? mi domandavo. Forse non ero stato abbastanza attento. Non lo ritenevo possibile, ma volevo accertarmene prima di dire alla gente cosa mi era successo.

Decisi di aspettare una settimana e di esaminare accuratamente tutto quello che sarebbe successo intorno a me a Cary, nella Carolina del Nord. Mi appoggiai al cuscino e ideai un piano per cercare ovunque delle prove su Gesù. Avrei ascoltato le conversazioni della gente, girato la città in auto, guardato il telegiornale, dato un'occhiata nei negozi e osservato i gesti della gente: avevo intenzione di cercare nella vita quotidiana le prove del fatto che Gesù Cristo è vivente, è una persona e ha un impatto sulla società. Se le persone sono salvate e Dio abita in loro, dovrebbero parlarne perché sarebbe la cosa più importante della loro vita. Ero certo che avrei trovato persone che ne discutevano. C'era qualcun altro che proclamava la verità, oltre alle chiese che lo fanno alla domenica? C'era qualche Prova della Cura?

Dio, il mio dottore

Capitolo diciottesimo

La Prova della Cura

Era il periodo di Natale e per la prima volta mi resi conto che la parola inglese "Christmas" conteneva la parola "Christ" (Cristo). Gesù Cristo era stato ignorato addirittura nel nome del periodo in cui si celebra la sua nascita. Ora che sapevo cosa significava, mi resi conto che il Natale era l'occasione perfetta per cercare prove sulla realtà del Cristianesimo. Poiché a Natale si celebra la nascita di Gesù, ero certo che in questo periodo avrei trovato persone che parlavano di lui e di come lo Spirito Santo dimorava in loro... o forse no? Una manifestazione divina tanto sorprendente non poteva passare inosservata, specialmente a Natale. Mi aspettavo di trovare prove su Gesù da ogni parte. *Vivo in una zona in cui c'è un'elevata concentrazione di cristiani protestanti,* pensai. *Quale circostanza migliore per condurre le mie ricerche?*

Decisi di fingere di non saperne nulla. Volevo vedere se il mondo intorno a me mi avrebbe condotto verso la verità, specialmente a Natale, visto che ne ero alla ricerca specificamente nella vita quotidiana. Sarei arrivato alla conclusione che Gesù è il Salvatore del mondo osservando ciò che mi circondava durante il periodo natalizio?

DECORAZIONI E LUCI NATALIZIE

Aspettai che venisse sera, quindi decisi di farmi un giro in macchina. Presi le chiavi dal piano del bancone in cucina. "Tesoro, dove vai?" chiese Ruth.

"Vado a farmi un giretto in macchina. Torno subito". Entrai in auto e partii. Che freddo! Riuscivo a vedere il vapore di ogni mio respiro mentre tremavo e cercavo di scaldarmi dentro l'auto. Era il momento perfetto perché tutti a quell'ora avevano acceso luci e decorazioni sulle case.

Percorsi il viale principale del mio quartiere. Era illuminato con tante luci: gli alberi luccicavano di azzurro, rosso e verde, mentre nei giardini alcune renne bianche brucavano nella neve. Babbo Natale, i pupazzi di neve e le renne col naso rosso sorridevano e salutavano, ma Gesù o qualsiasi cosa lo rappresentasse non si trovava da nessuna parte.

Continuai il mio giro ed esplorai l'intero quartiere, ma non vidi alcun presepe. Provai a fare un giro nel quartiere successivo, ma non trovai nulla di diverso. Continuai a guidare, ma il cuore iniziò a scoraggiarsi. Iniziai a piangere mentre ripensavo ai miei ricordi del Natale.

Da bambino mi era stato insegnato a credere in un uomo sorridente e immaginario, ma non nel Dio vivente che mi aveva creato e che era sempre stato al mio fianco; avevo spedito tante letterine dirette al Polo Nord ma non avevo mai pregato Dio, che in effetti ascoltava le mie parole e conosceva il mio cuore; credevo con fiducia che Babbo Natale mi avrebbe portato quello che desideravo, mentre non avevo mai chiesto nulla al mio Padre celeste che mi era sempre stato vicino. Ero rimasto sorpreso quando mi ero reso conto che lui c'era sempre stato mentre io neanche pensavo a lui. Per me Natale significava ricevere regali, mangiare, fare festa, addobbare l'albero con le luci, stare in famiglia e cantare canzoncine, ma non di certo parlare di Gesù.

Continuai a guidare, ma non riuscivo a scorgere da nessuna parte un presepe, una croce o il nome di Gesù illuminati. "Chi osserva dall'esterno non immagina affatto che queste festività riguardino Gesù," dissi ad alta voce a me stesso.

AI GRANDI MAGAZZINI

Frustrato, entrai nei grandi magazzini di zona dove si vendeva di tutto e mi accorsi che era una vera e propria gabbia di matti! Avvicinandomi alle porte d'ingresso, trovai un uomo vestito da Babbo Natale che raccoglieva soldi. All'interno dell'edificio la gente spintonava, si spingeva, bisticciava e litigava e non mancavano musi lunghi, espressioni accigliate e scatti di impazienza. Mi feci strada nel caos per raggiungere il reparto dei prodotti natalizi. Mi trovai circondato da angeli, fiocchi di neve, decorazioni luccicanti, luci, soldatini giocattolo e carta da regali. Cercai tra le decorazioni per l'albero, tra le luci e gli oggetti decorativi per il giardino e difficilmente trovai qualcosa che si rifacesse alla Bibbia, a parte gli angeli. Non c'era una Bibbia, un presepe o un qualsiasi oggetto che portasse il nome di Gesù da nessuna parte del negozio. Non c'era nulla nemmeno sulla salvezza o sullo Spirito Santo; era come se la gente fosse totalmente ignara dell'esistenza di Dio. Ma, allora, a che serve il Natale se Cristo non ne è il protagonista? In un certo modo mi sentii discolpato perché per oltre trent'anni di festeggiamenti natalizi non avevo mai sentito parlare di Gesù o del bisogno della salvezza. Natale era sempre stato un periodo di gioia, regali, famiglia e amici. Ora tutti quei ricordi felici erano stati macchiati da un'intera vita vissuta nell'inganno. Arrancai nei vari corridoi del negozio, aggrottando le ciglia davanti alle ostentazioni sfarzose e insignificanti, e fremetti davanti alle false speranze della gente.

AL RISTORANTE

Il giorno dopo, tenni d'occhio qualche ristorante, a pranzo e a cena. La calca natalizia aveva fatto riversare la gente davanti alle porte dei locali in attesa di essere accolti e portati al tavolo. Origliai qualche conversazione, ma nessuno parlava di Gesù. Prestai attenzione ai tavoli serviti, ma nessuno si metteva a pregare prima di mangiare. Qualche locale aveva l'albero addobbato e le luci natalizie, ma nulla che riguardasse Dio. Pensai che almeno di domenica la gente pensasse finalmente a Gesù, ma non cambiava nulla.

Tutti erano indaffarati, come se la nostra esistenza su questa terra fosse scontata. Cominciai a chiedermi se qualcuno fosse a conoscenza della verità. Osservando ogni singola persona, mi rendevo conto che era quello il modo in cui avevo vissuto anch'io la mia intera vita. Non pensavo assolutamente a Dio ed ero tutto concentrato su me stesso, fino al punto da non vederlo; Dio era sempre stato intorno a me, poteva udire le mie parole e conoscere il mio cuore, mentre io non avevo mai rivolto a lui una sola parola. Vedevo il mio vecchio io in tutti quelli che mi circondavano e questo fatto mi metteva addosso una paura tremenda.

Lasciai perdere, salii in macchina e me ne tornai a casa. "Signore, se ascolti me e chiunque altro, dimmi, perché la gente non ti parla? E perché nemmeno parla *di* te? Se le persone hanno bisogno di essere salvate, perché si comportano come se vivere su questa terra fosse la cosa più ovvia del mondo?" domandai.

Non avevo ancora iniziato a rivolgermi direttamente a Gesù. Gli facevo queste domande retoriche per ricordare a me stesso che Dio esisteva mentre tutto quello che avevo osservato stava cercando di convincermi del contrario.

IN UFFICIO

Il giorno seguente, quando arrivai in ufficio, fui contentissimo di vedere la signora della Bibbia che leggeva le Scritture. Non sapeva ancora che ero stato salvato. Mi avvicinai a lei e le chiesi "Tammy, perché nessuno parla di Dio, nemmeno a Natale?".

"Cosa vuoi dire?" rispose, guardandomi sorpresa e al contempo stupefatta per la mia domanda.

"Beh, mettiamo il caso che la Bibbia sia la verità e che la gente abbia bisogno di essere salvata. Se la salvezza fosse un evento reale nella vita di una persona che ha luogo quando Dio inizia ad dimorarvi, non se ne dovrebbe parlare? Non sarebbe la verità più incredibile di tutte?" Mi fermai, cercai la sua faccia per vedere se mi stava seguendo nel ragionamento, poi continuai: "Ho osservato le persone e sono andato in cerca di prove di questa realtà, ma non riesco a trovarle da nessuna parte. Come mai? Come faccio a credere che sia la verità se nessuno ne parla?".

Fece una pausa e il suo sguardo si fece profondo. "Molte persone non conoscono la verità e neanche la vogliono conoscere, nonostante vadano in chiesa. La gente vuole avere un proprio concetto di Dio e di Gesù, senza però accettarne la vera realtà e le sue conseguenze," disse.

"Ma se fosse tutto vero, non sarebbe una buona notizia? Il paradiso, la vita eterna, la salvezza, Dio dentro di noi, la speranza, la pace e l'avere un significato sono tutte cose belle. Non capisco!" risposi esasperato.

Proprio in quel momento le infermiere interruppero la nostra conversazione portandoci gli appuntamenti del mattino. Per il resto della settimana osservai e ascoltai i pazienti: nessuno che leggesse la Bibbia, che facesse una preghiera prima dell'intervento e che parlasse di Gesù. Nessuno sembrava provare gioia per l'esistenza di Dio né si dimostrava interessato al fatto che le persone avrebbero bisogno della salvezza se sapessero della sua esistenza.

Vedevo ogni cosa da una prospettiva completamente nuova. Continuavo a ricordare a me stesso che Dio ascoltava tutti in un modo a noi incomprensibile, mentre ero stupito dal fatto che la nostra cultura tacesse a riguardo. Questo silenzio mi portò a cominciare a mettere in dubbio la mia stessa salvezza. *Sono forse io quello pazzo?* mi domandai. *Io sono stato salvato. Dio vive dentro di me. Sono stato cambiato e risuscitato spiritualmente. Dio mi ascolta e conosce il mio cuore!* rassicurai me stesso.

TELEVISIONE

A quel punto quasi non volevo più continuare a cercare, ma mi sentii in dovere di proseguire la ricerca. Accesi il televisore e analizzai alcune trasmissioni incentrate sulla famiglia. Non c'era traccia di Dio o di Gesù, se non nelle imprecazioni. Non c'era nessuno che pregasse, menzionasse Dio o lo tenesse in considerazione nella propria vita quotidiana. Dio era chiaramente ritenuto un'entità irrilevante nella quotidianità delle famiglie. Mi tornò in mente il passato e mi resi conto che le tante trasmissioni sulla famiglia che avevo guardato per anni avevano tacitamente inciso lo stesso messaggio nella mia mente: trascurare Dio. Ora che Gesù viveva dentro me, quel silenzio non significava più soltanto neutralità; mi resi conto che significava anche rifiuto.

Stavo facendo i conti con una nuova realtà che mi scuoteva fin nel profondo. Ero devastato dal contrasto e dal grande abisso che c'era tra il mondo intorno a me che non riconosceva Gesù e la verità della sua vicinanza, della sua vita dentro di me, del fatto che mi ascoltava e conosceva il mio cuore. Iniziai a sentirmi un abitante del "Paese del contrario". La gioia della mia salvezza veniva smorzata dalla nuova capacità di vedere il Grande Inganno che avevo intorno.

Dovevo parlarne con qualcuno, ma non volevo che fossero persone che non avrebbero compreso. Temevo che avrebbero potuto segnalarmi alla commissione medica perché considerato pazzo. Dovetti ammettere che agli occhi di gran parte della gente questi pensieri e queste riflessioni potevano sembrare le conclusioni di uno schizofrenico deluso dalla vita.

"Idea!" esclamai con esuberanza. "Ne parlerò con Tammy. Mi fido di lei. Sta sempre a parlare di Gesù e a leggere la Bibbia". Le avevo già chiesto di sfuggita cosa pensasse dell'assenza di Gesù nella vita e nelle conversazioni della gente. Non vedevo l'ora di andare a lavoro il giorno dopo: contavo di dire a Tammy che ero stato salvato e di chiederle maggiori informazioni sull'assenza di Prove della Cura.

Dio, il mio dottore

Capitolo diciannovesimo

La Signora della Bibbia

Gli appuntamenti del mattino con i pazienti terminarono presto e avevo ancora un po' di tempo prima della pausa pranzo. Sapevo che era arrivato il momento di parlare con Tammy, la signora della Bibbia. Mi resi conto che non potevo soltanto dirle di essere stato salvato, ma dovevo mettere da parte l'orgoglio e confessarle di essermi sbagliato. Ne sarebbe stata contenta? Da una parte pensavo di no, però dall'altra mi chiedevo cosa avrebbe realmente fatto.

Avevo ripassato mentalmente più e più volte quello che le avrei detto. Ammettere uno sbaglio non era certo mia abitudine, anche se avevo la strana sensazione di riuscirci sempre meglio. Mentre avanzavo verso la sua scrivania, avevo le mani sudate e sentivo un groppo al cuore. *Posso farcela*, dissi a me stesso.

Entrai di soppiatto nel laboratorio. Era seduta alla sua scrivania e, ovviamente, stava leggendo la Bibbia. Le arrivai alle spalle e per un attimo esitai: una parte di me voleva scappare, mentre l'altra voleva parlare con lei di Dio e del perché non ero riuscito a trovare alcuna Prova della Cura.

"Tammy?" Si girò sulla sedia e mi scrutò incuriosita da sopra gli occhiali, come se avvertisse il mio cambiamento.

"Sì, dottor Viehman. Che succede?".

"Ehm, possiamo parlare in privato nel mio ufficio?" le dissi con evidente tono nervoso.

"Certamente!". Entrammo e ci sedemmo l'uno di fronte all'altra. Il mio ufficio si trovava alla fine di un'ala dell'edificio. Due pareti erano completamente in vetro e davano direttamente sul parcheggio, quindi tutti quelli che vi passavano di fianco potevano vedere all'interno. Prima di iniziare a parlare mi alzai e chiusi le veneziane.

"Va tutto bene?" mi chiese.

"Sì, non si preoccupi. È solo che non voglio che ci vedano parlare. È una faccenda privata".

"Di che si tratta?" chiese. Dalla mia voce poteva capire benissimo che ero agitato.

Dio, il mio dottore

"Tammy, devo dirle cosa mi è successo. Come sa, ho iniziato a leggere la Bibbia per dimostrare che i cristiani sono soltanto degli ipocriti. Non sapevo nulla di Dio e non ne volevo sapere. Sono cresciuto in una società che non ritiene che Dio sia importante e possa essere conosciuto in alcun aspetto della nostra vita. Negli ultimi mesi ho studiato tutto quello che sono riuscito a scoprire su Gesù, il fatto che dica di essere Dio e che sia risorto dalla morte. Mi sono impegnato tantissimo in queste indagini. Con mia sorpresa, più approfondivo le ricerche, più credibile diventava la faccenda. Quella che all'inizio consideravo come una favola religiosa si è ben presto trasformata in una ricerca della verità assoluta, in un mondo che afferma che la verità è relativa e che non è possibile conoscerla. Ero scioccato dal fatto che la Bibbia potesse spiegare l'origine e la causa di molti problemi della mia vita".

"Dopo tanta costernazione e un'indagine attenta, ero finalmente giunto al punto di decidere di credere razionalmente nel Cristianesimo e di andare in chiesa. Per me era come fare "il grande passo" perché non ero il tipo a cui piaceva vestirsi bene per la domenica e fare la persona tutta casa e chiesa. Però, effettivamente, cos'avevo da perdere? Ero pronto a cercare di essere una persona migliore, a imparare dai sermoni e a ringraziare Dio in vacanza e prima dei pasti. Pensavo che essere cristiani fosse solo questo".

"Qualche sera dopo, però, fui convinto dei miei peccati, della malvagità della mia vita e del mio carattere. Gridai a Gesù e lo implorai di cambiarmi e di perdonarmi. Andai a letto pensando di essermi lasciato prendere dalle emozioni e dalla religiosità, ma il mattino seguente, cara Tammy, mi svegliai da persona completamente diversa, sotto ogni aspetto. Non riesco nemmeno a descriverlo a parole. I miei pensieri, le mie intenzioni, le mie priorità, la mia rabbia, la mia frustrazione e molte altre cose erano sparite o cambiate. Non sapevo cosa mi fosse successo e provai a diagnosticarlo, pensando di essere malato o di avere uno squilibrio ormonale, ma nessuna mia diagnosi aveva senso. Ripresi in mano la Bibbia e mi resi conto che tutto poteva trovare una spiegazione nella salvezza operata da Gesù. Ero stato salvato e per una settimana non me ne ero neanche accorto. Non immaginavo proprio che, quando si viene salvati, Dio viene a dimorare dentro di noi! Ero veramente stupefatto".

"Caspita, dottor Viehman! Ma è fantastico. Sono felicissima per lei. Nel mio gruppo di studio biblico abbiamo pregato per lei. Dio è davvero buono!".

"Avete pregato per me? Nemmeno conosco quelle persone e loro si sono scomodate a pregare per me? È sorprendente. Tammy, mi sbagliavo. Mi sbagliavo completamente su Dio, sulla Bibbia e su quasi tutto quello che riguarda la vita. Mi spiace molto di averla derisa e di aver fatto delle battute su di lei con i colleghi. Sto ricominciando d'accapo in ogni aspetto della mia vita. La prego di perdonarmi".

"La perdono, dottore. Lei non sa quanto io sia felice che il Signore l'abbia salvata. Quando si ottiene il perdono di Dio, è molto più facile perdonare gli altri".

"Grazie, Tammy".

"Cos'ha detto sua moglie? L'ha già detto a qualcun altro?".

"Mia moglie lo sa. È stata salvata sei mesi prima di me, dopo aver partecipato a uno studio biblico. Era contentissima, ma rimane ancora un po' scettica sulla durata del mio cambiamento".

"Sono sicura che sarà duraturo, dottor Viehman. Ora la potenza di Dio dimora in lei, anche se non sarà un uomo perfetto. Farà ancora tanti sbagli e peccherà, ma non sarà più come prima. Ora sembra molto più calmo e rilassato".

"Mi sento come se fossi stato drogato, ma nel senso positivo del termine. Prima ero sempre nervoso e irritabile, ma ora la pace che sento dentro di me è incredibile. È come se Dio avesse fatto scoppiare un palloncino lasciando fuoriuscire tutta l'aria viziata e la tensione che si erano create al suo interno".

"È andato in chiesa?" mi chiese.

"Sì. Mi trovo bene nella chiesa in fondo alla strada dove abitiamo. Però mi sento ancora un po' a disagio quando si canta".

"Perché?".

"Vedo la gente alzare le mani e chiudere gli occhi. Non sono un po' esagerati?".

"Lei guarda le partite in TV, dottor Viehman?".

"Sì, ma cosa c'entra con questo?" risposi con molta curiosità.

"Se la sua squadra segna un touchdown, non si mette a esultare e ad agitare in aria mani e braccia?".

"Sì," dissi docilmente. Sapevo dove voleva arrivare a quel punto.

"Allora perché dovrebbe essere tanto strano lodare il Dio che ci ha creati e ci ha salvati alzando le nostre mani verso di lui?".

"Ha ragione. Temo di non sapere perché mi dia fastidio". Capì che ero a disagio e cambiò argomento.

"C'è qualcun altro che sa della sua salvezza? L'ha detto a qualcuno?".

"No. Non ancora. Ho aspettato una settimana per vedere se in qualche modo non avessi riconosciuto la presenza di Gesù nella vita di tutti i giorni. Sono andato in giro per Cary in cerca di segni della sua presenza nella vita delle persone. Sono andato in vari ristoranti, ai grandi magazzini, nei negozi, dappertutto".

"Cos'ha scoperto?"

"Niente. Zero assoluto. Tammy, se Dio è così vicino da riuscire ad ascoltare quello che dico e conoscere il mio cuore, allora perché nessuno ne parla? Vada là fuori e osservi lei stessa. Vediamo se riesce a trovare qualche segno della presenza di Dio nella vita delle persone. Non è qualcosa che andrebbe tenuto nascosto perché è l'essenza della nostra esistenza. Non è religione, è realtà".

"La nostra società ha ormai escluso Dio, dottor Viehman. C'è tanta religione là fuori, ma pochi sono quelli che hanno un vero rapporto con lui. La gente vuole farsi un concetto personale di Dio, senza accettarne la realtà e le sue conseguenze. Sì, la gente dice di credere in Dio, ma questo non significa che sia salvata o che lo conosca per quello che è realmente. Lei ha ragione, dottor Viehman. Dovremmo sempre parlare di lui. Come fanno le persone a credere che Gesù esista davvero se non lo vedono nella nostra vita?".

"Tammy, lei è una delle poche persone che ho incontrato che lo vive alla luce del giorno. Non gliel'ho mai detto, ma sono stato a osservarla per vedere se Dio esisteva davvero. Nel profondo del mio cuore, credo di aver sempre voluto che Dio potesse essere conosciuto, ma avevo paura delle conseguenze che tale conoscenza avrebbe avuto nella mia vita. Qualcuno ha provato a parlarmi di Gesù, in passato, ma io non ho voluto ascoltare. Se quello che mi diceva corrispondeva al vero, il mio modello di vita sarebbe stato completamente sbagliato perché rendeva me, la mia infanzia, la mia famiglia e il mio stile di vita un inganno, una menzogna bella e buona. Quante persone riescono ad accettare tutto questo, Tammy?".

"Ripensando alla mia vita, il silenzio mi perseguita. Ho vissuto in una condizione di separazione da Dio sin dalla nascita. Anni di relazioni, scuola ed esperienza sono stati vissuti senza mai rivolgere una sola parola a Dio. Mi fa strano e mi rattrista riconoscere che per tutto questo tempo lui c'era ed era lì al mio fianco. Il silenzio è terribile. L'inferno e il bisogno della salvezza sono reali. Mi sento come se mi fossi svegliato da un sogno. Quando stavo "sognando" tutto sembrava normale, ma ora che mi sono "svegliato" è un incubo. Mi sembra di essere Keanu Reeves nel film *Matrix*. L'ha mai visto?".

"No."

"È film di fantascienza, ma assomiglia moltissimo alla mia esperienza. Nel film un uomo di nome Neo si sveglia da una finta realtà e scopre che tutta la sua vita è sempre stata una menzogna. Ecco, io mi sento allo stesso modo. La salvezza, la vita eterna e il paradiso sono bellissimi aspetti del Cristianesimo, ma le implicazioni del mio passato sono devastanti".

"Deve iniziare a dirlo alla gente, dottor Viehman".

"D'accordo. Può andare a chiamarmi Dacia, per favore?".

"Certo." Mi abbracciò e uscì dall'ufficio. Dacia era la caposala nonché una buona amica. Non avevo idea in che cosa credesse, ma volevo iniziare a dirlo a lei. Mentre ascoltava, Dacia si illuminò e fece un grande sorriso. Quando terminai di raccontarglielo, mi abbracciò e mi disse di essere anche lei cristiana.

"È incredibile, dottor Viehman. Sono così felice per lei!.."

Per me era un sollievo. Non pensava che fossi diventato pazzo! Sapeva tutto della salvezza e dello Spirito Santo. *Fiuuu!*

Cominciò a piacermi il fatto di portare la mia testimonianza perché era davvero incredibile e inverosimile. Trovavo forza ed energia nel dire alle persone com'ero stato salvato e il mio intuito mi spingeva a testimoniare perché era la cosa giusta da fare. Inoltre, secondo me, vivere da cristiani andava oltre la testimonianza personale su Gesù e l'attesa di essere accolti in paradiso, ma non sapevo bene cosa fare. *C'è di più?* mi chiedevo. Ero ben lontano dall'immaginare che Dio stava per rispondere alla mia domanda e per rivelarmi una sorprendente verità. Stava per svelarmi la Relazione.

Dio, il mio dottore

Capitolo ventesimo

La Relazione

Il giorno seguente, al termine del lavoro in ufficio, Dacia, la caposala, entrò portandomi un regalo.

"Dottor Viehman, ho qualcosa per lei". Mi consegnò un regalo natalizio delle dimensioni di un libricino. Strappai via la carta in cui era avvolto ed ecco un taccuino pieno di pagine bianche e con la copertina in pelle scamosciata.

"Cos'è, Dacia?".

"È un taccuino per le preghiere. Annoti qui le sue preghiere e la data in cui presenta i suoi bisogni a Dio. Poi metta un segno di spunta ogni volta che Dio le risponde. Potrà anche servirle da utile elenco di spunti per la preghiera".

"Cosa vuol dire che Dio risponde alle preghiere? Come fa a farlo?" le chiesi.

Chiuse la porta e si sedette. "Dottor Viehman, Dio è suo Padre. Lui la ama, vive dentro di lei ora e vuole avere una relazione con lei. A lui interessa ogni minimo dettaglio della sua vita".

"Com'è possibile? Ho sempre vissuto senza di lui. Ho avuto milioni di minimi dettagli in cui non l'ho mai preso in considerazione. Come fa a operare nella mia vita? Pensavo che una volta salvati, si fa tutto da soli, fino alla morte. Magari, in caso di crisi profonda, Dio interviene, ma non nelle piccole cose di ogni giorno. Se la relazione con Dio è personale, allora la gente dovrebbe dirlo. In tutti gli anni della mia vita non ne ho mai sentito parlare, nemmeno una volta, nemmeno quando qualcuno aveva tentato di parlarmi di Dio. Quello che lei dice sembra una follia!".

"È incredibile, lo so, ma è la verità. Vuole essere il Signore della sua vita e guidare i suoi passi in ogni situazione".

"Caspita. Poter avere questo tipo di relazione personale con Gesù è qualcosa di grandioso! So che lui mi ascolta, perché certamente l'ha fatto la sera in cui mi ha salvato. Però credevo che ascoltasse soltanto in caso di tragedie o per salvarci".

"No. Vuole essere coinvolto in tutti gli aspetti della nostra vita. E lo sarà se lei glielo permette," mi disse.

Sbalordito, le chiesi: "E come? Cosa devo fare?".

"Basta che inizi a parlargli. Gli parli di qualunque cosa. Gli chieda cosa fare. Ma la cosa più importante è chiedergli di guidare la sua vita e le sue decisioni. Inizi a farlo e guardi cosa succede. Legga la Bibbia con costanza. La Bibbia è la Parola di Dio, Dio che le parla. Con la preghiera, lei gli parla. Proprio come stiamo facendo noi in questo momento. Ogni relazione implica uno scambio di parole".

"Come fa Dio a parlarmi tramite la Bibbia?" le domandai.

"Dio si è rivelato agli uomini tramite la sua Parola, la Bibbia, attraverso la quale impariamo a conoscere il Signore e la sua opera. I versetti parleranno al suo cuore, dottore, e metteranno in risalto i problemi della sua vita. Le storie racchiuse nella Bibbia ci riguardano tutti direttamente: gli sbagli commessi e le vittorie ottenute hanno uno scopo didattico per noi. Mentre leggerà la Bibbia, lo Spirito Santo, che dimora in lei, le mostrerà come applicarle alla sua vita. Non si dimentichi, durante la lettura, che lo Spirito Santo abita dentro di lei".

"Mi sembra troppo bello per essere vero. Questa cosa mi entusiasma ma mi fa anche strano. Mi sembra di vivere in un film di fantascienza. Fino ad oggi, non mi è stato mostrato altro che il fatto che Dio non può essere conosciuto o che non è presente in nessun aspetto dell'esistenza e ora lei mi sta dicendo che mi guiderà in ogni momento della mia vita? Se è vero, allora la cosa incredibile è che le persone lo ignorano totalmente. Si rende conto delle conseguenze di quello che mi sta dicendo? Io le credo, ma deve anche capire da che situazione sto uscendo".

"Ci vuole tempo, dottor Viehman. So che sono tante informazioni da digerire. Lei preghi, metta la sua vita nelle mani di Dio, legga la Bibbia e faccia attenzione. Dio è soprannaturalmente naturale".

"Cosa intende dire, Dacia?".

"Le persone che lei incontra, le circostanze in cui si trova e i pensieri e i sentimenti del suo cuore... Scoprirà che Dio è coinvolto in tutto questo, se presta attenzione e si attiene alla sua guida".

"Va bene. Sono così grato che mi abbia salvato che farò qualsiasi cosa mi dica di fare. Voglio conoscerlo per quello che ha fatto in me. In vita mia non mi sono mai messo a cercare Dio".

"Si rende conto, dottor Viehman, che tutte le circostanze che hanno portato alla sua salvezza erano dovute al fatto che Dio la stava cercando? Nel Cristianesimo è Dio che raggiunge l'uomo, che vuole iniziare una Relazione con lui. Ed è incredibile quali sforzi faccia per salvarlo".

Ero sbalordito, senza parole. Pensai subito agli avvenimenti che avevano contribuito alla mia salvezza: la Gita in montagna, Marco Island, la signora della Bibbia, il Paziente, il libro di Josh McDowell che Ruth aveva messo sul mio comodino e il Vicino di casa che mi aveva invitato in chiesa. Roba da non credere.

"Accipicchia! In effetti non è stato uno studio razionale a condurmi da Dio, ma è stato Lui a esservi venuto incontro e a salvarmi! Ha messo insieme tra loro tutti i pezzi e mi ha fatto incontrare le persone giuste al momento giusto. È davvero un concetto meraviglioso e sorprendente su cui riflettere. Devo pensarci su. Grazie per il taccuino. È tardi, devo andare a casa".

"Buona serata, dottor Viehman".

Salii in macchina e me ne tornai a casa. Continuavo a pensare a quello che mi aveva detto. Mi sembrava strano iniziare una conversazione con Dio di punto in bianco, anche se ero certo che mi avrebbe ascoltato. In cuor mio, però, mi sentivo spinto a cercarlo ma anche attirato verso di lui.

PREGHIERA

"Gesù, so che mi ascolti. Non capisco ancora tante cose, però ti ringrazio per avermi salvato. Voglio conoscerti e lasciarti guidare la mia vita. Trasformami nella persona che tu vuoi che io sia. Farò tutto quello che dici nel migliore dei modi. Non posso credere che tu c'eri fin dall'inizio e che io non ti abbia mai parlato. Il mondo mi aveva detto che non potevo conoscerti e si comportava come se tu non esistessi. Perché nessuno parlava di te o con te dove sono cresciuto? Perché a scuola venivi ignorato? Se tu sei il vero Dio, perché ci sono così tante religioni? Le mie domande sono tantissime. Come faccio ad ascoltarti? Come faccio a sapere cosa vuoi che faccia? Non so da dove iniziare".

Per il resto del tragitto fino a casa rimasi in silenzio. La mia mente continuava a rimuginare una cosa sola. *I miei figli, i miei genitori e i miei amici non sono salvati. Vivono ancora nell'ignoranza, proprio come ho vissuto io per tutta una vita. Devo farglielo capire. Devo dire a tutti quelli che conosco quello che mi è successo*, pensai.

A un certo punto compresi il motivo per cui i pazzoidi della gita in montagna mi si erano avvicinati quella volta e dovetti ammettere che avevano ragione. Il mio cuore era molto preoccupato e aveva paura per le persone che non conoscevano Gesù. Riuscivo ancora a percepire l'inferno, quell'inferno in cui sarei potuto finire. Dentro di me ero molto nervoso e mi sentivo costretto a dirlo ad altri che non erano ancora salvati. Non ne ero sicuro, ma avvertivo che Dio voleva che facessi questo. Dacia mi aveva detto di prestare attenzione al mio cuore e ai miei pensieri. Che la Relazione stesse già instaurandosi tra me e Dio?

Quella sera, dopo che tutti erano andati a dormire, mi rintanai nello studio, che era diventato il mio luogo per pregare, leggere la Bibbia e cercare la volontà di Dio. Cominciai a parlare con Dio di tutto e di più. Dapprima mi sembrava strano, come se stessi parlando a me stesso, ma presto il mio disagio svanì. Dovevo recuperare il tempo perduto perché avevo tralasciato questa Relazione per molti anni ed ero impaziente di iniziare. *Quale occasione meravigliosa il fatto che Dio voglia interagire con me!*

"Signore, Dacia mi ha detto che vuoi operare nella mia vita. Eccomi qui. Voglio cominciare. Cosa devo fare?". Mentre pronunciavo queste parole sentii una forte spinta a prendere in mano la Bibbia. Pensai che forse me lo stavo immaginando, quindi non vi diedi peso. Cercai di continuare a pregare ma non riuscii a concentrarmi. L'unica cosa che avevo nel cuore e nella mente era la Bibbia. *Mmm. Dacia ha detto che Dio mi parlerà attraverso la Bibbia perché è la sua Parola. Forse devo iniziare a leggerla*, pensai. Non sapevo da dove cominciare. Decisi di aprirla verso la fine, dove sapevo che c'era il Nuovo Testamento.

LA PAROLA DI DIO

«Maestro, qual è il grande comandamento della legge?». E Gesù gli disse: 'Ama il Signore Dio tuo con tutto il tuo cuore, con tutta l'anima tua e con tutta la tua mente'. Questo è il primo e il gran comandamento [...]». (Matteo 22:36-38, Nuova Diodati)

Ah, che strano! Quante probabilità ci sono di capitare su questo versetto? mi domandai. *Però qui Gesù cosa vuol dire? Come si fa ad amare Dio nella vita pratica?* A margine del testo c'erano alcuni riferimenti ad altri versetti biblici legati a questo e andai a consultarli. Il primo di essi rispondeva alla mia domanda e suscitò la mia attenzione.

«Chi ha i miei comandamenti e li osserva, è uno che mi ama; e chi mi ama sarà amato dal Padre mio; e io lo amerò e mi

La Relazione

manifesterò a lui». Giuda, non l'Iscariota, gli disse: «Signore, come mai ti manifesterai a noi e non al mondo?». Gesù rispose e gli disse: «Se uno mi ama, osserverà la mia parola; e il Padre mio l'amerà, e noi verremo a lui e faremo dimora presso di lui [...]». (Giovanni 14:21-23, Nuova Diodati)

Caspita! Cosa significa che Gesù si manifesterà a me e farà dimora presso di me? Che promessa affascinante da parte di Dio. Devo scoprirne il significato.

"D'accordo, amare Dio significa ubbidire alla sua Parola," parlottai tra me e me. *Se amare Dio è il grande comandamento, allora devo sapere cosa dice la sua Parola, cioè conoscere la Bibbia per ubbidirgli e amarlo. Come faccio ad amarlo se non so cosa dice la sua Parola?* ragionai. In quel momento ebbi in cuore di leggere e studiare la Bibbia con costanza. Oltre a pregare, la lettura sembrava qualcosa di essenziale nella nostra relazione d'amore.

Iniziai a leggere la Bibbia in ogni momento libero che avevo. Non riuscivo a stancarmene. Imparavo cose a ritmo esponenziale. Ogni volta che la prendevo in mano mi insegnava qualcosa di nuovo. La cosa strana era che riuscivo ad avvertire che era lo Spirito Santo a darmi rivelazione. Quando leggevo, le parole mi toccavano il cuore: guidavano la mia vita, mettevano in risalto aspetti che dovevo cambiare e iniziarono a gettare luce sulle tante bugie che avevo imparato. Prima di essere salvato, le parole non avevano lo stesso impatto che avevano ora; le divoravo davvero come fossero cibo.

In quella stessa settimana, in chiesa, incontrai un uomo soprannominato "Bible Bill", che si offrì di guidarmi per un intero anno nella spiegazione della Bibbia. Cominciammo dall'Antico Testamento. Se avevo delle domande, potevo mandargli un'e-mail o chiamarlo al telefono e, un paio di volte al mese, ci incontravamo a pranzo per discutere di quello che avevamo letto. Mi ricordai delle parole di Dacia e mi resi conto che il Signore aveva messo Bill sulla mia strada per aiutarmi a imparare la Bibbia. Ero entusiasta che Dio avesse fatto questo per me.

In uno dei nostri primi incontri Bible Bill mi chiese: "Perché mangi ogni giorno?".

"Perché ho fame," risposi.

"Cosa succede se non mangi?" continuò.

"Morirei di fame".

"Cosa succede quando si sta morendo di fame? Pensaci, Greg, sei un medico".

"Il corpo si indebolisce, si diventa apatici, ci si ammala, si ha carenza di vitamine e si deperisce".

"Esatto! La Bibbia è il tuo cibo spirituale. Se non ne mangi, non cresci. Ricorda: Gesù ha detto che quando si è salvati, si è nati di nuovo. Può un bambino camminare, parlare, mangiare e difendersi da solo? Ha un bambino coscienza di essere tale? Può un bambino parlare con suo padre come farebbe un adulto?".

"No, certo che no!" dissi.

"Allora, assicurati di seguire una dieta equilibrata a base di Parola di Dio". Poi, mi mostrò un versetto della Bibbia:

Come bambini appena nati, desiderate il puro latte spirituale, perché con esso cresciate per la salvezza, se davvero avete gustato che il Signore è buono. (1 Pietro 2:2-3)

Continuò il discorso: "Ogni libro della Bibbia ha un certo valore nutritivo spirituale, contiene vitamine e minerali. Il libro nel suo complesso è una dieta ben bilanciata; se ne tralasci delle parti, nel tuo piano di lettura annuale, è come se non ti nutrissi di una parte di cibo previsto nella dieta. Molti cristiani sono malnutriti e, di conseguenza, molte chiese risultano malnutrite perché non insegnano in modo sistematico né leggono tutta la Parola di Dio.

Ricorda: il peccato è come una malattia che ci fa deperire. Qual è l'altro effetto del cibo in caso di malattia? Ci aiuta a guarire, ripara i danni prodotti nello spirito e vince l'effetto debilitante del peccato".

LA LODE

"Bill, a me piace andare in chiesa, però preferisco ascoltare i sermoni piuttosto che le canzoni durante la funzione. Perché cantiamo per mezz'ora prima che il pastore predichi?".

"La lode prepara il tuo cuore all'ascolto della Parola di Dio. Con la lode e l'adorazione rendi onore a Dio e lui onora te perché ti ama. L'uomo è stato creato per lodare e adorare Dio. Se non lodi e adori lui, loderai e adorerai qualcos'altro, anche senza rendertene conto".

"Per esempio, cosa?" domandai.

"Per esempio, te stesso".

"Dai, Bill, così mi offendi. Però hai ragione. Ho sicuramente lodato e adorato me stesso, onorato me stesso e ricevuto onore da me stesso in quasi ogni cosa: risultati, carriera, aspetto fisico, ecc.".

"Loda e adora Dio, Greg. Sei stato creato per questo. Ti sembra strano e sgradevole perché sei cresciuto lodando e adorando te stesso e le cose che ti stavano intorno. Si è idolatri quando si loda e si adora qualcosa diverso da Dio, qualcosa che si può vedere".

"Come faccio ad adorare Dio? Cosa devo fare?".

"Ricorda quello che ti ho detto. In primo luogo, dagli gloria. Lodalo per averti salvato. Ringrazialo per essere morto per te. Riconoscilo come tuo Padre, Dio e Creatore. Quando adori il Signore, offrigli il tuo cuore e la tua vita con fede, fiducia e gratitudine. È un momento in cui offri te stesso a Dio e riconosci di aver bisogno di lui nella tua vita".

"In secondo luogo, prendi onore da Dio. Lodalo perché ti ama. Hai già testimoniato le tante cose che ha messo in atto solo per salvarti. Rispondigli con gratitudine e goditi il fatto che sei un figliolo dell'Eterno Iddio. La musica può aiutarti a concentrarti su di lui e alcuni canti di adorazione hanno dei bei testi che ricordano gli insegnamenti che ti ho appena dato".

"Tutto questo mi fa sentire a disagio".

"Se ne hai la possibilità, comincia ad ascoltare i canti di lode e adorazione al mattino. Pensa a Dio e a ciò che ha fatto per te. Ascolta bene le parole. Lascia che Dio prima doni a te e ti riempia, poi ricambia e donagli quello che ti ha dato. Pensa a come ti sentiresti se tuo figlio ti facesse un dono con i soldi della paghetta che gli hai dato tu".

"Va bene. Ci proverò".

COME PADRE E FIGLIO

"Bill? Un'altra cosa, visto che l'hai citata. Dacia, la capo sala della clinica in cui lavoro, mi ha detto che Dio è mio Padre e vuole avere una relazione con me. Come faccio ad avere una relazione con qualcuno che non riesco a vedere? D'accordo che con la preghiera mi rivolgo a Dio e che la Bibbia è la Parola di Dio che si rivolge a me, ma cos'è che vuole da me veramente?".

"Tu hai due figli, giusto?".

"Sì," risposi.

"Cosa vuoi da loro più di ogni cosa? Cos'è che ti dà grande gioia?".

"Passare del tempo con loro e godermi la loro compagnia. Voglio che mi ascoltino e che ricambino il mio amore. A me piace uscire e giocare insieme a loro. Mi piace molto quando mi abbracciano e saltano tra le mie braccia". Mi fissò, poi alzò le sopracciglia. Proprio quando mi accorsi che stava aspettando un segnale per proseguire il discorso, ecco che capii da un momento all'altro che Dio voleva da me le stesse cose che io desidero dai miei figli.

"Caspita. È un concetto molto profondo, Bill. In quest'ottica, sembra tutto molto ovvio".

"Se non hai una relazione con Dio, non puoi comprenderlo. E ricorda: lui non vuole cerimonie o persone religiose, vuole una relazione. Niente riti, niente preghiere recitate a memoria, niente abiti di un certo tipo né luoghi da frequentare solo una volta a settimana. Immagina se i tuoi figli ti ignorassero per tutta la settimana e non ti parlassero, anche se tu fossi lì con loro. Poi, se all'improvviso, la domenica, si vestissero bene, si facessero vedere in giro per la casa e parlassero *di* te, senza *rivolgersi direttamente a* te, cosa penseresti?"

"Che sono matti".

"Anche Dio la penserebbe così. I princìpi alla base della relazione sono gli stessi. Sii te stesso, onesto, vero. Inizia la tua giornata con lui. È questo l'esempio che ci ha lasciato Gesù".

"D'accordo".

CONSACRAZIONE MATTUTINA

Ogni mattina, prima di lavorare, iniziai a pregare, ad ascoltare canti di lode e a leggere la Bibbia. Bible Bill e Dacia avevano detto che questi erano i tre pilastri per avere una relazione con Dio. Continuavo a ricordare una cosa che mi aveva detto Bill, era un pensiero fisso: "La Parola ti fa crescere, l'adorazione ti riempie e la preghiera ti fa conformare alla volontà di Dio. Ti serve crescita, pienezza e guida".

Mi attenni a quelle parole ogni giorno e presto iniziai a sentire e a notare che qualcosa stava succedendo. Mi sentivo ricaricato, più consapevole, appagato e in pace, molto più di quando ero stato salvato. Proprio quando pensavo che non poteva esserci una condizione migliore, la situazione migliorò ulteriormente. La musica iniziò a conquistarmi, la preghiera a toccarmi il cuore e la lettura delle parole di Gesù cominciò a illuminarmi e cambiarmi. Dopo i miei incontri mattutini con Dio, mi sentivo una persona nuova, rinvigorita. Quegli incontri mi davano la carica e mi facevano stare bene. Alla fine provavo un appagamento inspiegabile.

A poco a poco riuscivo a sentir crescere in me la consapevolezza della sua presenza e il mio cuore ne era estasiato. Cominciando a imparare a conoscere Dio, il suo grande amore per me e la sua opera nella mia vita, ebbi il desiderio di trascorrere del tempo con lui e servirlo. Per me non era un obbligo, era consacrazione. Non vedevo letteralmente l'ora di alzarmi al mattino e trascorrere del tempo con Gesù. *Non posso credere che mi metta a passare del tempo con Dio e che lui stia ad ascoltare proprio me! Che cosa meravigliosa!* pensai. Ogni giorno mi mettevo nelle mani di Gesù e gli promettevo di fare qualsiasi cosa volesse che facessi. Gli ero molto grato per il fatto di non sentirmi più vuoto e solo.

Un giorno mi capitò di dormire fino a tardi e di dover andare a lavoro senza la mia adorazione mattutina. La differenza fu subito evidente: ero irritabile, più impulsivo e meno tranquillo. La cosa mi fece paura perché mi sembrava che fosse tornato il mio vecchio uomo. Presto imparai che molti aspetti del mio vecchio uomo erano ancora presenti in me, ma che in qualche modo trascorrendo del tempo con Gesù in preghiera, in adorazione e leggendo la Bibbia riuscivo a tenerlo a bada. Non capivo come fosse possibile, ma sapevo che era vero abbastanza da non dover mai più saltare il mio appuntamento mattutino con Dio. Tutti i giorni era come essere alla guida di un'auto: il segreto era alzarsi ogni giorno e lasciar che fosse Gesù a prenderne il controllo.

UN CUORE IN FASE DI CAMBIAMENTO

Ogni giorno cercavo di vivere appieno la Relazione con Dio prestando molta attenzione al mio cuore, alla mia coscienza e alle circostanze della mia vita. Vivevo giorno per giorno cercando Dio all'opera nella mia vita e aspettandomi di trovarlo all'opera. Una delle prime cose che notai fu un cambiamento nel cuore verso cose che Dio voleva che rimuovessi dalla mia vita. Ad esempio, cancellai l'abbonamento a una rivista per soli uomini piena di immagini di donne e articoli su sesso, sport ed eccessi vari perché non avevo più alcun desiderio di leggere quella roba. Non è che *dovevo* sbarazzarmene: la cosa strana è che *volevo* farlo.

Inizialmente ero preoccupato che essere cristiano significasse trasformarmi in un noioso sfigato a cui "non era permesso" fare nulla di divertente. Rimasi invece stupefatto nello scoprire che non era assolutamente così. Le cose che dovevo smettere di fare avevano già perso il loro fascino. In molti casi, come con la rivista, non vedevo l'ora di sbarazzarmene. Dio mi aveva anche rivelato come avessi cercato di riempire il mio cuore vuoto con *cose* invece che con lui. Ora che avevo quello che il mio cuore davvero desiderava ardentemente e per cui era stato creato, la Relazione con Dio, quelle cose non mi servivano più.

Il contrario valeva per le cose che Dio voleva introdurre nella mia vita: la sua volontà e ciò che non avevo mai fatto nel passato diventarono interessanti e affascinanti. Il venerdì sera, iniziai a frequentare una riunione in casa di altri cristiani. Ci incontravamo per parlare, mangiare una fetta di torta e studiare la Bibbia. Fino a qualche mese prima non ci sarei andato, neanche morto. Ora mi piaceva tantissimo e non vedevo l'ora che arrivasse il venerdì sera.

INCONTRI ORGANIZZATI DA DIO

Con tutto quel pregare, il taccuino di Dacia iniziò a riempirsi rapidamente di annotazioni. Pregai di poter trovare dei cristiani con cui fare amicizia e qualche giorno dopo in chiesa incontrai un radiologo. Ruth ne aveva già incontrato la moglie in palestra. Diventammo grandi amici e lui mi fu di grande aiuto.

Pregai di avere l'occasione di parlare di Gesù a qualcuno e un giorno una donna scoppiò a piangere nel mio ufficio. Soffriva d'ansia ed era accompagnata dalla madre. Le parlai di Gesù e di come ricevere la salvezza. Se ne tornò a casa e quella sera fu salvata. Mi commossi quando venne a dirmelo la settimana successiva. Riguardando al passato, nemmeno l'incontro con Bible Bill era stato casuale, ma mi sembrava che Dio conducesse a me le persone, anzi era proprio così! Dovevo soltanto raccontare loro la mia storia, quando mi si presentavano davanti, o scoprire perché erano entrate nella mia vita.

Sapevo che non si trattava di coincidenze, perché c'erano troppe risposte dirette e inequivocabili. Ero meravigliato dal modo in cui Dio riusciva a mettermi nel luogo giusto al momento giusto. Dacia aveva ragione. Cominciai a vedere le risposte alle mie preghiere e come Gesù modellasse e guidasse i miei pensieri e le circostanze in cui mi trovavo. Dentro di me sapevo che persino la mia conversazione con Dacia era una lezione che Dio voleva darmi sulla nostra Relazione. Imparai che Dio comunicava con me anche attraverso altri credenti.

SEGUIRE LE PORTE E LA VOCE DI DIO

A volte, però, mi sembrava di non "udire" nulla. Lo chiesi a Bible Bill.

"Bill, a volte mi pare di non sentire nulla da parte di Dio. Come faccio a sapere quali decisioni prendere? Come faccio a sapere cosa vuole che io faccia?".

"Prima di tutto, verifica se quello che hai intenzione di fare è in linea con la Bibbia. Se ti senti di fare qualcosa che secondo la Bibbia è chiaramente sbagliato, allora non farlo. Dio ha già risposto a tante domande nella sua Parola, ecco perché dobbiamo sapere cosa dice nel suo libro. Spesso vuole che ne approfondiamo la lettura per trovare la sua risposta. È come se dicesse: 'Greg, l'ho già detto, mettiti a cercare'. Se non riesci a trovarla, allora chiedi a me o al pastore e ti indicheremo cosa dice la Bibbia in merito".

"Va bene. Ma per le decisioni quotidiane della vita? Ad esempio, accettare un nuovo lavoro o prendere una decisione importante?".

"Inizia ad esaminare le tue intenzioni, assicurandoti innanzitutto che non sia un peccato o che non ti porti a peccare. È in linea con la Bibbia? Va solo a tuo vantaggio o anche a vantaggio di altri? Cosa ti dice il cuore? Poi mettiti a cercare 'le porte aperte e quelle chiuse', come se dovessi provare ad aprirle una per una. Se preghi e sottometti la tua vita alla volontà di Dio e cerchi con onestà di fare quello che ti dice, allora sarà lui ad aprire o chiudere le porte per indicarti la via".

"Cosa vuoi dire?" gli chiesi, perché ancora non capivo.

"Procedi con fede nella direzione in cui ti senti guidato e vedi cosa succede. Mettiamo che vuoi fare dei colloqui per un nuovo lavoro: ti accorgerai che non verrai chiamato dove non devi andare. Dentro di te potresti avere la sensazione che qualcosa sia sbagliato o anche solo non giusto. Quando però il lavoro giusto si presenterà alla tua porta, ecco che quella sarà la volontà di Dio per la tua vita e vedrai che le cose coopereranno al tuo bene. Lui te ne darà conferma infondendo pace e serenità nel tuo spirito".

Andando per tentativi, imparai a riconoscere le "porte aperte e quelle chiuse". Se m'incamminavo nella direzione sbagliata, le porte iniziavano a chiudersi. Quando ero sulla strada giusta, però, tutte le porte iniziavano ad aprirsi. C'erano due amici, ad esempio, a cui volevo dare la mia testimonianza. Ogni volta che ci provavo, qualcosa ci ostacolava e ci impediva di incontrarci. Avevo la sensazione che lo Spirito Santo dicesse di no, ma non ne sapevo il motivo e presto imparai che non sempre mi era possibile saperlo. In altri casi, l'occasione di dare la mia testimonianza di salvezza cadeva letteralmente dal cielo.

Un giorno mi sembrò che Dio mi dicesse di andare in Israele. Leggendo una rivista in cui si parlava del viaggio organizzato da una chiesa in Terra Santa, fui colto di sorpresa da una dolce voce che con calma disse alla mia mente: "Greg, vai in Israele". Dapprima la ignorai, poi la udii di nuovo. "Greg, vai in Israele. Vai!" Avevo udito solo questo, ma qualcosa nello spirito mi diceva che era il Signore. Chiamai Bible Bill e gli dissi dell'accaduto. Gli chiesi se Dio poteva parlarci anche in quel modo. Mi indicò diversi esempi tratti dall'Antico Testamento dove le persone avevano udito personalmente la voce di Dio che parlava loro. Mi disse che di certo Dio parlava in modo diretto alle persone, facendo udire la sua voce, sebbene non fosse il modo più consueto con cui comunicava. Avere udito la sua voce per me fu una sensazione meravigliosa e da quel momento in poi la Relazione tra me e Dio divenne ancora più intima. *Ha detto il mio nome!* Continuavo a pensarci e la cosa mi esaltava non poco.

Bill mi disse di iniziare a fare qualche passo di fede e andare in Israele per vedere se si aprisse qualche porta. Iniziai a farne qualcuno e scoprii che le porte si aprirono tutte in modo meraviglioso: avevo ferie e denaro a sufficienza per fare il viaggio, non c'erano conflitti nella mia agenda di appuntamenti, mia moglie Ruth disse che per lei andava bene, c'era ancora posto per partecipare al viaggio e i miei soci alla clinica approvarono il mio proposito. Ma la cosa più importante di tutte era che io stesso volevo andarci; il mio cuore desiderava vedere la terra d'Israele e io avevo una grande pace nel cuore riguardo a questa decisione. Pertanto, partii per questo viaggio che cambiò la mia vita.

SEGUIRE LA PACE

Imparai che ogni giorno non dovevo fare altro che seguire gli "indizi", continuando a porre attenzione e a lasciarmi guidare dal mio cuore. Notai che se non seguivo la volontà di Gesù, avevo il cuore e la mente infastiditi. Mi ricordai di un amico che mi spingeva spesso a fare qualcosa dicendomi: "Dai, forza, fallo! Non avere paura"; dentro di me riuscivo a sentire qualcosa che mi costringeva ad agire: era lo Spirito Santo. Quando poi facevo la volontà di Dio, tornavo ad avere pace e serenità e il mio amico Gesù smetteva di punzecchiarmi.

Altre volte ricevevo una sorta di avvertimento oppure "facevo un controllo" del mio spirito per vedere se c'era qualcosa di sbagliato in una certa situazione e ogni volta la procedura si dimostrava sempre accurata. Era come un segnale di avvertimento che mi diceva di andarci piano e di fare attenzione. Imparai a seguire ciò che mi dava pace al cuore. Iniziai a vedere, osservare e aspettare, senza mai sapere il come, il quando e il perché. La Relazione era entusiasmante! Ogni mattina mi alzavo non sapendo come Dio mi avrebbe usato nelle sue mani. Il giorno successivo fu uno di quei momenti.

Dio, il mio dottore

Capitolo ventunesimo

I Bambini

Erano le cinque e mezzo e la giornata a lavoro era stata lunga e faticosa, a dir poco frenetica. Non avevo avuto molto tempo per pensare a Gesù e alla nostra Relazione. Salii in macchina e iniziai a rivolgermi al Signore.

"Fiuuu! Che giornata, Signore. Abbiamo avuto un sacco da fare, sai? È ora di tornarcene a casa."

Stavo farfugliandogli parole su qualunque cosa perché prima di quel momento non gli avevo mai parlato. Mi pareva buona cosa farlo e mi ricordava che lui c'era davvero in un mondo fatto di silenzio. Per tutto il giorno avevo continuato a pensare a chi fosse il prossimo a cui dare la mia testimonianza. Mi resi conto che Dio mi aveva dato una bellissima storia da raccontare.

"Signore Gesù, chi è il prossimo a cui devo parlare?". Immediatamente dopo averlo chiesto, mi vennero in mente Brendan e Cameron, i miei due figli. Avevano cinque e sei anni, abbastanza grandi, a mio parere, per iniziare a spiegare loro chi era Gesù e che cos'era la salvezza. Mi feci prendere un po' dalla paura perché non sapevo come parlargli e cosa dirgli. Provai anche dell'orgoglio personale nel non voler ammettere davanti a due bambini così piccoli che mi ero sbagliato e che avevo bisogno del loro perdono. Il desiderio si fece più intenso man mano che mi avvicinavo a casa. Provai a pensare ad altro, ma la mia mente continuava a tornare ai miei figli.

"Va bene, Signore. Parlerò di te ai miei figli". Fui preso dalla paura e dal timore perché mi rendevo conto che se Gesù non mi avesse salvato avrei continuato a crescerli insegnando loro a ignorare Dio, proprio come era capitato a me. La realtà e la necessità della salvezza scossero il mio cuore. Ero deciso a far sì che non crescessero nel mio stesso modo.

Arrivai a casa, cenammo e dissi a Ruth che avrei parlato con i bambini.

"Ruth, ho intenzione di dire ai bambini che siamo stati salvati e che Gesù è Dio ed esiste davvero. Sento un peso nel cuore e sto male per aver guidato la mia intera famiglia nella direzione sbagliata. Sarebbero cresciuti come me, ignorando Dio e senza essere salvati!".

"Va bene, ma come pensi di dirglielo?"

"Non lo so esattamente. Sarò onesto e la farò semplice. I bambini sono intelligenti e osservano più cose di quante ci immaginiamo. Credo che capiranno. Sento che il Signore mi sta dicendo di portare loro la mia testimonianza. La nostra famiglia sta prendendo una strada completamente nuova e i bambini devono conoscerla. Devo solo fidarmi che Dio benedirà la mia onestà".

Mi disse che era d'accordo e ci riunì tutti in salotto.

"Ragazzi. Papà vuole parlarvi," disse Ruth. Stavano giocando sui gradini della scala che portava al piano di sopra, facendo volare e ruzzolare le macchinine.

"Va bene, mamma," dissero con un po' di trepidazione. Di solito significava che erano nei guai e che Papà avrebbe fatto loro una ramanzina. Portarono con sé qualche macchinina. Io ero nervoso e il cuore mi batteva all'impazzata. I bambini si sedettero sul grande sofà, uno vicino all'altro, con le gambe a penzoloni. Io e Ruth ci sedemmo entrambi sul divano di fronte a loro. Com'eravamo tutti nervosi!

"Ehi, ragazzi, devo parlarvi. Vi ricordate dei nostri vicini di casa che ci ignoravano?". I bambini stavano ancora giocando con le macchinine, facendole andare su e giù sulle gambe e sui braccioli del sofà.

"Beh, mi hanno fatto arrabbiare e ho iniziato a leggere la Bibbia".

"Perché, papà?" mi interruppe Brendan.

"Perché mi avevano detto di essere dei cristiani e io volevo dimostrare loro che non si comportavano bene".

"Cos'è un cristiano, papà?" Cameron si intromise nel discorso, poi continuò: "Ho sentito una delle bambine che abita in fondo alla strada dire a un'altra che lei non è una 'vera' cristiana. Cosa vuol dire?" aggiunse. Sembravano iniziare a essere interessati.

"Un cristiano è qualcuno che crede che Gesù è Dio e che gli chiede di perdonargli tutte le cose brutte che ha fatto e Dio lo fa per davvero". Mi fermai lì perché sapevo che se avessi parlato dello Spirito Santo avrei dovuto rispondere a un altro "Perché?" a cui non ero pronto (con una spiegazione).

"Tu credi in Dio?" chiese Brendan mentre si faceva sfrecciare una macchinina sulla pancia.

"All'inizio non ci credevo, ma ora sì. Sapete, lui esiste veramente. Ecco di cosa volevo parlarvi".

Non appena dissi questa frase, entrambi posarono le macchinine e mi diedero tutta la loro attenzione. Ne fui sorpreso, ma continuai. "Ho iniziato a leggere la Bibbia perché ero arrabbiato con i nostri vicini di casa, ma poi ho finito per credere in Gesù".

"È quello che hai fatto per tutto questo tempo? Non hai giocato con noi come fai di solito," disse Brendan.

"Sì. Stavo leggendo e studiando la Bibbia e altri libri che ne parlavano".

"Cos'hai imparato?" chiese Brendan.

"Che Dio esiste. E mi ha cambiato. Mi spiace non avervelo insegnato prima, ma non conoscevo niente di meglio. Da ora in avanti inizieremo a pregare, a leggere a Bibbia e ad andare in chiesa".

"Come fai a sapere che esiste davvero?" chiese Cameron.

"Guardatevi intorno. Da dove pensate che venga tutto questo? Voi, io, la mamma, il nostro cane, gli alberi e il mondo intero. Anche se non possiamo vederlo, possiamo vedere la sua opera intorno a noi. È ovvio che c'è un Dio che ha creato ogni cosa e so anche che esiste perché lo dice la Bibbia. La Bibbia è un libro che contiene tantissimi racconti su persone che hanno parlato con Dio e l'hanno conosciuto. Nella Bibbia Dio spiega chi è e come possiamo conoscerlo. È venuto sulla terra circa duemila anni fa nella persona di Gesù. Gli uomini che hanno vissuto con Gesù per tre anni hanno scritto cosa è accaduto a quel tempo ed è tutto contenuto nella Bibbia. Qualche settimana fa ho gridato a Dio e gli ho chiesto di perdonarmi per tutte le cose brutte che ho fatto. E lui ha ascoltato le mie parole. Dio è realmente vicino a noi, esiste davvero. Ha ascoltato il vostro papà".

"E allora perché non gli abbiamo mai parlato?" chiese Brendan.

"Perché sbagliavamo. Non conoscevamo di meglio. Sono cresciuto senza mai parlargli e raramente ho sentito gente che lo faceva. La mamma andava in chiesa, ma lo faceva tanto per farlo. Non le è mai stato insegnato cos'è la salvezza".

"Cosa vuol dire 'salvezza', papà?" chiese Cameron.

"Quando una persona chiede di essere perdonata, Dio la perdona e, diciamo, cancella qualsiasi ricordo delle cose brutte che ha fatto. Quando viene salvata, Dio va ad abitare dentro a quella persona".

"Dio abita dentro di te, papà?" domandò Brendan.

"Sì, tesoro, e anche dentro alla mamma".

"Cavolo. È fantastico. E cosa si prova?".

"Prima di tutto questo mi sentivo sempre solo, frustrato e triste. Ero arrabbiato e me la prendevo con voi per ogni minima sciocchezza. Mi sono comportato male. Mi dispiace". Gli occhi mi si fecero lucidi e mi tremava la voce. "Ora mi sento diverso e sto molto meglio. Non mi sento più solo o agitato. Sono tranquillo".

"Ci gridavi dietro un sacco, papà," disse Cameron.

"Lo so. Sbagliavo a comportarmi così e mi dispiace. Mi perdonate?" Annuirono entrambi con la loro testolina.

"Da ora in poi inizieremo a conoscere Dio e a parlargli ogni giorno".

"Perché non ho mai sentito nessuno che gli parla, se esiste davvero?" domandò Brendan.

"Non so bene perché le persone non gli parlino più di tanto. Papà sta ancora cercando di capire molte cose. Noi non lo ignoreremo più".

"OK, papà. Possiamo andare a giocare ora?".

"Sì, andate pure." Ripresero subito a fare i suoni delle macchinine e dei trattori.

Ruth si limitò ad ascoltare e ad annuire. Era sbalordita di sentire quelle parole uscire dalla mia bocca. Non disse molto per il resto della serata, ma secondo me era felice.

Dopo la nostra conversazione mi sentii subito molto meglio, come se stessi rilasciando una valvola a pressione: cominciavo a fare qualche cambiamento, ad ammettere i miei sbagli, a chiedere scusa e a iniziare a guidare la famiglia nella giusta direzione.

Dopo che Ruth andò a letto, entrai nello studio. Accesi la luce e mi inginocchiai. "Signore Gesù, ce l'ho fatta. Gliel'ho detto. Ti prego, aiutami a capire cosa devo fare adesso. So che Brendan e Cameron hanno bisogno di te. Grazie per avermi salvato mentre sono ancora piccoli e disposti ad ascoltarmi. Ti ringrazio infinitamente, Signore". Le lacrime iniziarono a scendermi dagli occhi mentre il cuore mi si torceva dal dolore per essere stato un cattivo padre fin dalla loro nascita. "Li avrei condotti all'inferno, Signore. Li avrei condotti all'inferno! Oh, mio Dio, li avrei trasformati nel mostro che ero io!" dissi singhiozzando. "Grazie, Signore. Grazie. Ti prego, salvali. Ti prego, per favore, salvali. Non permettere che crescano senza di te come ho fatto io. Perdonami, ti prego, e aiutami. Io sono tuo. Qualsiasi cosa tu voglia da me, usami".

Le parole uscivano come un fiume dalla mia bocca mentre ero in preda alle lacrime e ai singhiozzi che scorrevano a fiotti. Era come la sera in cui venni salvato, ma le sensazioni erano ancora più forti nel mio cuore. Stavo ammettendo uno dei miei errori più grossi. Avrei cresciuto la mia famiglia in una falsa realtà secondo cui tutto era perfetto senza la presenza di Dio nella nostra vita. Avrebbero pensato di avere tutto, quando invece non avevamo proprio nulla senza Gesù e la sua salvezza. Ero mortificato e non riuscivo a smettere di pensare a come cambiare completamente la nostra vita.

Poi il mio cuore iniziò a volgere lo sguardo verso tutte le altre persone che lavoravano con me. Era giunto il momento di dire a tutti che ero stato salvato. Dirlo ai colleghi sarebbe stato un gioco da ragazzi, no? Erano amici, avevano visto i miei cambiamenti e sarebbero stati felici di saperne il motivo, non era forse così?

Dio, il mio dottore

Capitolo ventiduesimo
Alla Clinica

Il mattino seguente, mentre mi recavo al lavoro, sentii il desiderio fortissimo di raccontare tutta la faccenda agli infermieri. Continuavo a immaginarmi mentre parlavo loro di Gesù e di come ero stato salvato. Ero giovane nella fede, ma ero certo che fosse questo ciò che Dio mi spingeva a fare. Sentivo un legame indescrivibile con Dio attraverso lo Spirito Santo che mi aiutava ad allinearmi alla sua volontà. Uno dei soci era fuori sede e c'era meno da fare del solito alla clinica perché i pazienti erano pochi. Era l'occasione giusta per convocare tutti per una riunione, soprattutto se finivamo presto con gli appuntamenti del mattino.

Alle dieci e mezza tutti i pazienti erano stati visitati e dimessi. Solo Tammy, *la signora della Bibbia*, e Dacia, la capo infermiera, sapevano del mio piano. Dacia mi lanciò un'occhiata come per dire: "Vede dottore, Dio ha tutto sotto controllo, tutti i pazienti sono andati via". Sembrava una strana coincidenza perché erano rare le volte in cui avevamo terminato gli appuntamenti del mattino con largo anticipo. Provai a riflettere sulle modalità in cui Dio operava; significava che lui sapeva in anticipo della riunione che avevo intenzione di fare e in qualche modo era stato lui a pianificare gli appuntamenti con i pazienti. Per organizzarli in modo da farci terminare prima, era anche necessario che conoscesse le dimensioni dei tumori dei pazienti e la durata degli interventi per rimuoverli. Con tutti questi pensieri, la mia mente iniziò a essere frastornata; dovetti semplicemente rendermi conto che Dio può fare tutto ciò che vuole proprio perché è Dio.

GLI INFERMIERI

Riunii gli otto infermieri che erano nella clinica quel giorno e li condussi in una delle sale operatorie. Non immaginavano assolutamente il motivo della riunione. Entrarono chiacchierando fra loro, ma presto nella stanza scese il silenzio non appena si accorsero della mia espressione seria e nervosa. Si guardarono gli uni con gli altri cercando qualcuno che sapesse cosa stava succedendo. Avevo un peso nel cuore, bastava guardarmi negli occhi. Prima di allora non mi era mai capitato di fare una riunione con gli infermieri, anche se ero l'unico dottore presente in clinica. In passato, a riunioni come questa partecipavano anche gli altri dottori e, solitamente, le si faceva per annunciare l'addio di qualcuno che non avrebbe più lavorato con noi. Avevo gli occhi di tutti puntati addosso, ma quando ero io a cercare un contatto visivo con loro, sfuggivano. Cercai di capire chi c'era e chi mancava. Ero in buoni rapporti con tutti gli infermieri, ma quello che stavo per dire loro non era molto "nel mio stile".

"Vorrei raccontarvi quello che mi è successo. È un fatto incredibile che tocca ogni aspetto della mia vita. Non avrei mai creduto che esistesse una verità assoluta su Dio o che lo si potesse conoscere. Sono cresciuto senza andare in chiesa o averne sentito parlare in casa, a scuola, sui giornali, nei rapporti sociali o nella società in cui viviamo. Il silenzio aveva reso Dio irrilevante e impossibile da conoscere... fino a qualche settimana fa. Voglio dirvi che è molto più vicino di quanto pensiate".

Mentre parlavo notai che qualcuno di loro si agitava, faceva facce strane e sembrava sentirsi molto a disagio. Feci una pausa, poi continuai.

"Gesù si è rivelato a me in un modo che non ritenevo possibile. Non ero alla ricerca di un dio e non volevo avere nulla a che fare con la religione, ma era Dio che stava cercando me! È l'evento più importante di tutta la mia vita e può diventarlo anche per ognuno di voi. La mia intera concezione della vita, il suo scopo, la sua origine, il suo significato e il suo fine ultimo hanno avuto una svolta completamente nuova. Se volete ascoltare quello che mi è capitato, farò una riunione apposita nel mio ufficio tra una decina di minuti".

Cinque di loro se ne uscirono non appena terminai il mio discorso, mentre tre vollero partecipare alla riunione successiva. I primi cinque non volevano saperne di più e rimasi sorpreso del fatto che non fossero almeno curiosi di sentire cosa mi era successo.

Poco dopo mi riunii con i tre infermieri che volevano ascoltarmi e raccontai loro tutta la mia storia. Per tre quarti d'ora tennero i loro occhi incollati su di me. Secondo me erano meravigliati, confusi e persino un po' impauriti, scioccati dalla realtà assoluta di Dio e dalla sua presenza tangibile nella salvezza di una persona. Raccontai loro di essere un miracolo vivente dell'opera di Dio e la prova che Gesù Cristo era Dio nonché la risposta all'eternità, alla morte e al peccato. Tutti loro avevano notato delle differenze nel mio comportamento sul lavoro nelle ultime settimane ed erano rimasti sbalorditi, perché conoscevano me e la mia famiglia e avevano notato i miei cambiamenti.

Alla fine uno di loro disse: "Io sono cresciuto nella chiesa, ma devo sentire mia madre su questo fatto della 'nuova nascita' di cui lei parla, perché non ne sono sicuro".

Avevo spiegato loro che essere salvati *significa* essere nati di nuovo e che erano due modi diversi per dire la stessa cosa. Mostrai loro il versetto in cui Gesù in persona aveva detto che *bisogna* nascere di nuovo per andare in cielo (Giovanni 3:7). A quel punto mi chiesi: *Possibile che uno o più di loro sia andato in chiesa e sappia di Gesù, ma non si sia mai preoccupato di chiedergli perdono e farsi salvare?* Non dissi nulla, ma rimasi stupito e perplesso nel riflettere su una tale possibilità, spaventato dal fatto che nessuna persona di chiesa comprendesse il mio discorso. Avevo pensato che l'esperienza di Ruth, cresciuta nella chiesa ma non salvata sebbene avesse sentito parlare della salvezza, fosse un caso unico e straordinario, ma a questo punto non mi pareva più così. *Com'è possibile una cosa simile?* mi domandai.

Nei mesi successivi, tutte e tre le persone a cui avevo testimoniato della mia esperienza furono salvate; le loro vite e le loro famiglie furono cambiate per sempre.

L'AUSILIARIO MEDICO

Dopo la riunione con gli infermieri, parlai con l'ausiliario del nostro medico, un uomo fantastico, di circa trent'anni più anziano di me, nonché un buon amico. Ci incontrammo nel mio ufficio, dove raccontai la mia storia anche a lui. Non disse nulla e io non avevo idea di cosa stesse pensando e quali fossero le sue esperienze religiose. Alla fine gli dissi: "Paul, voglio solo che tu sappia che Gesù esiste davvero ed è vivente, non è una storiella della Bibbia o una fede razionale che ti spinge a comportarti da brava persona. Se lo invochi, chiedendogli di salvarti e perdonare i tuoi peccati, allora anche a te accadrà qualcosa di veramente straordinario: lo Spirito Santo verrà a dimorare dentro di te. Ne ho la prova, Paul! Sul serio! Per andare in cielo, deve avvenire un cambiamento radicale nella nostra esistenza. Non è semplicemente la mia versione del Cristianesimo, ma la realtà della nostra esistenza. Lui ascolta quello che diciamo! Rifletti sulle implicazioni di tutto ciò".

Paul rimase seduto sulla sedia con lo sguardo infastidito, poi alla fine disse: "Sai bene che sono cresciuto frequentando la chiesa, imparando le cose in modo meccanico, senza tanto interesse. Ho fatto il chierichetto e ho ascoltato centinaia di prediche, ma in tutti quegli anni non ho mai sentito parlare di quello che mi hai detto tu. Non mi è mai stato insegnato nulla sul bisogno di salvezza personale, sul pentimento e sul perdono di Gesù. Mi imposero una cerimonia religiosa ufficiale, chiamata "Confermazione" o "Cresima", insegnandomi cosa dire e fare. Io ci credevo, ma era più un rito di passaggio, che andava fatto e basta, per diventare ufficialmente un credente. Era come entrare in un club: se ti vuoi iscrivere, devi accettarne le regole, frequentare un paio di riunioni formative e sottoscrivere il contratto di adesione, così sarai uno di loro a tutti gli effetti". Fece una pausa, un respiro profondo, poi continuò.

"Non ho mai fatto un'esperienza come la tua e non ho mai avuto una relazione personale con Dio. Sapevo della storia 'del Padre, del Figlio e dello Spirito Santo', ma non avevo idea che lo Spirito Santo venisse a dimorare dentro di te quando vieni salvato. E poi non leggevamo la Bibbia né ci veniva insegnato a farlo. Col tempo, ho frequentato delle lezioni di religione dove si parlava anche della Bibbia, ma non l'ho mai letta né studiata per conto mio. Ci veniva insegnato che siamo salvati per quello che facciamo, non solamente per quello che Gesù ha fatto".

Adesso ero io quello che stava in silenzio. Ero sciocccato, sbalordito e oltremodo confuso. Mentre parlava continuavo a pensare tra me e me: *Com'è possibile una cosa del genere? Come fa a non sapere nemmeno le basi della salvezza? Perché non gli hanno insegnato cos'è la salvezza secondo la Bibbia? A cosa servono le varie forme di Cristianesimo se poi le persone non vengono salvate?* Quando terminò, mi resi conto di qualcosa che non mi sarei mai aspettato e che scatenò una violenta reazione dentro di me. S*anto cielo! È stata la <u>religione cristiana</u> a impedire a quest'uomo di conoscere Dio.* Il mio cuore si sentì stritolato dalla paura e dall'esistenza dell'inferno insieme alla necessità della salvezza per quest'uomo.

"Paul, va' a casa e prega il Signore. Invocalo e pentiti. Non è troppo tardi. Puoi iniziare subito ad avere una relazione con Dio. Va' a comprarti una Bibbia e inizia a leggerla. Tutto quello che so proviene dalla Bibbia, la realtà è questa. Ti prego, stasera prega e chiedi a Gesù di salvarti".

Alla Clinica

Mi ringraziò, si alzò e uscì. Quella sera stessa fu salvato e iniziò anche lui ad avere una relazione con Dio. Da quel momento la sua vita non fu più la stessa.

Era giunta l'ora di cominciare gli appuntamenti pomeridiani. Alla fine della giornata, rimasi in ufficio a riflettere su tutto quello che era successo. Mi appoggiai allo schienale della poltrona, misi i piedi sulla scrivania e osservai le pareti piene di premi, onorificenze, attestati e traguardi raggiunti nella vita. All'improvviso mi sentii male perché mi resi conto che era una vetrina di trofei personali. Bible Bill aveva ragione. *Ho adorato me stesso e tutti i miei traguardi.* Ero inorridito, ma riconobbi che era la verità. Nei trenta minuti che seguirono, tirai via ogni cosa da quelle pareti e misi tutto nell'armadio.

Quando ebbi finito, mi sedetti di nuovo appoggiandomi allo schienale della poltrona e osservai le pareti vuote. Ricominciare sotto diversi aspetti della mia vita mi faceva stare bene. Nelle settimane successive, riempii le pareti con immagini di famiglia e disegni che i miei figli avevano realizzato a scuola. Mi fermai ancora un momento a riflettere su tutto quello che era successo quel giorno; avevo paura ed ero confuso perché non capivo come era possibile che si tacesse o non si insegnasse la salvezza. C'era qualcosa che non andava. Avevo parlato a due gruppi di persone e mi ero reso conto che circolavano tante bugie sulla salvezza, specialmente tra le persone che andavano in chiesa. Era come se le persone che non avevano mai sentito parlare di Gesù fossero più a posto con la coscienza di chi invece era religioso.

Mi sentii spinto a pregare: "Signore, cosa succede? Perché la gente non sa di cosa sto parlando? Perché metto a disagio le persone? Perché nessuno è entusiasta e pieno di gioia come Tammy e Dacia? Non capisco".

Sapevo che c'era qualcosa che non andava per davvero. Mi aspettavo che, vista la veridicità del messaggio cristiano, tutti quelli che si supponeva "credessero" in Gesù fossero stati salvati. La vita eterna e il perdono completo dei peccati erano doni straordinari che credevo tutti volessero ricevere e avessero già ottenuto. Stavo per scoprire una realtà ben diversa. Queste nuove informazioni erano soltanto la punta dell'iceberg. Volevo parlarne con qualcun altro, ma non sapevo a chi chiedere.

Ci sono! Chiamerò Il Paziente, quella persona che mi aveva chiesto se avevo accettato Gesù come Salvatore qualche giorno prima della mia salvezza. Potrei ringraziarlo per le sue parole, fargli sapere che sono stato salvato e fargli qualche domanda sulla salvezza. Mi sentii subito meglio. Ora avevo un nuovo piano d'azione da portare a termine!

Capitolo ventitreesimo

Il Paziente

IL FOGLIO DEGLI APPUNTAMENTI
 "Dacia, dovresti gentilmente tirarmi fuori dall'archivio alcuni fogli degli appuntamenti vecchi," dissi alla caposala, dandole le date esatte della settimana che mi serviva. Nell'archivio teniamo sempre tutti i fogli degli appuntamenti quotidiani effettuati alla clinica. Su di essi ci possono sempre essere delle informazioni importanti che scriviamo a mano, come il numero della stanza o l'infermiera responsabile. Il Paziente che stavo cercando era stato aggiunto quel giorno: non riuscivo a ricordarmi il nome, ma sapevo che era stato visto un giovedì mattina di tre settimane prima e visitato nella stanza numero 4. Ricordavo perfettamente che il suo nome era stato scritto a mano sul foglio degli appuntamenti con dell'inchiostro blu, come da procedura standard per i pazienti aggiunti all'ultimo minuto.
 "Certo, dottor Viehman. Glieli metterò sulla scrivania". Mi portò una cartelletta con gli appuntamenti della settimana in questione. Agitato, rovistai tra i fogli e trovai quello con gli appuntamenti del giorno che mi interessava. Lo scorsi subito con gli occhi, alla ricerca del nome scritto a inchiostro blu, ma non lo trovai. Controllai il resto dell'elenco e ad ogni stanza era stato assegnato un paziente, tranne che alla 4. In altre parole, tutti i numeri di stanza erano scritti accanto al nome di ogni paziente, tranne il numero 4. Era evidente che mancasse il suo nome. *Quel nome deve esserci! Che cosa strana. Devo aver sbagliato giorno*, pensai. Controllai velocemente il resto della settimana, ma quel nome non c'era e non mancava alcun foglio. Ero perplesso. *Sono sicuro che è venuto proprio quella settimana*, pensai.
 "Dacia, mi porterebbe gentilmente i fogli degli appuntamenti della settimana precedente e di quella successiva?".
 "Va bene. Ma per cosa le servono?".
 "Sto cercando un paziente in particolare. Il suo nome era scritto sul foglio degli appuntamenti ed è stato visitato nella stanza numero 4. Sono certo che era qui quella settimana, ma forse mi sbaglio. Voglio controllare le altre settimane. Deve esserci per forza".
 "Eccoli. Si diverta pure," mi disse.

Per prima cosa verificai gli appuntamenti di entrambi i giovedì, ma non riuscii a trovare nulla. Non c'era alcun nome scritto a mano sul foglio per la stanza numero 4, da nessuna parte. Il nome di quel paziente era scomparso!

"Dacia, guardi qui," dissi puntando il dito sul foglio degli appuntamenti del giorno in cui sapevo che era venuto in clinica. "Ci sono pazienti assegnati a tutte le stanze, ma nessuno alla stanza numero 4, quella in cui ricordo di averlo visitato. Il suo nome era stato scritto a mano sul foglio perché aggiunto all'ultimo momento. E ricordo ancora nitidamente che l'avevo visto scritto con dell'inchiostro blu. Guardando i nomi degli altri pazienti visitati quel giorno, sono certo che era il giorno giusto. Ricordo molto bene ognuno degli altri pazienti che ho visitato quella stessa mattinata! Ho persino controllato la settimana precedente e quella successiva, ma non l'ho trovato. Tutti gli altri giorni c'è un paziente nella stanza numero 4 scritto sulla parte stampata degli appuntamenti. Questo è l'unico giorno in cui non abbiamo annotato chi c'era nella stanza numero 4. Com'è possibile che il suo nome sia scomparso?".

"Non stia qui a impazzire, dottor Viehman. Perché vuole tanto trovare questo tizio? È proprio certo di quello che sta dicendo?".

"Sicurissimo." dissi io con tono esasperato.

"Beh, allora consulti l'archivio. Anche lì vengono registrati tutti i pazienti. Dovrebbe saperlo, l'ha progettato lei stesso. La sua foto sarà nelle note e nei resoconti operatori. Forse ci siamo dimenticati di scrivere il suo nome sull'agenda degli appuntamenti e lei pensa di averlo visto scritto. Controlli pure. Dev'essere in quell'archivio. Poi potrà confermare dalla foto allegata se si tratta della persona giusta".

"Giusto! Perché non ci ho pensato prima?" Mi girai verso la scrivania e accesi il computer.

L'ARCHIVIO DEI RESOCONTI OPERATORI

Aprii l'archivio e cliccai sull'elenco dei pazienti di quel giovedì. L'elenco, però, non forniva alcuna informazione sul medico che aveva visitato un certo paziente in una certa stanza. Stampai l'elenco dei pazienti potenzialmente rilevanti e controllai tutti quelli di sesso maschile, che erano soltanto una ventina. Aprii ogni fascicolo, che riportava la foto del paziente oltre al nome del medico che l'aveva visitato, ma non trovai quello che cercavo. Scorsi fino all'ultimo nome e fui preso dallo sconforto: cliccavo su ogni scheda con la foto e trattenevo il respiro, desideroso di vedere se era lui, man mano che la foto veniva visualizzata. "Non è lui! Non lo trovo!" gridai in mezzo al laboratorio. "Questo è ridicolo!".

C'era anche un'altra funzione di ricerca nell'archivio che mi venne in mente di usare per cercare tra le informazioni cliniche. Ricordavo il tipo di tumore, la data dell'operazione e il punto in cui si era sviluppato il cancro. Il paziente che cercavo aveva un basalioma cutaneo all'altezza della tempia sinistra. Inserii i criteri di ricerca per quel giovedì, ma non saltò fuori alcun risultato. Decisi allora di cercare "fronte sinistra e cuoio capelluto", nel caso in cui la posizione fosse stata inserita in maniera errata, ma ancora nessun risultato. Ripetei la stessa ricerca per le due settimane precedenti e seguenti alla data della visita. Pochi furono i casi che soddisfacevano i criteri di ricerca e nessuno di essi era Il Paziente. Il suo appuntamento era sparito nel nulla, senza lasciar alcuna traccia. "Non posso crederci!" gridai frustrato.

I DOCUMENTI DEL SISTEMA DI PIANIFICAZIONE

Corsi alla reception. "Per favore, mi prepari tutte le cartelle di tutti i pazienti che sono stati visitati in questa particolare settimana. Vorrei che lo facesse usando i documenti del sistema di pianificazione," dissi a una delle nostre assistenti. "Mi stampa gentilmente anche un elenco dei pazienti del giovedì di quella settimana? Ai miei appuntamenti era stato aggiunto un uomo e avrei bisogno di recuperare i suoi dati".

"Non c'è problema, dottor Viehman. Quando vengono aggiunti dei pazienti, dobbiamo inserirli nel sistema di pianificazione. Il suo nome potrebbe essere stato scritto a mano sul foglio perché di solito vengono stampati il giorno prima, ma sarebbe stato registrato comunque. Ecco l'elenco. Glielo stampo e le porto le cartelle entro fine giornata".

Nella nostra clinica usiamo due sistemi separati e indipendenti fra loro, uno per la pianificazione e uno per i documenti medici (l'archivio). Al momento della registrazione, ogni paziente viene inserito in entrambi i sistemi e così sarebbe dovuto accadere anche per Il Paziente. Il suo nome quel giorno era stato scritto a mano perché aggiunto dopo la stampa del foglio degli appuntamenti di quella giornata, ma nell'elenco del sistema di pianificazione avrebbe dovuto comunque comparire il suo nome.

Afferrai il foglio degli appuntamenti e tornai di corsa nel laboratorio. Confrontai l'elenco dei nomi estratto dal sistema di pianificazione con il foglio stampato in precedenza e con quello degli appuntamenti estratto dall'archivio. Se era stato cancellato in qualche modo dal foglio stampato e dall'archivio dei resoconti operatori, allora il foglio del sistema di pianificazione avrebbe dovuto avere un nome in più. Invece erano tutti e tre uguali, da cima a fondo. Avrebbe dovuto esserci un nome aggiunto a mano nell'elenco che mi era stato stampato, ma non c'era! Fui preso da un'ondata di rabbia e frustrazione; dentro di me crebbero tensione e pressione come non mi succedeva da prima della conversione. Ero furioso davanti a una tale assurdità.

"Dottor Viehman, qualcosa non va?" mi chiese un'infermiera. "Non sembra stare bene. Il suo primo paziente la sta aspettando".

"Non c'è niente che non va! Le spiegazioni in un altro momento. Andiamo".

"Ehm, va bene, dottore, se lo dice lei," balbettò. Mi lanciò un'occhiata come se sapesse che c'era qualcosa che non andava ma non riuscisse a capire di che si trattava.

Continuai a controllare e ricontrollare il foglio degli appuntamenti per il resto della mattinata, pensando che forse non avevo visto il suo nome, pur essendo certo del contrario. Non era nell'archivio, né nel foglio degli appuntamenti stampato in origine e nemmeno nel sistema di pianificazione. Come poteva essere stato rimosso da tutti e tre?

Finalmente arrivò l'ora di pranzo. Chiamai il programmatore che aveva scritto il software del programma che usavamo in clinica. Rimaneva ancora un'area da esaminare, ma per farlo era necessario rivedere il software. Volevo scansionare tutte le foto identificative dei pazienti per trovare quella dell'uomo che stavo cercando.

"Barry, mi dovresti fare un favore e voglio pagarti per farlo: ho bisogno che mi crei un motore di ricerca in grado di recuperare tutte le foto delle persone secondo i criteri che voglio, come sesso, data della visita, tipo di tumore, medico che se ne è occupato, ecc. Devo poter scansionare le foto per cercare qualcuno che è venuto nella nostra clinica".

"Certo, nessun problema. Dammi un paio di giorni," rispose.

"Grazie, Barry".

LE CARTELLE MEDICHE

Entro la fine della giornata, le cartelle mediche che avevo chiesto furono ammucchiate vicino al microscopio sulla mia scrivania. Diverse infermiere entrarono nel laboratorio e una mi chiese: "Cosa vuole fare con tutte queste cartelle?".

"Ricorda il tizio nella stanza numero 4? Quello che mi aveva chiesto se avessi accettato Gesù come mio Salvatore, dopodiché io corsi fuori dalla stanza? Aveva dei modi un po' strani e fissò il soffitto per tutto il tempo mentre se ne stava appoggiato sullo schienale della sedia. Mi pare che se ne era occupata lei, Cindy". A vederle in faccia, le altre infermiere sembravano non avere la minima idea di cosa stessi parlando.

"Oh, sì. Era stato aggiunto agli appuntamenti. A qualche persona ho detto di come l'avesse fatto innervosire. Pensai che fosse un tipo proprio strano. Non disse granché, poi tutto ad un tratto la mise a disagio con quella domanda su Gesù. Come dimenticarlo?".

"Che bello sapere che se lo ricorda anche lei! Stavo iniziando a pensare che non fosse mai esistito. È una storia lunga, ma quel paziente mi aveva chiesto se avessi accettato Gesù e da quel momento è proprio quello che ho fatto. Sono diventato un cristiano. Sono stato salvato qualche settimana fa e ora vorrei ritrovare quell'uomo per ringraziarlo, per dirgli cosa mi è successo e fargli qualche domanda".

"Salvato da cosa, dottor Viehman?" chiese un'altra infermiera, che faceva parte di quel gruppo che aveva deciso di non ascoltare la mia testimonianza. Mi resi conto che era l'occasione perfetta per dirglielo.

"Dall'inferno e dalla separazione da Dio. Non avrei mai pensato che ci avrei creduto, ma Gesù esiste davvero ed è vivente. Io l'ho invocato e mi ha salvato. E fino a una settimana dopo neanche sapevo di essere stato salvato. È una lunga storia e ve la racconterò quando vi andrà di ascoltarla". Tagliai corto perché dai loro sguardi spaventati capivo che non desideravano che dicessi altro. Non si aspettavano quella risposta da me e si dileguarono con i loro visi contratti, le sopracciglia inarcate e gli sguardi fuggenti.

Ritornai con la mente alla Gita in montagna e a Marco Island. Mi ricordai delle sensazioni che avevo provato quando alcune persone mi avevano parlato di Gesù. Immaginai che ora quelle infermiere stessero provando la stessa tensione, pressione, paura e lo stesso disagio che anche io avevo provato all'epoca. Parlare di Gesù e della salvezza scatena questo tipo di reazioni e non so né come né perché avvenga tutto questo. *Ci dev'essere qualcosa che inconsciamente provoca questa reazione.* Era strano essere dall'altra parte stavolta. Sentii il bisogno di allentare la tensione.

"Capisco che vi sembri una follia. Anch'io ero spaventato all'inizio, quando la gente mi voleva parlare di Gesù. Ci sono passato e ho capito. Posso dirvi che è la verità".

"Sì, beh, d'accordo...". Cercando le parole da dire, un'infermiera chiese: "Perché allora non prende il foglio degli appuntamenti originale di quel giorno? Perché ha voluto le cartelle?".

Venne fuori la mia frustrazione nel non trovare quel paziente. "Perché il suo nome non è più su quel foglio! È sparito dall'archivio e persino dal sistema di pianificazione. Non c'è traccia del fatto che quell'uomo sia stato qui. Non sono diventato pazzo; anche le altre infermiere ricordano di averlo visto. Ho fatto tirare fuori le cartelle cartacee di quel giorno e le sto ricontrollando, anche se non c'è alcun nome aggiunto all'elenco degli appuntamenti, ma lo faccio solo per esserne certo".

"Guardi. Ecco la stampa del foglio degli appuntamenti del giorno in cui è stato qui. Vede? Non c'è alcun paziente assegnato alla stanza numero 4. Eppure è stato operato nella stanza numero 4! I numeri sono scritti vicini a ogni singolo paziente, ma non è così per la stanza numero 4. Ho controllato ogni singolo giorno di quella settimana e persino della settimana precedente e di quella successiva. Il suo nome non è da nessuna parte! Sono sicuro che il giorno fosse quello giusto. Il suo nome era stato scritto proprio qui, a mano e con inchiostro blu. Ricordo benissimo di averlo visto e anche gli altri me lo confermano".

Il loro sguardo era terrorizzato. Una di loro iniziò a sbiancare in viso mentre fissava me e poi il foglio. "Santo cielo! Santo cielo!" urlò correndo via nella sala degli infermieri.

"Ehm, ehm, fateci sapere cosa trovate," disse un'altra. Non riusciva nemmeno a guardarmi in faccia. Frugava tra i fogli con la mano mentre cercava di sfuggire alle scomode implicazioni di quella situazione. Poi, ad una ad una se ne scapparono tutte, come se una bomba stesse per esplodere da un momento all'altro.

Da quel momento in poi le cose cambiarono. Parecchie infermiere si sentirono a disagio in mia presenza ed evitavano di guardarmi negli occhi. Tutte vennero a conoscenza di quello che era successo, ma alcune non ne volevano sapere, non ne volevano parlare né ascoltarmi. Nel profondo del mio cuore sapevo il perché e lo capivo. Il Paziente e la mia Trasformazione stavano ovviamente minando il loro concetto della realtà, spaventandole. Era comprensibile. Del resto, si trattava di un uomo che era venuto nella nostra clinica e si era sottoposto a un'operazione chirurgica, era stato visto e visitato da più persone, ma poi era scomparso da tutti i nostri archivi.

Quella sera mi trattenni fino a tardi per esaminare la pila di cartelle. Eliminai quelle delle pazienti di sesso femminile e controllai ogni singola cartella dei pazienti di sesso maschile. Sapevo che Il Paziente lavorava per una chiesa. Riuscivo ancora a visualizzare nella mia mente il momento in cui veniva scritto il suo nome sul foglio degli appuntamenti. Controllai tutte le cartelle ma nessuno dei pazienti lavorava per una chiesa. Dovetti giungere alla conclusione che anche la sua cartella era sparita! Andai dunque a casa ma non dissi nulla a Ruth. Volevo attendere i risultati della ricerca nell'archivio.

IL MOTORE DI RICERCA DELL'ARCHIVIO DELLE CARTELLE MEDICHE

Il giorno seguente il programmatore che avevo interpellato mi chiamò dicendo che il motore di ricerca da me richiesto era pronto e che il sistema era stato aggiornato. Prima di iniziare, controllai rapidamente quali tipi di documenti erano stati creati nella cartella elettronica del Paziente il giorno in cui si trovò qui per l'operazione chirurgica. Per ogni nuovo paziente che si sottoponeva a un'operazione venivano create due cartelle elettroniche separate all'interno del sistema, una per la valutazione e una per i resoconti operatori. Mi resi conto che anche se una di queste fosse stata cancellata per sbaglio, la foto del paziente sarebbe rimasta nell'archivio. Gli appunti relativi ai pazienti non venivano quasi mai cancellati per sbaglio. La possibilità che due documenti paralleli di uno stesso paziente venissero cancellati era davvero molto rara e finora non si era mai verificata. Il computer generava automaticamente la data della visita, quindi non poteva trattarsi di una questione di data sbagliata inserita da un'infermiera.

Finalmente arrivò la pausa pranzo e aprii il programma. Cominciai a cercare il giorno in cui sapevo che quella persona era venuta nella clinica. Lo schermo si riempì di fotografie a mezzobusto di tutti i pazienti visitati quel giorno. Se per qualche motivo la foto non era stata scattata in quel giorno, veniva visualizzato un riquadro tutto nero sopra al nome del paziente. Controllai ogni foto e non lo trovai. Esaminai la cartella cartacea di ogni paziente che non aveva una foto allegata ma, anche in questo caso, nessuno di loro era Il Paziente che cercavo. Poi controllai ogni giorno di quella settimana e di quelle precedenti e successive, ma ancora una volta non c'era. Tutti i documenti relativi alla sua visita erano spariti!

I DOCUMENTI DEL LABORATORIO

"Non posso credere che non lo si trovi!" dissi ad alta voce nel laboratorio. Tammy era alla sua scrivania e mi si avvicinò.

"Di cosa sta parlando, dottore?" mi chiese.

"Di quel tizio che mi ha chiesto se ero stato salvato. Non riesco a trovare un documento che confermi che sia stato qui. Il suo nome è persino sparito dal foglio degli appuntamenti. Era stato aggiunto a mano il giorno dell'operazione. È sparito dal foglio degli appuntamenti originale, dall'archivio e dal sistema di pianificazione, Tammy. Sono due sistemi separati. È roba da matti!".

"Ha verificato nei documenti del laboratorio? Se ha subito un'operazione, abbiamo sicuramente inserito il suo nome, la posizione del tumore e il tipo di tumore nel nostro registro".

"No," dissi con esitazione perché mi ero dimenticato di farlo. Mi sentii in imbarazzo. I miei occhi poi si spostarono sul registro operatorio che mi stava proprio di fronte sul tavolo. Mi precipitai verso di esso e lo afferrai come se fosse oro. Ne sfogliai avidamente le pagine fino ad arrivare al giorno in cui Il Paziente venne in clinica. Confrontai questo elenco con quelli dei fogli che avevo. Il suo nome era sparito! Non c'era traccia di una sua operazione chirurgica quel giorno. Nell'intera settimana non c'era stato nessuno dei miei pazienti che avesse avuto quel tipo di cancro in quella particolare posizione e che si fosse fatto rimuovere tutta la massa tumorale in una seduta sola. Controllai le altre settimane, solo per accertarmene, ma non riuscii ancora a trovarlo.

"Tammy! Vede, non c'è, gliel'ho detto. Non sono impazzito, Tammy, dico sul serio. È stato qui! Ehi, un momento," dissi come se mi fosse balenata in testa un'idea. "Tammy, i pazienti operati ricevono un numero in sequenza quando i loro tessuti tumorali passano per il laboratorio".

"Certo. Sono io che inserisco i loro nomi, dottor Viehman," rispose con tono sarcastico, ma scherzoso.

"Se è stato qui in quel giorno, il suo nome risulterebbe associato a un numero, giusto?" continuai.

"Sì, giusto".

"Gli altri pazienti curati in quello stesso giorno hanno ricevuto un numero precedente o successivo al suo. Il registro operatorio viene continuamente compilato in modo sequenziale con i numeri giusti nell'ordine numerico corrispondente ai casi chirurgici di altri pazienti fin dal giorno in cui è venuto qui".

"Sì, vada avanti."

"Beh, se ora manca il suo nome, perché tutti i numeri risultano ancora in sequenza senza numeri mancanti? È impossibile rimuovere un nome dall'elenco senza creare un vuoto o stravolgere l'ordine dei numeri di tutti gli altri pazienti. Capisce cosa sto dicendo?".

"Sì. Se gli assegnassi il numero 100, ad esempio, i pazienti successivi avrebbero il numero 101, 102, eccetera. Se poi il suo nome venisse rimosso, ci sarebbe uno spazio vuoto nel registro. Se rimuovessimo tutti gli altri nomi e riscrivessimo il registro, i numeri di pratica slitterebbero di uno oppure mancherebbe un numero".

"Esatto! Com'è possibile? È assolutamente ridicolo! Questa cosa mi fa andare fuori di testa".

"Forse non deve trovarlo," disse con un sorrisetto.

Ero allibito. "Cosa vuol dire? Ora non mi lasci con una delle sue frasi strane che mi danno da pensare per settimane, come quella sullo Spirito Santo".

"Forse si trattava di un messaggero," disse sorridendo.

"Cosa dice?".

"Non lo troverà mai, dottor Viehman," disse andandosene via.

"Cosa intende dire? Cosa intende dire?".

Mi lanciò un'occhiata, sorrise con aria d'intesa, ma non rispose. Sapevo cosa intendeva dirmi: questo "uomo" era un angelo mandato da Dio per sfidarmi personalmente con il messaggio evangelico della salvezza. Avevo letto nel Nuovo Testamento di alcuni angeli che venivano usati da Dio come messaggeri, ma per qualche ragione non pensavo che a tutt'oggi venissero usati o almeno non con me. Il fatto di aver probabilmente incontrato un angelo era molto affascinante, ma volevo assicurarmi di aver esaminato ogni cosa in modo approfondito.

Nei giorni seguenti passai altre tre o quattro ore in agitazione, cercando e ricontrollando ogni cosa. Non c'era più niente da controllare. Ero esausto e frustrato. Non riuscivo a trovarlo e lasciai perdere.

"Potete riportare questa pila di cartelle nell'archivio?" chiesi a un'infermiera. Era quella che era corsa fuori dal laboratorio dicendo "Santo cielo!".

"Dottor Viehman?" disse con esitazione. Sapevo che lei era a conoscenza del perché quelle cartelle fossero lì. Avvertivo il suo timore nel farmi una domanda. C'era trepidazione nella sua voce. Aveva le pupille dilatatissime. "Cos'ha scoperto?" domandò con sguardo attonito e impaziente.

Feci una pausa e la guardai dritta negli occhi dicendo: "È sparito. Non esiste". Sbiancò in viso. Si fermò con le cartelle in mano e mi fissò per alcuni secondi. Si stava lentamente rendendo conto delle implicazioni della situazione.

"Oh, cielo! Oh, santo cielo!" ripeté mentre schizzava fuori dal laboratorio.

Guardai Tammy, che stava assistendo alla scena dall'altro lato della stanza. Aveva un grande sorriso stampato in faccia. Già il mio concetto della realtà si era sgretolato quando avevo scoperto che Dio dimorava dentro di me e non lo sapevo, ma ora persino i pezzi della nuova realtà in cui vivevo stavano sgretolandosi. Com'era possibile che la cartella cartacea, i documenti medici elettronici, i documenti di laboratorio, le fotografie e tutta la documentazione relativa alla visita del Paziente nella clinica erano spariti? Come poteva essere sparito il suo nome, scritto con inchiostro blu, dal foglio degli appuntamenti stampato che avevo visto quel giorno? La risposta e le sue implicazioni erano ovvie, ma non volevo pensarci. Dio ha il controllo assoluto di ogni dettaglio e c'è dell'altro oltre a questo mondo che vedo con i miei occhi.

Pensai a tutto questo e ne rimasi meravigliato. Dio mi amava così tanto da inviarmi un angelo per rafforzare il mio bisogno di salvezza? La risposta, dovetti ammetterlo, era proprio *sì*.

Capitolo ventiquattresimo

Il Vaccino contro la Cura

IL MIO MIGLIORE AMICO

Quella sera, quando tornai a casa, decisi di chiamare il mio migliore amico che viveva a Washington. Eravamo cresciuti assieme, fin dalle elementari, ed eravamo rimasti sempre in buoni rapporti. Lui era ebreo, ma sua moglie, da quello che avevo sentito, era cristiana. Ero entusiasta di dire loro cosa mi era successo. Credevo che potesse essere l'occasione che sua moglie stava cercando per condividere con lui l'Evangelo. Mi aspettavo una reazione positiva perché il Cristianesimo aveva molto in comune e traeva origine dall'Ebraismo. Tra me e sua moglie, ero sicuro che alla fine avrebbe creduto che Gesù è il Salvatore del mondo.

Composi il suo numero di telefono. Avevo il cuore che mi batteva a mille.

"Ciao, Phil?".

"Ciao, Greg, come va?".

"Mi è successa una cosa incredibile. Sono stato salvato da Gesù. Phil, è una cosa fantastica. Dio esiste davvero. Adesso so con certezza che si può vivere in eterno. E c'entrano anche gli Ebrei!".

"Eh?! Ma che stai dicendo? Di cosa parli? Ti ha dato di volta il cervello?".

"No. Ora ti spiego com'è andata" e gli raccontai tutto. Rimase in silenzio e non disse nulla fino alla fine.

"Greg, è fantastico. Sono contento che tu abbia trovato qualcosa che ti rende felice".

"No, no, Phil. Non hai capito quello che ti ho detto? *Tu* hai bisogno di essere salvato. Non è una religione che ho deciso di accettare in maniera razionale, ma la realtà della nostra esistenza. Il Dio che ha creato me e te è il SIGNORE Dio di Israele. È lo stesso Dio. È venuto sulla terra come uomo ed è morto per salvarci dai nostri peccati. Sai che io e te siamo dei peccatori. E dai, Phil, non farmi fare un elenco di esempi".

"Greg, ti passo Alyssa che è cresciuta in una chiesa ed è andata alle scuole cristiane. Dillo a lei. Io non ci capisco niente". Sentii che passò il telefono alla moglie.

"Greg? Che c'è?".

"Alyssa, sono stato salvato da Gesù. Ora sono un cristiano. Lo Spirito Santo è dentro di me. È tutto vero. Gesù era qui con me e mi ha salvato. Egli è vivente e ascolta tutto quello che diciamo. È incredibile. Aiutami a convincere Phil a essere salvato".

"Cosa vuoi dire con 'salvato'? Lo Spirito Santo è dentro di te? Cosa significa? Senti, Greg, anche io e Phil crediamo in Dio, dove sta il problema?".

"Alyssa, una persona deve nascere di nuovo per andare in cielo. L'ha detto Gesù in persona. Leggilo tu stessa in Giovanni, capitolo tre. Non te l'hanno insegnato in chiesa o a scuola?".

"No. Cosa significa 'nascere di nuovo'? Perché importuni Phil con questa storia e lo fai sentire in colpa per qualcosa?". Il tono della sua voce cambiò e disse incredula: "Non dirmi che tu, proprio tu tra tutte le persone al mondo, sei diventato una persona religiosa?".

"No, non si tratta affatto di religione! Il Cristianesimo è un cambiamento nella natura della nostra esistenza, non è accettare razionalmente una dottrina morale. Dio vive dentro di noi quando veniamo salvati". Lo dissi con sempre più insistenza. Non capivo perché si era messa a bisticciare sull'argomento.

"Mi sembra una follia, Greg. Ti ripasso Phil".

"Phil, non mi sono ammattito. Tu sei il mio migliore amico. Mi conosci. Sono l'ultima persona a cui sarebbe piaciuto diventare cristiano. Perché ti chiamerei se non fosse vero? Devi credermi!".

"Ci devo pensare, Greg. Mi hai preso alla sprovvista. Di certo non è qualcosa che mi aspettavo da te".

Mi scoraggiai. "Sì, capisco. Va bene. Ti chiamo la settimana prossima. Ciao".

"D'accordo. Ci sentiamo".

Riagganciai sciocccato e incredulo. Pensavo che tutti volessero sapere che Dio esiste e che la vita eterna è una possibilità. *Ma cosa sta succedendo nel mondo? Avrebbe dovuto sapere di cosa stavo parlando. Non sa nemmeno cos'è la salvezza. Com'è possibile? Perché non le importa che suo marito ha bisogno di essere salvato? È la terza persona che incontro che non sa nulla dell'aspetto più importante del Cristianesimo, la salvezza. Pensa di essere nel giusto solo perché crede all'esistenza di Dio. Se non ne sapessi di più, penserei che alcune correnti moderne della religione cristiana siano una sorta di vaccino contro la vera cura.*

Da quel momento in poi, iniziai a pregare per la salvezza di Phil e della sua famiglia. Alla fine le mie preghiere vennero ascoltate, ma non nel modo in cui mi aspettavo. Sei anni più tardi, a Phil venne diagnosticato un cancro in fase terminale. Quando la morte lo guardò dritto negli occhi, finalmente si vide bisognoso della salvezza, del perdono dei peccati e della vita eterna. Lui e sua moglie furono entrambi salvati durante la sua battaglia contro il tumore. Ora è in cielo con il Signore. Quella preghiera ascoltata è nel mio taccuino. E quando ci penso ne resto meravigliato. Dio ha usato un tumore per cambiare il cuore di Phil. Un brutto male ha portato a un miracolo. Dio opera in modi strani.

LA GENTE DELLA CHIESA

Dopo aver riattaccato con Phil, dentro di me sentii di voler cercare qualcun altro che conoscesse la verità. Decisi di parlare ad un altro mio amico che era cresciuto nella chiesa. Ci organizzammo per incontrarci il giorno successivo nel suo ufficio.

"Jim, devo parlarti," dissi in tutta fretta.

"Va bene. Siediti pure. Cosa c'è?" Mi sedetti su una poltrona, proprio di fronte a lui. Mi ero proteso in avanti, appoggiando le braccia sulle ginocchia, mentre lui se ne stava rilassato su una grande poltrona in pelle.

"Sono stato salvato da Gesù. Dentro di me dimora lo Spirito Santo. Il Signore mi ha cambiato radicalmente quando mi ha salvato. Dalla sera alla mattina, ha cambiato il mio carattere, le mie emozioni e le intenzioni del mio cuore. Sono sconvolto perché nessuno sembra sapere di cosa sto parlando, a parte due mie colleghe".

Mentre gli raccontavo tutta la storia lo guardavo dritto negli occhi. Più andavo avanti, più si sentiva a disagio. Si dimenava, non smetteva di muoversi ed evitava il contatto visivo con me. Qualsiasi cosa dicessi gli dava grande fastidio. *Non posso credere che succeda di nuovo*, pensai.

"Greg, è una bella storia. Io e te crediamo nelle stesse cose, ma in modi diversi".

"Cosa vuoi dire con 'in modi diversi'?".

"Credo che Gesù sia morto per i miei peccati. Credo in Dio. Penso che tu stia soltanto usando parole diverse da quelle che usano gli altri".

"Parole diverse? Sto usando le parole che ha usato Gesù. Se lui è Dio ed è il Salvatore, perché dovrei usare parole diverse dalle sue?".

"Non tutti le interpretano allo stesso modo. Sono felice per te che hai trovato Dio. Ho sentito parlare dello Spirito Santo, durante le funzioni in chiesa, ma non capisco bene di cosa stai parlando tu. In chiesa ci vengono letti alcuni versetti della Bibbia. Io sono stato battezzato da piccolo. La mia famiglia ha delle tradizioni," disse mentre continuava a sistemarsi sulla poltrona.

Continuai il discorso. "Non credo, non si tratta di 'interpretazione' qui! Cosa c'è da interpretare? La Bibbia è chiara. Se una persona non ha dentro di sé lo Spirito Santo, non è salvata. Si riceve la salvezza da Dio quando ci si pente dei propri peccati e si grida a lui per chiedergli di perdonarci e di cambiarci. Non ha nulla a che fare con l'andare in chiesa o l'essere battezzati".

"La mia chiesa e la mia denominazione non credono in questo".

"Da dove diamine prendi quello in cui credi?".

"Da noi è la chiesa che ci insegna cosa credere," disse con un pizzico di incertezza.

"La Bibbia la leggete?" chiesi. Sgranò gli occhi.

"Non proprio".

"In che senso?".

"Perché la Bibbia è stata scritta dagli uomini. Non si può prendere sul serio tutto quello che c'è scritto nella Bibbia. Sono cose importanti, ma non bisogna esagerare".

Io stesso mi ero fatto queste stesse domande durante le mie ricerche iniziali e avevo trovato risposte più che soddisfacenti nella mia mente. Sapevo, però, che non era il momento di affrontarle. "Jim, devo andare. Mi spiace averti seccato. Grazie per il tempo che mi hai dedicato".

Sentii che era meglio andarmene piuttosto che iniziare una discussione. Le sue risposte mi sorpresero. Vedevo benissimo che con me si sentiva molto a disagio e che era irritato dalle mie parole. Non capivo, ma immaginai che gli erano state insegnate delle cose non bibliche. Piuttosto che ammettere di avere torto, cosa che avrebbe avuto implicazioni disastrose per la sua salvezza, resistette com'era naturale a quello che gli dicevo, anche se usavo le parole di Gesù. *Perché gli sono state insegnate certe cose? Ecco un'altra persona vaccinata contro la* cura da parte della chiesa! Com'è possibile? mi rammaricai molto per questo. La mia mente era affollata da tanti pensieri.

Sentii di stare quasi per impazzire. Gesù esiste ed è vivente! Dentro di me, ho la sua vita eterna per virtù dello Spirito Santo. Sono destinato ad andare in cielo, non ho più paura della morte e sono stato liberato dalla dannosa e insensata teoria dell'evoluzione. Dio è mio Padre, mi ha creato e mi ama. Se la verità che ho scoperto è così incredibilmente bella e piena di speranza in un mondo in balia della disperazione, perché alle persone non viene insegnato a ricevere la cura? A cosa serve andare dal dottore, ogni settimana, a parlare e a lodare la cura, se poi non vuoi che te la iniettino? È come dire ai pazienti: "Faccia questa cura," e sentirli rispondere: "L'abbiamo fatta," mentre è chiaramente rimasta inutilizzata ed è ancora nelle loro mani.

"Tutto questo è assurdo!" dissi ad alta voce mentre me ne tornavo a casa. Dovevo parlarne con il pastore della chiesa che frequentavo. Chiamai in chiesa e gli chiesi se potesse venire da me per un breve colloquio. Accettò gentilmente di incontrarmi a casa la sera successiva.

Forse sono io ad avere un problema. Pensai tra me e me. Non mi sembrava, però ero giovane nella fede. Non dissi nulla di quello che mi stava accadendo né a Ruth né ad altre persone. Dovevo raccogliere altre informazioni.

Capii cosa dovevo fare, quindi mi misi a pregare. "Signore Gesù, Dio, ti prego di aiutarmi a capire cosa sta succedendo. Perché le persone non mi credono o non capiscono quello che gli dico? Sto forse sbagliando? Cosa c'è che non va, Signore?".

IL PASTORE NEL MIO UFFICIO

Il giorno seguente, in ufficio, attesi con impazienza la fine della giornata, quando il Pastore Rodney sarebbe venuto a trovarmi. La cosa assurda è che uno dei pazienti da operare nel pomeriggio era un pastore di una chiesa dei dintorni. Si trovava lì per essere operato alla fronte. Dopo aver terminato la prima fase dell'operazione, ebbi un po' di tempo libero e attaccai bottone con lui.

"Pastore, qualche settimana fa sono stato salvato. Mi ero prefissato di dimostrare che i cristiani erano degli ipocriti, iniziai a leggere la Bibbia per trovarne delle prove, senza sapere nulla delle Scritture e senza essere minimamente interessato a Dio. Ben presto, però, fui incuriosito dalle affermazioni di Gesù che diceva di essere Dio e volli capire se era vero. Alla fine fui salvato e inizialmente non me ne ero nemmeno accorto né sapevo che esistesse una cosa simile alla salvezza. Il Signore mi cambiò radicalmente dalla sera alla mattina. Il mio carattere, le mie motivazioni e i miei modi da persona egoista vennero completamente trasformati, mentre pensavo addirittura di essermi ammalato! Non avevo capito che dentro di me c'era lo Spirito Santo". Mi interruppi subito quando vidi che il volto del pastore era in preda alla costernazione. Sgranò gli occhi e mi fissò sorpreso e, con mia maggiore sorpresa, sembrava che avesse uno sguardo leggermente impaurito.

Continuai a parlargli un po' a disagio. "Pastore, ho una domanda da porle. Ho portato la mia testimonianza a tante persone, ma la maggior parte di loro non capisce quello che mi è successo, anche se sono cresciuti nella chiesa. Non capiscono che Dio dimora dentro di noi nel momento in cui veniamo salvati. Essere cristiani non vuol dire solo andare in chiesa e seguire dei principi morali, ma vivere una relazione con Dio che scaturisce da dentro la nostra stessa vita. Perché succede questo? È così chiaro nella Bibbia o almeno per me. Pastore, se la gente che frequenta regolarmente una chiesa nella maggior parte dei casi non è salvata, allora è inutile andarci. L'inferno esiste. Perché nessuno lo prende sul serio?".

Ci fu una lunga pausa. Mi fissò e basta. Guardò poi verso la moglie con un'espressione nervosa, ma la donna non disse nulla. Sapevo che c'era qualcosa che proprio non andava. Riuscivo a sentirlo, ad avvertirlo. Nella stanza scese un silenzio gelido.

"Noi ci concentriamo sull'amore di Dio. Dio è un Dio d'amore. Egli ci ama". Attesi che dicesse qualcos'altro, ma niente! Mi lasciò con quelle parole e basta. Non sapevo più cosa dire perché, sebbene le sue affermazioni fossero vere, sapevo che c'era qualcosa di terribilmente sbagliato con quello che in realtà stava tentando di dirmi.

"Pastore, cosa vuole dire in realtà con questa affermazione?".

"Noi non insegniamo la condanna e l'inferno. Un Dio d'amore non manderebbe nessuno all'inferno. Là fuori ci sono dei cristiani fondamentalisti che causano un sacco di problemi e di preoccupazioni nel mondo. Gesù ci ama e non ci condanna".

"Mi scusi, Pastore, ma la salvezza e la vita eterna sono la base del Cristianesimo. Se non ci atteniamo alle parole di Gesù e a questi concetti che vengono presentati in modo chiaro nella Bibbia, allora cosa sto facendo? Le basi sono tutto. Io vedo anche un Dio d'amore che è sceso dal cielo, si è fatto uomo ed ha sacrificato la sua vita per noi, è stato percosso, crocifisso ed è morto per la nostra salvezza. La punizione per il peccato è la morte, la morte eterna. Dio ci ha amato così tanto da mandare il suo unico figlio a morire al posto nostro. Io vedo l'amore di Dio sulla croce, ma lui è venuto a salvarci dalla separazione eterna che ci tiene lontani da lui. Se l'inferno non esiste, perché mai doveva venire sulla terra? Da cosa dobbiamo essere salvati?".

"Sì, Dio è un Dio d'amore, ma è anche perfettamente giusto. Deve punire il peccato. L'amore di Dio vuole salvare i peccatori ma richiede anche l'abbandono del peccato. Ecco perché Gesù ha compiuto tutto sulla croce. Dio ha punito il peccato e allo stesso tempo ha provveduto un modo per salvare i peccatori, ha fatto tutto da solo. Amare veramente non vuol dire ignorare il peccato. Quale genitore ama i propri figli? Quello che insegna loro la disciplina o quello che permette loro di fare quello che vogliono?".

"Non tutti credono in quello che crede lei, dottor Viehman. Penso che vivrebbe più tranquillamente se si calmasse e lasciasse decidere agli altri cosa ritenere come verità".

"Pastore, mi spiace aver toccato questo argomento. Ma non posso farlo. So bene quello che mi è successo e non si tratta semplicemente di interpretare o scegliere di vedere il Cristianesimo in un modo diverso. Il cuore mi costringe a parlare a tutti di Gesù e di come sono stato salvato".

Non parlammo più di Dio per tutto il tempo della sua permanenza nella clinica. Avevo il cuore in gola. Mi veniva la nausea e mi sentivo scoraggiato. Nel mio impeto di offrire la vita eterna, avevo invece offeso, irritato e messo a disagio un'altra persona, che per di più era pastore di una chiesa!

IL PASTORE DELLA CHIESA

"Ruth, sono a casa. Dove sei?".

"Sono di sopra. Adesso scendo". Venne giù mentre stavo disfacendo lo zaino che portavo ogni giorno con me al lavoro.

"Stasera viene qui il Pastore Rodney della Chiesa Calvary. Mi sono dimenticato di dirtelo".

"Va bene. Perché?".

"Sto dicendo a tante persone quello che mi è successo, dell'essere salvato e quant'altro ma, Ruth, che tu ci creda o no, quasi nessuno mi crede o capisce quello che dico".

"Greg, non puoi pensare che le persone credano all'istante. Pensa a dov'eri tu un anno fa. Avresti ascoltato?".

"Hai ragione, sono d'accordo, ma la gente a cui l'ho detto va in chiesa, dice di essere cristiana. Io parlo a persone che dovrebbero sapere cos'è la salvezza. È il perno su cui ruota tutto il Cristianesimo, quello per cui si invoca Dio. Mi sento come se stessi facendo un brutto sogno. Sono io quello pazzo? Come può la gente che va in chiesa non sapere nulla della salvezza e dello Spirito Santo che viene a dimorare dentro di noi? È una cosa meravigliosa, non è qualcosa da rifiutare o da cui nascondersi. Ruth, vedo che la gente quando mi ascolta inizia ad agitarsi, non sa di cosa parlo e non vuole ascoltare".

"Caspita. Beh, posso dirti che anch'io sono cresciuta in una chiesa ma non ho mai sentito parlare della salvezza. La Bibbia veniva letta e alla scuola domenicale veniva insegnata la vita di Gesù, ma le persone non venivano mai guidate verso la salvezza. Tutto era incentrato sulla chiesa e sulle sue attività, ma non su Gesù. Non ho mai letto la Bibbia e non mi veniva detto che avessi bisogno di farlo. Mia sorella Becky, ora che ricordo, venne salvata una sera quando partecipò a una riunione organizzata da un gruppo di giovani cristiani al liceo. Quando tornò a casa non smetteva di parlare a tutti di Gesù e si mise anche a distribuire volantini sulla salvezza a destra e a manca".

Fece una pausa, poi continuò: "Di recente, ho iniziato a partecipare a un gruppo di studio biblico e ho compreso che la maggior parte delle donne che vi partecipa non ha letto la Bibbia personalmente. Facevano un gran discutere, ma quando ho chiesto loro se l'avessero letta, mi hanno risposto tutte di no. Nonostante ciò, ho deciso di leggerla lo stesso".

"È una delle cose più folli che abbia mai scoperto. Non ha alcun senso. È ridicolo. Come fanno ad andare in questo modo le cose? Perché?".

"Non lo so," disse pensosa.

"Spero che il Pastore Rodney abbia una spiegazione perché sono pronto farmi rinchiudere in un manicomio. Non posso credere che la gente vada in chiesa per tutta una vita per poi non aver mai sentito parlare di come ottenere quello per cui Dio ha dato la propria vita. Io non sono mai andato in chiesa, Ruth. Cosa diamine ci va a fare la gente se poi non viene spinta a pentirsi e a ricevere la salvezza per iniziare una relazione personale con Gesù?".

"È una cosa triste, ma è la verità. È una situazione che ho sperimentato. Fammi sapere cosa dice il pastore. Rimarrò di sopra con i bambini, così starete tranquilli".

"Va bene".

Finalmente arrivarono le sette. Il pastore suonò alla porta. Lo feci entrare e andammo al piano di sotto, nel seminterrato. L'avevo già incontrato in chiesa una settimana prima e gli avevo dato la mia testimonianza.

C'erano due poltrone in pelle, posizionate una di fronte all'altra, davanti al caminetto. Si accomodò con fare tranquillo e rilassato mentre io mi sedetti nell'altra poltrona appoggiandomi alle ginocchia, in trepidazione.

"Rodney, grazie per essere venuto. Devo parlarti di una cosa che è saltata fuori da poco".

"Che succede? Sembri sconvolto".

"Ho raccontato alla gente di come sono stato salvato. Ho detto loro della nuova nascita e dello Spirito Santo che dimora in me. Ho spiegato l'incredibile realtà dell'esistenza di Dio dentro di me e intorno a me, ma non capiscono. Rodney, queste persone a cui ho parlato sono persone che vanno in chiesa. Uno di loro era persino un pastore! Si comportano in modo strano, iniziano a sentirsi a disagio e non vogliono ascoltare quello che ho da dire. Mi aspettavo che esultassero per il fatto che fossi stato salvato. Non è forse questa la ragione della venuta di Gesù? La salvezza delle persone? Perché mai il messaggio della salvezza deve essere evitato e frainteso? Mi sento come se stessi facendo qualcosa di sbagliato. Sono io il problema?".

Scoppiò in una risata isterica. "Fratello Greg, sei proprio una sagoma. Oh, santo cielo". E non riusciva a smettere ma continuava a sogghignare. "Da dove comincio?" disse tra una risatina e l'altra.

Stavo iniziando a irritarmi. Perché il pastore non prendeva la cosa seriamente? "Rodney, cos'è che ti fa ridere tanto?".

"Tu! Mi fai ridere tu, Greg. Non ti rendi nemmeno conto di quello che stai facendo! La tua testimonianza è potente e dimostra in modo inequivocabile che Gesù esiste ed è vivente. Quello che Dio ha fatto in te è così grande che le persone sono costrette a riflettere sull'esistenza di Dio e sulla veridicità del Cristianesimo. Devi capire che nel mondo ci sono tantissime persone che vanno in chiesa la domenica, ma sono cristiani solo di facciata.

L'uomo, fondamentalmente, è religioso, Greg, perché siamo stati creati da Dio. Ma la gente non vuole ammettere di essere stata creata, perché altrimenti dovrebbe rendere conto delle proprie azioni. Vuole mettere a tacere la propria coscienza religiosa senza dover rispondere a Dio che vive dentro alle persone e conosce ogni loro pensiero. Sono sorte chiese che danno alle persone quello che vogliono e che predicano quello che la gente vuole sentire. Molte chiese sono diventate luoghi di ritrovo sociale della domenica, dove le persone possono sentirsi religiose e calmare le loro coscienze per evitare responsabilità e cambiamenti di vita. False dottrine, tradizioni di uomini e cerimonie hanno sostituito la relazione personale con Gesù Cristo a tal punto che il bellissimo messaggio di salvezza dell'Evangelo è andato perduto".

"Ma, Rodney, questo significa che quelle persone non sono salvate".

"Sì, esatto, sono accecate. Si trovano a proprio agio nella loro condizione perché hanno dei capi religiosi con indosso abiti ufficiali che dicono loro che sono a posto così. Quando incontrano una persona come te, tu strappi via il velo che hanno sul cuore e denunci la farsa che stanno vivendo. Li obblighi ad affrontare il fatto che Dio li ha creati e che lui è così vicino da ascoltare quello che dicono e conoscere i loro cuori. La tua testimonianza dimostra che la salvezza esiste davvero. Mi sono messo a ridere perché il Signore ti sta usando per evangelizzarli e tu nemmeno te ne sei reso conto".

Cominciò di nuovo a sogghignare, poi affermò energicamente: "Certo che li hai spaventati, Greg! È peggio che parlare con un non credente perché almeno questo non pensa di avere già Gesù nella sua vita, non ha lo Spirito Santo che vive dentro di lui. Quando racconti la tua storia, le persone si rendono conto in cuor loro di non avere quello che hai tu. Non dimenticare che lo Spirito Santo è colui che convince i cuori della verità. Le facce strane, l'agitazione e l'irritazione rivelano la loro condanna. È divertente perché Dio ha mandato te che non sei mai andato in chiesa a evangelizzare persone che sono cresciute in una chiesa e tu non lo sapevi. Non mi fa ridere il fatto che siano perduti. Ti prego, non fraintendere le mie risate. Dobbiamo pregare per queste persone. Continua a pregare per loro. Non puoi convincerle tu. Tu hai fatto quello che dovevi fare, ora lascia che Dio faccia la sua opera. Credo che sia un buon momento per pregare".

Pregammo per le persone a cui avevo testimoniato, poi ci intrattenemmo un altro po' a parlare. Mi spiegò che persino in alcuni dei seminari per pastori le dottrine bibliche della salvezza e dell'esistenza di Gesù sono state abbandonate. Evidentemente, esiste un gruppo numeroso di pastori che nega i miracoli di Gesù e della Bibbia.

"Pastore Rodney, se tutto il messaggio del Cristianesimo è imperniato sulla risurrezione di Gesù, come si può in un seminario negare i miracoli? La risurrezione è il miracolo più grande di tutti. Se neghiamo i miracoli di Gesù, non negheremo indirettamente anche la sua risurrezione?".

"Sì, è proprio così, fratello".

"E perché succede una cosa del genere?".

"Bella domanda. Non dimenticare, Greg, che anche il nemico è reale. È una questione che va ben oltre i seminari e gli uomini che decidono di negare la salvezza biblica e i miracoli di Gesù". Aprì la Bibbia e lesse un versetto:

Se il nostro vangelo è ancora velato, è velato per quelli che sono sulla via della perdizione, per gli increduli, ai quali il dio di questo mondo ha accecato le menti, affinché non risplenda loro la luce del vangelo della gloria di Cristo, che è l'immagine di Dio (2 Corinzi 4:3-4)

"Tante persone pensano di essere salvate, invece si ingannano," continuò. "A riguardo Gesù ci avverte più volte" e mi mostrò un altro versetto:

«Non chiunque mi dice: Signore, Signore! entrerà nel regno dei cieli, ma chi fa la volontà del Padre mio che è nei cieli. Molti mi diranno in quel giorno: "Signore, Signore, non abbiamo noi profetizzato in nome tuo e in nome tuo cacciato demòni e fatto in nome tuo molte opere potenti?" Allora dichiarerò loro: "Io non vi ho mai conosciuti; allontanatevi da me, malfattori!"» (Matteo 7:21-23)

"Hai sentito quello che Gesù sta dicendo? 'Io non vi ho mai conosciuti' significa che non c'è stata alcuna relazione con Gesù. Greg, queste persone sono religiose e pensano di conoscerlo, ma non è così. È uno dei versetti più preoccupanti della Bibbia".

"È terribile, Rodney. Io voglio evangelizzare queste persone!".

Discutemmo a lungo sul Grande Inganno. Mi spiegò anche che ci sono molte chiese che predicano gli insegnamenti della Bibbia, i cui membri seguono Dio e hanno una relazione quotidiana con lui. Sebbene sia in atto un Grande Inganno, ci sono ancora tante chiese, tanti missionari e servi in giro per il mondo che dimostrano l'amore e la potenza della salvezza di Dio. Mi incoraggiò a parlarne con altre persone della chiesa. "Chiedi loro come sono venute a Cristo. Imparerai tantissimo dalle testimonianze delle persone," disse mentre stava andandosene. "Imparerai a capire chi è stato veramente salvato".

"Grazie, Rodney. Ci vediamo domenica".

Quello che avevo passato negli ultimi giorni mi aveva sconvolto. Avevo sempre avuto la sensazione che nel mondo ci fosse qualcosa di sbagliato, ma questo era il colmo. Seguii i consigli di Rodney e iniziai a parlare con le persone dopo le riunioni domenicali. Molti di loro avevano una "storia" da raccontare. Cercai di parlare con tutte le persone che riuscivo a trovare per scoprire qual era la causa del Grande Inganno che c'era in tante chiese. Incontrai persone dalle storie davvero affascinanti, le cui testimonianze e risposte sono riportate nel seguito di questo libro.

Ora, se riguardo alla mia vita, mi è chiaro che Dio è stato al mio fianco, anche in una società che ha cercato di trascurarlo. Io ignorai l'evidenza e soffocai la verità quando l'ascoltai, perché ero tutto preso da me stesso e non volevo rendere conto a nessuno. Nel dedicarmi con passione alle cose del mondo, riuscii a ottenere tutto quello che desideravo, ma finii per sentirmi completamente misero, vuoto e depresso. Solo adesso che ho affidato la mia vita nelle mani di Gesù, ho iniziato da poco a viverla davvero. Una relazione con Gesù è il modo di vivere più entusiasmante, spettacolare, appagante e meraviglioso che ci sia, ancor più bello di quello che avevo immaginato. È l'unica e sola ragione per cui viviamo e va ben oltre la semplice salvezza. Dio è per me Padre, Signore, Creatore, Pastore, Luce, Migliore amico, Passione e Roccia Eterna.

Gesù Cristo è il tuo Salvatore personale? Hai il coraggio di rispondere alla domanda più importante della tua vita che riguarda l'eternità? La lettura di questo libro potrebbe essere uno dei modi in cui Dio sta cercando di raggiungerti.

Se ti consideri cristiano, ti sei veramente pentito dei tuoi peccati ed hai creduto che solo Gesù può salvarti? Sei sicuro che lo Spirito Santo dimori dentro di te? La tua chiesa insegna tutta la Bibbia come Parola di Dio? Predica sul fatto di avere una relazione personale con Gesù? Hai una relazione personale e quotidiana con lui? È lui che guida ogni momento della tua vita? Lo conosci *davvero*? E lui ti conosce?

«La parola è vicino a te, nella tua bocca e nel tuo cuore». Questa è la parola della fede che noi annunciamo; perché, se con la bocca avrai confessato Gesù come Signore e avrai creduto con il cuore che Dio lo ha risuscitato dai morti, sarai salvato; infatti con il cuore si crede per ottenere la giustizia e con la bocca si fa confessione per essere salvati.

"Infatti chiunque avrà invocato il nome del Signore sarà salvato." (Romani 10:8-10, 13)

«Io sono la risurrezione e la vita; chi crede in me, anche se muore, vivrà; e chiunque vive e crede in me, non morirà mai. Credi tu questo?» (Giovanni 11:25-26)

Dio, il mio dottore

Note di chiusura

Capitolo terzo: L'Indagine - Fase I
1. N. L. Geisler, *Baker Encyclopedia of Christian Apologetics*, (Grand Rapids, MI: Baker Books, 1999), pp. 4-8, 46-48.
2. A. N. Sherwin-White, *Roman Society and Roman Law in the New Testament*, (Grand Rapids, MI: Baker Book House, 1978), pp. 166-171, 189.
3. W. M. Ramsay, *The Bearing of Recent Discovery on the Trustworthiness of the New Testament*, (London: Hodder & Stoughton, 1915).
4. W. M. Ramsay, *St. Paul the Traveler and the Roman Citizen*, (London: Hodder & Stoughton, 1903), pp. 383-390.
5. M. F. Unger, *Archaeology and the New Testament*, (Grand Rapids, MI: Zondervan Publishing House, 1962).
6. C. J. Hemer. *The Book of Acts in the Setting of Hellenistic History*, (Wiona Lake, Ind: Eisenbrauns, 1990).
7. W. M. Ramsay, *The Bearing of Recent Discovery on the Trustworthiness of the New Testament*, p. 222.

Capitolo quarto: L'Indagine - Fase II
8. J. McDowell, *Nuove evidenze che richiedono un verdetto*, traduzione di E. Montefalcone, Edizioni Centro Biblico, 2004.
9. F. Morison, *Who Moved the Stone?* (Grand Rapids, MI: Zondervan, 1958).
10. N. L. Geisler, *Baker Encyclopedia of Christian Apologetics*.
11. S. Greenleaf, *The Testimony of the Evangelists*, (Grand Rapids, MI: Kregel Classics, 1995).
12. J. McDowell, *Nuove evidenze che richiedono un verdetto*, pp. 258-263.
13. W. D. Edwards, MD et al, "On the Physical Death of Jesus Christ," JAMA 1986; 255:1455-1463.
14. J. McDowell, *Nuove evidenze che richiedono un verdetto*, pp. 225-231.
15. Ibid, pp. 243-248.
16. Iosephus Flavius [Giuseppe Flavio], *Delle antichità giudaiche*, libro IV cap. XIII
17. J. A. T. Robinson, *The Human Face of God,* (Philadelphia, PA:Westminister, 1973), p. 131.
18. J. McDowell, *Nuove evidenze che richiedono un verdetto*, p. 243.
19. Ibid, pp. 262-272.
20. Ibid, pp. 239-240, 248.
21. Ibid, pp. 250.
22. Ibid, p. 250-251.

23. Ibid, pp. 272-279.
24. Ibid, pp. 252-253.
25. J. McDowell, *Più che un falegname – Ricerca per una chiarezza spirituale,* (Wheaton, IL: Tyndale House, 1977), pp. 60-71.
26. Ibid.
27. Ibid.
28. Ibid.

Capitolo quinto: L'Indagine - Fase III
29. J. McDowell, *Nuove evidenze che richiedono un verdetto*, pp. 197-201
30. Ibid, pp. 164, 193-194.
31. Ibid, pp. 193-194.
32. Ibid.
33. P. W. Stoner e R. C. Newman, *Science Speaks* (Chicago, IL: Moody Press, 1976), pp. 106-112.

Capitolo sesto: L'Indagine - Fase IV
34. J. McDowell, *Nuove evidenze che richiedono un verdetto*, pp. 32-45.
35. Ibid, pp. 33-44.
36. Ibid, p. 38.
37. Ibid, pp. 33-44.
38. N. L. Geisler, *Baker Encyclopedia of Christian Apologetics*, pp. 532-533.
39. F. F. Bruce, *Possiamo fidarci del Nuovo Testamento?* (Edizioni GBU, 2006), pp. 16, 33.
40. J. McDowell, *Nuove evidenze che richiedono un verdetto*, pp. 45-53.
41. J. W. Montgomery, "Evangelicals and Archaeology," *Christianity Today.* August 16, 1968, p. 29.
42. N. L. Geisler e T. Howe, *When Critics Ask: A Popular Handbook on Bible Difficulties*, (Grand Rapids, MI: Baker Books, 1992).
43. S. Greenleaf, *The Testimony of the Evangelists,* (Grand Rapids: Baker, 1984), cap. VII.
44. J. McDowell, *Nuove evidenze che richiedono un verdetto*, pp. 53-54.
45. Ibid, pp. 25-26.
46. W. K. Hobart, *The Medical Language of St. Luke* (Dublin, Ireland: Baker Book House, 1954)
47. Giovanni 9
48. Giovanni 12:9-11
49. Atti 4
50. W. A. Elwell, *Evangelical Dictionary of Biblical Theology,* (Grand Rapids, MI: Baker Books 1996), pp. 582-584.
51. J. McDowell, *Nuove evidenze che richiedono un verdetto*, pp. 53-68.

52. J. McRay, *Archaeology and The New Testament,* (Grand Rapids, MI: Baker Academic 1991).
53. M. F. Unger, *Archaeology and the New Testament.*
54. J. McDowell, *Nuove evidenze che richiedono un verdetto*, p. 61.
55. Ibid, pp. 61-66.
56. Ibid.
57. Ibid, pp. 67-68.
58. Ibid, pp. 53-54.
59. Ibid, pp. 53-54.
60. Ibid, p. 58.
61. Ibid, p. 55.
62. Ibid, pp. 55-56.
63. Ibid, p. 58.
64. Ibid, pp. 58-59.
65. Ibid, pp. 36, 38.
66. Ibid, p. 42.
67. L. Strobel, *Il caso Gesù,* traduzione di R. D. Guitto, Edizioni Centro Biblico, 2008.
68. Ibid, p. 14.

Capitolo dodicesimo: La Malattia del Peccato
69. B. Graham, *Lo Spirito Santo*, traduzione di P. Bensi, E.U.N. – Editrice Uomini Nuovi, 1992.

Capitolo quattordicesimo: La Cura per il Peccato
70. Ibid.
71. Ibid.

Dio, il mio dottore

L'autore

Il dottor Greg E. Viehman è nato e cresciuto a Wilmington, nello stato del Delaware (USA). Si è laureato con lode presso la University of Delaware e ha frequentato la facoltà di medicina del Jefferson Medical College di Philadelphia, Pennsylvania, ottenendo il punteggio più alto del suo corso. Ha portato a termine un internato in Medicina interna presso l'ospedale della University of Pennsylvania di Philadelphia e ha frequentato la specializzazione universitaria in dermatologia presso il Duke University Medical Center, dove è stato responsabile degli specializzandi. Lì ha anche conseguito la borsa di studio post-universitaria in chirurgia dei tumori alla pelle. È stato co-fondatore del Cary Skin Center di Cary, nella Carolina del Nord, dove ha lavorato dal 1998 al 2008. Esercita attualmente la professione in uno studio medico privato, il Sea Coast Skin Surgery di Wilmington, sempre nella Carolina del Nord.

Il dottor Viehman ha tenuto conferenze a livello nazionale sulla chirurgia dermatologica e ha scritto numerosi articoli di ricerca scientifica pubblicati in riviste del settore. Tra i suoi molti interessi vi sono la corsa, il Crossfit, l'opera missionaria a favore degli orfani in Ucraina attraverso i New Life Ministries e la collezione di Bibbie rare. Il dottor Viehman è sposato con Ruth, ha due figli maschi, Brendan e Cameron, e una figlia, Hannah, oltre a un border collie di nome Pepper.

Consultate il sito Web del dottor Viehman per informazioni aggiuntive, una guida di studio, aggiornamenti sul suo prossimo libro, appuntamenti con l'autore e sue partecipazioni, ordini di copie autografate personalizzate e informazioni di contatto: www.goddiagnosis.com.

Se pensate che questo libro possa aiutare altre persone di vostra conoscenza, ordinatene 10 copie da distribuire ed eventualmente utilizzatelo per gli studi biblici in piccoli gruppi. Sul sito Web dell'autore troverete anche informazioni su una guida alle Bibbie da studio. E, ovviamente, una vostra recensione su Amazon è sempre ben accetta.